互联网文化产业研究书系

主编 陈少峰 于小涵

互联网工业企业组织变革

焦晋芳 著

浙江工商大学出版社 | 杭州
ZHEJIANG GONGSHANG UNIVERSITY PRESS

图书在版编目(CIP)数据

互联网工业企业组织变革 / 焦晋芳著. — 杭州：
浙江工商大学出版社，2019.7
（互联网文化产业研究书系）
ISBN 978-7-5178-3178-5

Ⅰ. ①互… Ⅱ. ①焦… Ⅲ. ①互联网络—影响—
制造工业—工业企业管理—组织管理学—研究—中国
Ⅳ. ①F426.4

中国版本图书馆 CIP 数据核字(2019)第 058344 号

互联网工业企业组织变革
HULIANWANG GONGYEQIYE ZUZHI BIANGE

焦晋芳 著

出 品 人	鲍观明
策划编辑	任晓燕
责任编辑	王 耀　白小平
封面设计	林朦朦
责任印制	包建辉
出版发行	浙江工商大学出版社
	（杭州市教工路 198 号　邮政编码 310012）
	（E-mail：zjgsupress@163.com）
	（网址：http://www.zjgsupress.com）
	电话：0571-88904980,88831806（传真）
排　　版	杭州朝曦图文设计有限公司
印　　刷	杭州宏雅印刷有限公司
开　　本	710mm×1000mm　1/16
印　　张	14.25
字　　数	230 千
版 印 次	2019 年 7 月第 1 版　2019 年 7 月第 1 次印刷
书　　号	ISBN 978-7-5178-3178-5
定　　价	59.80 元

总　序

随着近年来，互联网技术的不断发展，互联网逐渐成为人们购物、互动娱乐、知识分享等"卖场与传播"的平台，互联网文化与人们的生活方式相互促进、深度融合，文化产业进入了互联网文化产业的新时代，"互联网平台＋数字内容＋电商"的文化科技融合新业态呈现出迅猛发展的态势。作为一个在传统文化产业基础上建立起来的新的产业形态，互联网文化产业在延续文化产业的基本内涵的同时，更加突出了轻资产的特点，这也为文化产业拓展了新的发展空间。

众所周知，互联网文化产业的发展，一方面得益于互联网平台文化与科技融合的特性，另一方面也是传统文化产业实现供给侧改革、跨界融合及产业转型升级的结果。从现有的互联网平台与互联网整体经济驱动发展的潜力角度看，今天的互联网文化产业发展仍处于初级阶段。今后伴随着人工智能、大数据、物联网、陪伴机器人等技术的不断融合发展，以及 IP 产业链的打造，互联网文化产业有着广阔的发展空间和美好的发展前景。

可以预见，在未来互联网文化产业的发展进程中，互联网文化、生活方式、技术创新与文化产业的融合将进一步加强，互联网文化与文化产业也将呈现出新的特点和发展趋势，需要文化企业与时俱进，不断探寻新机遇、把握新模式。尽管当前的互联网文化产业还是以广告为主，但各种媒体营销、互动娱乐、文创电商、付费点播、知识分享、版权开发、新媒体垂直业务等也将持续快速发展。互联网平台公司往往注重内容制作，形成"平台＋部分自制内容＋垂直运作"的新模式。可以说，今后内容提供（故事 IP 与形象 IP）、网红经济、互联网平台(技术创新)等将成为缺一不可的综合体系。随着获取优质内容的竞争趋于激烈化,以及政府逐渐取缔过度娱乐化的节目(如直播等),互联网文化企业也需要转型升级,创作或者扶持精品内容。就是说,做文化产业不仅要有适度的娱乐,还需要有文化内涵,或者要做正能量的娱乐。同时,互联网文化企业也要重视跨界创新,形成技术与设计、创意、艺术、故事等的跨界融合。

互联网平台的价值变现和技术创新,具有不同的等次和功能。我认为,以"卖场+内容"支撑的新媒体与文创电商将成为今后发展的重点,其中,新媒体各种小平台的建立,以及其垂直业务的发展是最具活力的。自媒体(新媒体)的商业模式从传统的"传播型"转化为"经营型",即以自媒体吸引粉丝的能力为基础,以品牌(含网红品牌)效应为后盾,开发自主产品,发布自家产品的广告,形成产品、营销、渠道一体化的新型平台(卖场),并且通过频道组合(多个自媒体),逐步成长为新媒体文创集团,形成内容(故事)驱动与衍生品开发相结合的新业态,从而实现内容产业、小平台频道组合和衍生品产业的内在融合。这也将成为互联网文化产业持续发展的新动能。

互联网文化产业在商业模式上更加突出了"未来"的特点,即互联网文化科技企业(及其投资)的关注点不在于考察当下是否盈利,而在于关注企业的整体价值最大化,尤其是未来导向的成长性。因此,业态的选择很重要,公司的战略、内在能力积累、发展前景也变得越来越重要。此外,基于互联网平台出现全市场、全方位竞争的特点,企业之间的合作关系将替代竞争关系,企业需要更关注行业资源的获取、资源的互补性及业务的合作开发。当然,文化科技融合与跨界业态的发展,还将整合以互联网平台为核心的产业要素,在经营方式上实现线上线下的融合。例如,随着人工智能技术的日渐成熟和人们生活方式的变化及内在需求的增加,娱乐机器人、陪伴机器人的时代也即将来临,这将赋予以互联网平台为核心的文化科技融合产业更大的发展空间。

当然,在关注互联网文化产业发展的同时,各种网络伦理问题,包括与大数据应用和机器人思维、机器人道德教育等相关的伦理问题也需要我们予以更多的关注，需要进行前瞻性的研究，做出深入的思考。

　　基于以上的关切和研究的问题意识，浙江工商大学中国互联网文化产业研究院、北京大学文化产业研究院、北京峰火文创中心与浙江工商大学出版社联合推出了"互联网文化产业研究丛书"，拟组织业界专家学者对网络文化和互联网文化产业的相关政策、产业趋势、营销模式、商业模式、企业文化、伦理问题等进行比较系统的探讨和研究，希望该丛书成为文化产业和互联网文化企业研究人员、相关从业人员和同学们有益的参考读物。

陈少峰

2019 年 1 月

目　　录

第一章　绪论 ……………………………………………………… 001

第一节　选题依据及研究意义 …………………………… 001

第二节　国内外研究现状与动态 ………………………… 003

第三节　研究内容与结构安排 …………………………… 008

第四节　研究方法与技术路线 …………………………… 009

第五节　主要创新之处 …………………………………… 012

第二章　相关理论基础 ………………………………………… 013

第一节　第四次工业革命 ………………………………… 013

第二节　组织行为理论 …………………………………… 018

第三节　组织结构理论 …………………………………… 021

第四节　组织变革理论 …………………………………… 032

第三章　互联网工业与传统工业的比较分析 ……………… 038

第一节　"工业 4.0"与工业互联网 ……………………… 038

第二节　互联网工业的内涵和特征 ……………………… 050

第三节　互联网工业与传统工业的联系和区别 ………… 056

第四章　互联网工业企业组织变革的主要动因 …………… 063

第一节　信息化、智能化和工业化的深度融合 ………… 063

第二节　大规模定制的驱动 ·············· 069

第三节　价值链微笑曲线的颠覆 ·············· 072

第四节　激发员工创造精神 ·············· 077

第五章　从传统工业企业到互联网工业企业的演化历程 ········ 079

第一节　工业企业组织结构的演化历程 ·············· 079

第二节　从科层组织演化为扁平化组织 ·············· 089

第三节　从扁平化组织演化为网络化组织 ·············· 103

第四节　互联网工业企业组织变革趋势与障碍 ·············· 107

第六章　互联网工业企业的运营流程和运营模式 ········ 114

第一节　互联网工业企业的内涵和特征 ·············· 114

第二节　互联网工业企业的运营流程 ·············· 117

第三节　互联网工业企业的运营模式 ·············· 122

第七章　互联网工业企业的组织变革路径 ········ 127

第一节　互联网工业企业组织变革的路径架构 ·············· 127

第二节　从科层管理到流程管理的变革 ·············· 133

第三节　从垂直指挥系统到自组织系统的变革 ·············· 138

第四节　从强部门到强岗位的变革 ·············· 141

第五节　从被管理到自我约束的变革 ·············· 145

第六节　互联网工业企业组织变革路径的关注点 ·············· 152

第八章　互联网工业企业组织变革的目标模式 ·············· 156

第一节　业务流程的直线组织咬合链的设计 ·············· 156

第二节　职能管理系统与业务流程系统的融合 ·············· 159

第三节　员工行为的设计与控制 ·············· 163

第四节　直线水平化网络组织的协调机制 ·············· 168

第五节　直线水平化网络组织的结构模型 …………………… 172

第九章　互联网工业企业组织变革的支持体系………………… 178

第一节　支持体系构建 …………………… 178

第二节　企业战略决策支持 …………………… 181

第三节　企业人力资源支持 …………………… 192

第四节　企业文化体系支持 …………………… 197

第五节　现代信息技术支持 …………………… 201

第十章　基本结论与展望………………………………… 207

第一节　基本结论 …………………… 207

第二节　展望 …………………………… 210

参考文献 ………………………………………… 211

第一章　绪　论

当今"互联网＋"发展与新工业革命正处于交汇发展时期。各国都在抢抓新一轮工业革命的历史机遇，围绕技术、平台加速布局"互联网＋"工业新业态，构建数字驱动的工业新生态。在这种宏观背景下，作为微观运营机构，互联网工业企业也正经历着前所未有的组织变革。

第一节　选题依据及研究意义

"互联网＋"的理念和实践，推动了移动互联网、云计算、大数据、物联网等向传统产业的渗透，刷新了企业和产业的运营过程，助推了传统产业的转型升级，催生了以互联网技术为依托的一系列新的商业模式，并由此引发了顾客创新、大众创新、协同创新与组织创新。

国务院于 2015 年 7 月 4 日正式印发了《国务院关于积极推进"互联网＋"行动的指导意见》，标志着我国"互联网＋"时代正式到来。在"互联网＋"时代，德国的"工业 4.0"、美国的"工业互联网"、我国的"中国制造 2025"都在驱动着传统工业的转型升级，可以说以移动互联网、物联网、云计算、大数据为代表的现代信息技术正推动着全球新一轮的技术革命，与此同时也印证了工业企业正面临着一场前所未有的组织变革。现代信息技术的快速发展，使工业生产系统越来越复杂、集成度越来越高、网络连接越来越广，工业企业在网络化和智能化等方面的互联互通特征变得尤为明显，"互联网＋工业"已经形成不可逆转之趋势。

工业企业是指依法成立的，从事工业商品生产经营活动，经济上实行独立核算、自负盈亏,法律上具有法人资格的经济组织。工业企业作为互联网工业的基本单元,在互联网与工业的深度融合下必将在其传统业务中引入移动互联网、物联网、云计算、大数据等现代信息技术,最终发展成互联网工业企业。所谓互联网工业企业,是将传统的工业商品生产经营业务与现代信息技术进行深度融合,利用具有互联互通功能的工业控制系统辅助开展生产经营的工业经济组织。互联网和新一代信息技术不断向工业企业渗透和蔓延,驱动着在工业企业生产系统中占据"控制大脑"地位的工业控制系统朝着"互联网+"的方向发展。

工业控制系统原有相对封闭的使用环境将逐渐被打破,开放性和互联性会越来越强,工业控制系统有能力协调工业设备、人、信息系统和数据之间的复杂关系,可以与各种业务系统实现协同作业,系统一体化、设备智能化、业务协同化、信息共享化、决策需求全景化、全部过程网络化将成为工业控制系统的必然发展趋势。工业控制系统能够实时地、智能地、科学地管理企业的各项生产经营活动,必将颠覆依靠人来管理的传统运营模式,带来互联网工业企业的组织变革。在上述背景下,本项研究提出了"互联网工业企业的组织变革研究"的选题。

基于此,本课题研究将在分析互联网工业企业运营流程和运营模式的基础上,研究互联网工业企业组织变革的动因、路径、模式以及支持体系,旨在为工业企业在"互联网+工业"的背景下开展组织变革提供理论指导。本课题的研究成果在微观上能够直接指导互联网工业企业开展组织变革工作,在宏观上可以间接地服务于互联网工业的转型升级。

本课题研究的基础理论意义主要体现于,通过对互联网工业企业组织变革的动因进行分析,有利于抓住推动互联网工业企业进行组织变革的主要矛盾,为从本质上进行组织变革管理提供了抓手和依据。本研究通过分析提出互联网工业企业组织的路径、模式,能够为传统工业企业基于互联网进行组织转型升级指明方向。本研究构建互联网工业企业组织变革的支持体系,有利于系统地厘清工业企业进行组织变革的资源支撑架构。由此可见,本研究对"互联网工业企业的组织变革"的进一步研究,具有重要的理论意义。

研究本课题的实际应用价值主要体现于,通过提出的互联网工业企业组织变革的动因、路径、模式及支持体系,将互联网技术、成果、思维深入地融合于互联网工业企业的组织变革之中,这有利于降低互联网工业企业的组织变革成本、提高效益、激发企业创新能力。另外,利用信息技术可加强互联网工业企业内部系统之间及内部系统与外部互联网之间的联系,实现工业企业内外部资源的充分集成和互联互通,有利于改变传统的生产经营模式,提高企业管理的效率和水平。由此可见,本研究对"互联网工业企业的组织变革"的进一步研究,具有重要的实际应用价值。

第二节　国内外研究现状与动态

为全面掌握与选题研究领域密切相关的国内外研究现状,笔者分别以互联网企业和组织变革为关键词检索相关文献并进行文献综述。文献查阅范围包括:Web of Science、EI Village、Elsevier Science、ProQuest、Springer、中国知网、万方、维普、中国科技论文在线。通过检索,发现对于互联网企业的相关研究成果主要从定义、分类、管理理论、商业模式等方面进行研究,对于组织变革的相关成果主要是组织变革的动因、内容、过程等方面,目前尚未发现对互联网工业企业进行研究的相关成果。

一、互联网工业企业

(一)互联网工业企业的定义与分类

互联网工业企业与传统工业企业有所不同,主要体现在企业管理、服务方式和手段、融资渠道等方面,为此不管是在定义方面还是在分类方面,现有成果都是围绕着互联网工业企业与传统企业的上述区别予以展开的。对于互联网工业企业的定义,有学者认为互联网工业企业是以网络为基础从事软件开发、电子商务、IT行业等业务的企业,互联网工业企业与传统企业的本质区别在于其业务完全建立在互联网的基础之上;也有学者认为互联网工业企业是以互联网为中间运营商,通过建立门户网站来提供免费服务或者增值服务,以此吸引客户访问、获得额外收入的经济组织;还有学者认为互联网工业企业是一种完全基于互联网而从事相关业务活动的实体,该实体提供的都是基于网络数字化和高度体验式的产品。对于互联网工业企业的分类,按照服务类型和功能可以将其划分为以下几类,具体包括:为客户提供常用功能的行业基础服务类互联网工业企业,如百度、新浪、搜狐等;连接买卖双方桥梁的商务应用类互联网企业,如阿里巴巴、京东等;提供即时通信、影音视频、网络游戏的交流娱乐型互联网企业,如腾讯、优酷、爱奇艺、传奇等;为终端用户提供专线的网络接入服务类互联网企业,如中国电信、中国联通、长城宽带等;提供网络设备的供应商类互联网企业,如思科、华为、中兴、海尔等。

(二)互联网工业企业的管理理论

在互联网技术的推动下,传统企业要实现创新发展、跨越发展,并不能简单地依靠技术改进或价值链重构,而是要将现代信息技术有机地渗透到整个企业的管理活动之中。为了解决上述问题,现有研究成果针对互联网工业企业管理问题提出了一些基础理论和技术方法。在基础理论方面,有学者对我国当前阶段互联网工业企业存在的管理问题进行了分析,并从企业文化、激励机制、压力管理等方面提出了优化我国互联网工业企业管理模式的意见和建议;也有学者对我国互联网工业企业的风险管理模式及内控机制等问题进行了探讨,分析了互联网工业企业在风险管理、内控机制等方面存在的问题及原因,并提出了相应的管理建议;还有学者对互联网工业企业中的员工管理成效问题进行了研究,探讨了互联网工业企业在人力资源管理与激励机制方面存在的问题,分析了互联网工业企业管理中的组织架构、岗位设置及岗位职责。在技术方法方面,有许多学者面向网络接入服务型互联网工业企业、面向内容与信息服务型互联网工业企业、面向电子商务交易型互联网工业企业,从决策分析视角构建了改进任务—技术匹配模型、双渠道竞争合作模型、经验—失调过程模型、安全性评估方法、电子商务交易壁垒识别和优化方法等一系列理论方法。

(三)互联网工业企业的商业模式

商业模式作为互联网工业企业的一种交易结构,涉及供应商、合作者、顾客和企业等多方面要素,是相互依赖且跨越核心企业边界的运营活动体系,也是企业向顾客传递价值并使其完成支付而获利的盈利方式。现有关于互联网工业企业商业模式的研究大多数集中于商业模式的创新动力、途径、实施等方面,如:有学者对互联网工业企业商业模式的运营过程进行了探索,以商业模式要素之间的价值逻辑为出发点,分析了价值创造和价值获取观念的改革及其内在联系,指出高成长型互联网工业企业必须以顾客需求为中心,不断整合和优化价值链,开发适合消费者的产品和服务,不断创新和发展互联网工业企业的商业模式,实现持续不断的成长;也有学者通过对 Google、亚马逊、腾讯等互联网工业企业进行案例研究,结合企业成长、网络效应等理论分析了互联网工业企业商业模式的维度和要素,探索了商业模式创新在互联网工业企业成长过程中的重要作用,研究了影响互联网工业企业协同创新的因素、障碍和风险。上述研究成果,通过描述企业价值网中供应商、顾客等要素在互联网工业企业中所处的位置,有利于揭示互联网工业企业产品为用户创造的价值,有利于对确定市场分割提供理论依据,也有利于帮助企业制定竞争策略。

二、组织变革

(一)组织变革动因

组织变革是为适应环境的动态变化,通过分析企业内部要素及其关联而形成的一种新的要素结构。组织变革会受组织内外两方面因素的影响,故其影响因素可以划分为由组织内部个体之间相互作用而引发的内部动因和由组织外部环境变化而促使组织产生变革的外部动因两种类型。在内部动因方面,有学者指出组织的目标与使命并非一成不变,当企业发现其使命和目标已不符合当前形势而必须进行修正或重新选择的时候,需要改变组织之前的战略和原则,对企业进行组织变革;也有学者指出,因为在组织发展过程中,人力资源的配置情况、员工个人精神需求、计划、目标等都将随之改变,所以企业对员工的职业生涯管理、和谐正向竞争机制和评价体系的作用日益明显,由此必然引发组织变革;还有学者指出,在组织变革过程中,要按照自身内部、外部条件的变化情况,确认新的组织管理幅度和管理层级、确定新的部门间业务和职能分工、制定新的企业组织架构和运维体系。在外部动因方面,有学者指出现代企业会因生产力变化、科技革命、发展周期、价格波动等外部环境改变而进行组织变革,具体动因可以归结于因科技进步、市场竞争、政府政策调整等因素导致的组织外部不确定性。遵循上述思路,许多学者对组织变革的外部动因做了进一步研究,分析得到了一些比较具体的影响因素,如:关税的降低、无国界竞争及市场新变化所带来的机遇会推动企业进行变革;电子经济、新兴信息技术会改造传统工业流程,带来组织模式、生产平台和管理理念的变革;新的竞争对手和市场竞争压力会促使企业寻求新的组织变革来适应新的竞争规则和环境;面对以顾客为主导的市场化及客户需求的多样化,企业需要进行组织变革以跟上市场营销思想的转变步伐;随着当今社会知识经济的发酵,知识管理成为企业变革与创新的原动力,企业要通过组织变革创造一个良好的生态环境,为知识的流通传送提供保障。

(二)组织变革内容

关于组织变革的具体内容,学者们的观点和看法并不完全相同,而且是不断发展的。早期的观点是基于钻石结构模型认为组织变革可以从组织结构、组织技术、组织目标和组织人员四个维度展开,具体而言,组织可以通过工作和职权结构的变革来提高组织的绩效,通过技术创新来增强组织的生产能力,通过组织目标的变革增强企业的核心竞争力,通过对组织人员知识、技能、沟通能力和态度的变革来提升组织人员的生产力。随后有学者提出了组织变革内容模型,将组织变革行为划分为基于外部压力的组织转型变革和基于内部需求的组织交易变革。前者包含的维度包括组织使命、组织战略和组织文化,后者包含的维度包括组织管理制度、组织结构和组织人员,该模型为管理者指明了组织变革中的重点和方向。再后来,有学者提出了强制变革模型,通过建立矩阵模型详细分析了组织变革成功的影响因素,即矩阵中各列指出了组织变革的八个影响因素(流程、资源和产出等),各行指出了组织变革的内容(组织结构、技术、文化、人员、信息和协作)。最近几年,有学者开始着重研究组织行为和组织思想对组织变革的影响,认为组织的行为和思想就像中国传统哲学中的阴阳两极,只有二者实现平衡,组织变革才能获得成功;组织变革应该有战略导向,从流程再造入手,以人为本,把对战略、业务流程和人员的变革纳入组织变革的范畴。

(三)组织变革过程

对组织变革过程的研究,一些学者通过建立变革模型对其进行了描述,其中最具标志性的是组织变革模型、系统权变模型、相互作用变量模型等。三阶段组织变革模型用"解冻→变革→再冻结"概括了组织变革的整体过程。具体而言:在组织变革过程中,推动和阻碍组织变革的两种因素不断地相互角力、制衡,迫使组织原有冻结状态产生变革需求,从而引发组织变动,实现变革后新的模式将被接受,状态重新固化,完成再次冻结。系统权变模型是从系统管理与权变管理角度出发,将企业变革划分为输入、变革因素和输出三个方面,其中,输入部分包括组织的使命、愿景和战略,变革因素包括组织目标、人员、社会因素、组织文化以及组织结构,输出部分是组织整体效能。与上述两种过程模型不同,相互作用变量模型并不执着于组织变化的时间或步骤划分,而是将目光聚焦在组织的各个组成部分(各变量)的改变及作用关系,将组织分为目标、部门、技术和人力资源四类变量,这四类变量彼此之间存在着相互作用关系,其中任何一类变量的变化都将引发其他变量发生变化。因此,组织管理人员必须在持续关注某一变量变化的同时,关注其他变量变化对这一变量产生的作用。还有学者对组织变革实施过程进行了设想,提出了变革八部曲模型,将组织变革概括为以下流程:建立危机识别机制→组建效率高和执行力强的变革团队→制订组织发展规划→构建有效的内部沟通机制→建立组织成员的自动授权机制→设定长期愿景和短期目标→形成持续的组织变革动力→建立组织变革机制。

三、发展动态分析

目前对于互联网工业企业的研究成果主要集中在定义与分类、管理理论、商业模式三个方面,对于组织变革的研究成果主要集中在变革动因、变革内容、变革过程三个方面,尚未发现有以互联网工业企业为对象研究其组织变革问题的相关研究成果。从上述研究不难发现,无论是在互联网工业企业的研究成果中,还是在组织变革的研究成果中,信息技术都被视为推动企业发展、引发组织变革的重要因素。特别是在现代信息技术的驱动下,互联网工业企业必将面临重大的组织变革,而该种变革也将从以往增量式、渐进式、计划式的变革向更明确、更快速和更颠覆的组织变革转变。综上所述,本课题在前人已有研究成果的基础上,立足于现实,从互联网工业企业的运营流程和运营模式,组织变革的动因、路径、目标模式、支持体系等视角研究互联网工业企业的组织变革问题,提出能够指导互联网工业企业管理实践的一般性研究成果,对进一步丰富互联网工业企业的相关管理理论具有重要作用。

第三节　研究内容与结构安排

互联网工业企业能够将传统的工业商品生产经营业务与现代信息技术进行深度融合,利用具有互联互通功能的工业控制系统辅助企业进行生产经营活动。该类企业实行独立核算、自负盈亏,享受经济权利、承担经济义务,以现代信息技术为关键依托从事工业商品的生产经营活动。互联网工业企业可以是新成立的经济组织,但更多的是由传统的工业企业通过融入现代信息技术在整合内外部资源后转型升级而来的。比如,红领集团就是传统的服装生产企业通过自主研发全球服装定制供应商平台,使传统工业深层融入科技,将服装定制的数字化、全球化、平台化变成现实,把复杂的定制变成简单、快速、高质、高效,从而转型升级为独树一帜的互联网工业企业。转型升级是一个循序渐进、日趋完善的过程,其中不得不面临的一个重要问题便是如何进行组织变革。对于一个特定的互联网工业企业,在组织变革之前首先要搞清楚是哪些因素驱动着企业进行组织变革,企业组织变革应该通过何种路径实现,组织变革最终要实现何种目标,在进行组织变革的过程中企业需要得到哪些支持等。为了解决上述问题,本研究在分析互联网工业企业运营流程和运营模式的基础上,研究互联网工业企业组织变革的动因、路径、模式及支持体系等问题。

本研究的主要内容及解决的关键技术问题包括如下五方面:

第一,从传统工业企业到互联网工业企业的演化历程。系统梳理传统工业企业向互联网工业企业的演化历程,有利于界定企业在转型升级过程中所处的阶段,便于认清企业实际、合理定位,在变革过程中做出正确选择。

第二,互联网工业企业的运营流程和运营模式。运营流程和运营模式是互联网企业在生产经营过程中所遵循的过程范式,对该问题进行研究有利于为互联网企业如何进行运营提供借鉴参考。

第三,互联网工业企业的组织变革路径。互联网工业企业要想实现期望的运营状态,在组织变革过程中应该从哪些方面进行设计、组织实施、监督评价,以保证互联网企业组织变革可以成功完成。

第四,互联网工业企业组织变革的目标模式。互联网工业企业通过组织变革可以提升组织的运营水平,从若干个主导问题出发分析提出最为理想化的目标模式,可以为企业组织变革提供终极目标和努力追求的方向。

第五,互联网工业企业组织变革的支持体系。分析互联网工业企业在组织变革过程中需要获取哪些支持,有利于保证互联网工业企业组织变革的过程可以顺利运行、组织变革目标得以较好实现。

第四节　研究方法与技术路线

一、主要研究方法

(一)文献研究法

通过检索 Elsevier、Web of Science、Proquest、Gale、Emerald、中国知网、万方数据知识服务平台、维普等国内外数据库资源,在合理吸收和借鉴发展最新相关研究成果的基础上构建本研究的相关理论。比如,基于组织管理、企业管理、信息管理等领域的研究成果分析互联网工业与传统工业的区别和联系、互联网工业企业的内涵和特征、互联网工业企业组织变革的支持体系等。

(二)典型案例分析法

本研究通过对国内诸如红领集团、海尔集团、海信集团等一些典型的互联网工业企业开展实地考察、调研访谈等方式进行案例分析,构建互联网工业企业的运营流程和运营模式、互联网工业企业的组织变革路径、互联网工业企业组织变革的目标模式。在案例分析过程中,注重区分单个企业的特殊性与多数企业的一般性之间的区别和联系,注重抽象提炼出具有针对性和普适性的组织变革理论。

(三)定性定量结合法

定性方法有利于总结出事物的性质特征,定量方法有利于从数据中发现事物的发展规律。将定性方法与定量方法相结合对于科学地解决互联网工业企业组织变革问题具有重要作用。在本研究中,互联网工业企业组织变革的动因、互联网工业企业的组织变革路径、互联网工业企业组织变革的目标模式等内容都是采用定性与定量相结合的方法开展研究。定性之处体现在应用参考文献研究法、案例分析法等分析出研究问题的影响因素和内在要素,定量之处体现在应用问卷调查、决策分析、实证研究等方法分析影响因素、识别内在要素之间的作用关系机理。

(四)因子分析法

因子分析法主要用于提炼相关指标,适合题目设置较多且相关性显著的调查分析。在"互联网+"时代,企业组织结构科层化越来越被颠覆。本研究将运用因子分析法,说明互联网环境下企业组织结构的扁平化趋势。

(五)访谈法

访谈法可以为案例分析提供一手材料,本研究通过若干次深度访谈了解我国工业企业组织变革现状,依据访谈所得专家意见形成具体的协调度细分维度,在此基础上完成分类指标评价问卷设计,构建互联网工业企业组织变革的支撑体系框架。

二、技术路线及可行性分析

笔者将以上研究内容、研究思路、研究方法进行整合,绘制本课题研究的技术路线如图 1-1 所示。

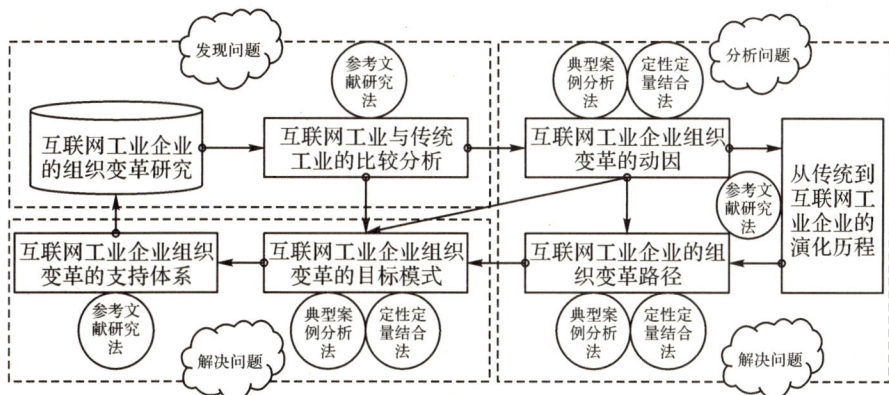

图 1-1 研究技术路线

该技术路线及实施方案的可行性体现在如下几方面：

第一，参考文献研究方法的实施方案与可行性分析。本研究结合参考文献研究方法开展互联网工业企业组织变革研究工作。围绕研究主题，通过借鉴发展组织管理、组织变革、信息管理等领域的经典与前沿成果，启发研究思路，获得理论支撑，结合相关内容构建理论架构。笔者在中国海洋大学图书馆不仅可以查阅大量的书籍、年鉴、杂志等纸质资料，还可以免费下载Elsevier、Web of Science、中国知网等国内外学术期刊的电子资源。上述条件使得应用参考文献研究方法开展本项研究工作具有可行性。

第二，典型案例分析方法的实施方案与可行性分析。本研究结合典型案例分析方法开展互联网工业企业组织变革研究工作。从国内众多的互联网工业企业中选择出一些典型企业作为重点研究对象，通过参观考察、访谈调研、问卷调查等方式获取这些典型互联网工业企业的一手资料，通过对调研资料的分析处理构建互联网工业企业组织变革的相关基础理论。笔者定居青岛，青岛本地有红领、海尔、海信等许多国际知名、国内一流的互联网工业企业，便于进行实地调研，而对于其他地区的互联网工业企业则可以通过问卷调研方式获取数据资料。上述条件使得应用典型案例分析方法开展本项研究工作具有可行性。

第三，定性定量结合方法的实施方案与可行性分析。本研究结合定性定量结合方法开展互联网工业企业组织变革研究工作。定性研究主要通过上文所述的参考文献研究、典型案例分析等方法实现,此处不予赘述。定量研究主要利用实证研究、决策分析等技术方法实现。比如,对于互联网工业企业的组织变革路径,可以通过实证分析方式实现;对于互联网工业企业的组织变革动因,可以利用决策分析中的决策试行与分析实验室(DEMATEL)等方法实现。笔者在高等院校从事教学科研工作,对这些定量研究比较熟悉,加上导师的深入指导,使得应用定性定量结合方法开展本项研究工作具有可行性。

第五节　主要创新之处

本研究的主要创新之处突出体现在如下三个方面:

第一,本研究以互联网工业企业为对象研究其组织变革问题,相对于现有成果仅孤立地研究互联网企业管理问题或者仅研究组织变革问题而言,研究的问题新颖、独特且契合当今工业企业发展的需要,选题具有创新性。

第二,本研究构建一套互联网工业企业组织变革的理论体系,包括从传统工业企业到互联网工业企业的演化历程,互联网工业企业组织变革的动因、运营流程、运营模式、变革路径、目标模式、支持体系等内容,能够填补互联网工业企业组织变革领域的研究空白,具有理论创新性。

第三,本研究一方面基于实证研究、决策分析等领域的技术方法,致力于解决互联网工业企业组织变革的动因识别、变革路径分析等问题,另一方面将提出的理论应用于解决互联网工业企业管理实践问题,方法具有创新性。

第二章　相关理论基础

　　"组织"是诸多要素按一定宗旨和目标相互联系起来的系统。"组织行为"是组织内部互动或者组织与外部环境作用所形成的行为。"组织行为"的本质是"人",人是组织的灵魂。互联网工业企业运用"组织行为理论",充分发挥员工的主导作用,注重满足员工心理需求。本章作为研究的基础理论部分,主要对本课题立论的相关理论进行梳理和归纳,从而为后面的具体深入研究奠定理论基础。

第一节　第四次工业革命

　　第一次工业革命,始于 18 世纪 60 年代英国发起的技术革命,机器代替手工劳动、工厂制代替手工工场。第二次工业革命,始于 19 世纪末,人类进入"电气时代",新能源和通信技术使用,世界开始紧密联系;采用新技术的企业开始进行垄断性大规模生产。第三次工业革命,始于 20 世纪 50 年代,人类进入"信息时代",在空间技术、原子能技术、电子计算机技术等的发明和应用上成果显著,劳动手段得到改进,产业结构调整,人们的生活方式与思维方式发生改变。第三次工业革命方兴未艾,第四次工业革命已经来临。第四次工业革命,由云计算、大数据、人工智能、自动驾驶汽车、3D 打印、物联网等科学技术推动所引发。[①] 首先对工业企业来说,它使生产制造技术、生产方式和组织产生变革。但它不只是工业领域的颠覆,它更影响着整个社会、整个世界。

---

　　① 　王元丰:《第四次工业革命就是"工业 4.0"吗?》,《中国培训》2017 年第 22 期,第 35—36 页。

一、第四次工业革命的产生背景

（一）第四次工业革命的国际背景

第四次工业革命对生产制造技术、生产方式产生了深远影响。2012年《连线》杂志主编克里斯·安德森在《创客：新工业革命》中预测，未来十年互联网和制造业融合在一起将引发制造业革命，这次革命弄潮儿正是利用互联网创新的"创客"一代。[①] 网络公司将智慧用于现实世界之中，传统企业也将网络智慧运用于实际之中。2013年英国《金融时报》记者彼得·马什发表的《新工业革命》阐释"新工业革命"概念。[②] 作者认为人类制造业经历了少量定制、少量标准化阶段、大批量标准化生产、大批量定制化及个性化量产阶段五大阶段。他认为现在正处于个性化量产阶段，并预测大批量个性化时代到来的标志是3D打印成为生产日常。2016年第46届达沃斯世界经济论坛（WEF）主题为"掌控第四次工业革命"。克劳斯·施瓦布[③]认为没有行业不受第四次工业革命影响，每一个行业都会被"优步化"（源于美国网约车公司优步）。随着第四次工业革命的发展，面对新技术创新，价值链重构，各国纷纷制定了与之相关的发展战略，以使本国制造业在新革命中处于领先位置。美国提出了"再工业化"，将外包的制造业重新转移至国内生产线，进行智能机器化生产。2013年德国政府推出工业4.0战略定义了"第四次工业革命"，2015年日本制定机器人新战略等。

2016年，克劳斯·施瓦布出版《第四次工业革命》一书，权威地解读了第四次工业革命速度快、范围广、程度深，正以前所未有的态势席卷而来，是整个系统的创新。它是数字技术、物理技术、生物技术的强大融合，丝毫不逊于前三次工业革命。[④] 各项新科学技术（如数字化身份、可穿戴设备联网、万物互联、数字化家庭、智慧城市、运用大数据决策等）变革将对社会产生颠覆性

---

① ［美］克里斯·安德森：《创客：新工业革命》，萧潇译，中信出版社2012年版，第2—3页。
② ［美］彼得·马什：《新工业革命》，中信出版社2013年版，第3—6页。
③ 施瓦布：世界经济论坛创始人、执行主席，联合国发展规划委员会副主席。
④ ［德］克劳斯·施瓦布：《第四次工业革命》，中信出版社2016年版，第1—8页。

影响。这种影响,不仅使工业领域的生产制造智能化,也使人们的生活更信息化、智能化。如网约车、网上购物、网络支付,以及各种智能化产品在生活中的投入使用。

(二)第四次工业革命的国内研究背景

在我国学术界,学者们分别从各自领域出发,对第四次工业革命的相关问题进行了研究分析。邓泳红、张其仔认为中国在第四次工业革命上面临着历史性机遇,提出中国应实施"双轨战略"和实施"双轨机制"[①],分领域同时追赶与跨越发达国家。李稻葵认为我国应该积极参与第四次工业革命,并分析了我国的主要优势为工程技术人才储备多、本土市场大、经济增长势头良好、储蓄率高等优势,但意识和制度还需创新。[②] 孙乐强分析了第四次工业革命产生的颠覆性影响[③],提出我国发展战略转型的深度思考。张有奎从唯物史观的角度分析了第四次工业革命及其文化意义:首先,第四次工业革命推动了世界观的变革,产生数字化世界的观念;其次,第四次工业革命推动了新价值观和互联网思维方式的形成。但作者提出第四次工业革命的局限依旧为技术决定论,它并没有改变生产和消费的异化本质。[④] 杜传忠、杜新建深入分析了第四次工业革命带来的新信息技术使传统制造模式和组织模式发生变革,重构着全球价值链。他们指出,我国应顺应趋势,发展智能制造,加强我国在重新构建的产业链中的地位。[⑤] 杜传忠、许冰分析了工业革命影响就业结构的机理,将通过主导技术群、产业结构与生产方式等的重大变革而对就业结构产生深刻影响。[⑥]

---

① 邓泳红、张其仔:《中国应对第四次工业革命的战略选择》,《中州学刊》2015 年第 6 期,第 23—28 页。

② 李稻葵:《中国会错过第四次工业革命吗?》,《财经界》2016 年第 6 期,第 63—65 页。

③ 孙乐强:《后金融危机时代的工业革命与国家发展战略的转型——"第四次工业革命"对中国的挑战与机遇》,《天津社会科学》2017 年第 1 期,第 12—20 页。

④ 张有奎:《唯物史观视域下的第四次工业革命及其文化意义》,《天津社会科学》2017 年第 2 期,第 11—18 页。

⑤ 杜传忠、杜新建:《第四次工业革命背景下全球价值链重构对我国的影响及对策》,《经济纵横》2017 年第 4 期,第 110—115 页。

⑥ 杜传忠、许冰:《第四次工业革命对就业结构的影响及中国的对策》,《社会科学战线》2018 年第 2 期,第 68—74 页。

我国政府在政策上不断响应第四次工业革命,出台了与之相适应的一系列规划:2015年,我国出台了《中国制造2025》十年战略规划;2016年,我国通过了《装备制造业标准化和质量提升规划》等。2016年9月,我国《二十国集团领导人杭州峰会公报》①发布,公报中的《2016年二十国集团创新行动计划》《二十国集团创新增长蓝图》《二十国集团新工业革命行动计划》《二十国集团数字经济发展与合作倡议》等,分别指出要促进创新新工业革命和数字经济等领域的政策和措施;支持科技创新投资,促进创新人才流动;加强新工业革命领域交流及相关研究,促进中小企业从中获益;为数字经济发展和应对数字鸿沟创造更有利条件,推动信息通信技术领域投资,支持数字化转型,加强电子商务合作,等等。

二、第四次工业革命的主要特征

第四次工业革命起源于21世纪,产生了与前三次工业革命不同的颠覆性技术。美、英、日、德、中等国纷纷在技术上进行了革命性创新,成就主要集中在计算机信息技术、3D打印技术、生物技术等领域。第四次工业革命的突出特征主要表现为信息技术深度应用、跨界融合趋势加强、绿色制造和重构全球价值链。

(一)信息技术深度应用

信息技术对制造方式和互联网的使用产生了颠覆性影响。在制造方式上,将"制造"转变为"智造"。例如,信息物理系统制造(Cyber Physical System,简称CPS),是通过3C(Computer、Communication、Control)技术实现的智能系统,减少了大机器大生产,把生产设备、材料、物流、用户等生产环节的各要素都与互联网相连,构成一个生产制造系统,通过数据分析、远程协调等功能,使生产和服务进行最优化组合。既节省了资源,也带来效率的极大提高。它的应用范围广泛,小至智能家居大至工业控制系统乃至智能交通系统。沈阳机床集团推出的i5智能机床,是将制造业与信息技术深度融合的

---

① 《二十国集团领导人杭州峰会公报》,《人民日报》2016年9月6日,第4版。

典范,通过移动信息操作系统形成了"指尖上的工厂"。在互联网的使用上,信息技术的发展应用使互联网从 PC 端转向移动互联端,人们可以随时随地联网互联,缩小了人与世界的距离,改变着社会、经济形态,影响着人们的工作和生活习惯。

(二)跨界融合

第四次工业革命带来的技术革新使各个领域开始融合。施瓦布认为新革命本质上与前几次革命都不同,而且内涵十分广泛,不局限于互联网机器和系统,在各个领域间都有涉及,例如基因测序、纳米技术、可再生能源、量子计算,等等。这些技术相互融合,跨越物理、数字和生物等领域进行互动。[①]这意味着,随着技术的发展,单一的内容已经无法满足社会发展和人们快速变化的需求,各专业领域间开始融合、协作,使产业边界模糊化、产业组织结构复杂化。

(三)绿色制造

第一次工业革命和第二次工业革命都对环境造成了严重破坏。第三次工业革命期间,人们开始意识到资源与环境问题。第四次工业革命通过信息技术、生物技术、物理技术等变革,使人类与自然的关系发生重大变化。新能源的使用提高了能源和资源利用效率。因此,第四次工业革命也被称为"绿色制造"。

(四)重构全球价值链

第四次工业革命对于技术的革新,改变了传统制造环节的劣势地位。通过互联网和智能技术的投入使用,将简单的流水线作业转变成为智能生产制造,从而使生产制造环节不断增值,这对全球分工体系产生巨大影响。各国纷纷制定与之相关的发展战略,提升本国制造业附加值,各国对制造业的重新重视使全球价值链重构。同时,价值链的不断更新,促使新国际贸易规则出台。

---

① 可以参见[德]克劳斯·施瓦布:《第四次工业革命》,中信出版社 2016 年版。

全世界正在积极应对第四次工业革命的潮流。此次革命带来的技术颠覆全面改变着生产方式,提高生产效率,从根本上改变人们的生活、工作和思维方式。随着第四次工业革命的发展,未来互联网工业的发展走向将更智能、更全面、更绿色,全球价值链的发展也将加快更迭速度。

第二节　组织行为理论

组织由多种有着相同目标的要素相联系而组成,不同的组织为实现共同目标而集合从而形成企业等机构。组织行为分为组织内部或组织与外部要素和环境相互作用所形成的行为。组织行为理论强调"人"的重要性。组织结构的建立是为使组织中的人顺利完成企业的共同目标。互联网工业企业也十分强调组织行为理论的实践运用。

一、组织的基础

"组织",从广义上理解,指诸多要素按照一定的宗旨和目标相互联系起来的系统;从狭义上理解,则是人们为实现某一目标,互相协作组合而成的集体,是社会的基本单元。

(一)组织管理学角度分析

从组织管理学角度理解组织。"组织理论之父"马克斯·韦伯认为任何组织都应该以某种权利作为基础,应该有对成员进行支配行为的规则存在。亨利·法约尔认为好的计划需要好的组织来完成,组织是对企业计划执行的分工。亚当·斯密所提出的"分工理论"是组织存在的依据,但是分工使组织变得复杂混乱,这时就需要企业进行管理和协调。因此,要实现专业化的分工。孔茨与韦里克做到了将这一思想具体化。由此可以看出,在当时特定的背景下,他们都将组织看作封闭、机械的职能组织。

(二)系统管理学角度分析

从系统管理学角度理解组织。组织是由许多子系统所构成的系统。切斯特·巴纳德从行为的角度给组织下了定义,提出组织是两个或两个以上的人进行有意识协调的系统。20 世纪 30 年代,福莱特提出把企业组织视为动态的统一整体,指出管理必须着眼于整体内部的协调。系统管理理论认为企业是由人、物资、机器和其他资源在一定的目标下组成的一体化系统[①],人是主体,其他要素则是被动的。

(三)组织理论进一步发展

组织理论的进一步完善和发展。随后,赫伯特·西蒙发展了巴纳德的思想,从决策理论的角度强调了无形的组织力量,强调了集体决策的重要性。20 世纪 80 年代,美籍日裔学者威廉·大内在《Z 理论——美国企业界怎样迎接日本的挑战》一书中提出"Z 理论"(Z Theory),并最早提出企业文化概念,分析了人与企业、人与工作的关系。[②] 他通过日本企业的成功,证明了亲密的个人感情在工作中的地位及重要性,有利于加强企业组织、社会信任,提高劳动生产效率。

二、组织行为的内涵及理论成果

组织行为可划分为组织内部本身行为或组织与外部的行为,是组织内部或组织与外部要素和环境相互作用所形成的行为。组织行为的主要特征,组织行为是共同活动的整体行为,而非单独的个人行为;组织行为的动机是根据组织建立的宗旨和目标产生;通过组织成员的个体行为实现,又影响组织成员的个体行为。

整体而言,组织行为理论的本质是"人",人是组织中的灵魂。组织结构的建立是为使组织中的人顺利完成组织的共同宗旨和目标,为企业创造一个良好的环境。具体而言,微观组织行为具体指组织内的某一个体或群体的行为,例如个人的态度、能力、人际沟通等行为。宏观组织行为则包括组织文

---

① 昀熙:《詹姆斯·罗森茨韦克:奠基系统管理学》,《现代企业文化(上旬刊)》2013 年第 8 期,第 56—57 页。

② [美]威廉·大内:《Z 理论——美国企业界怎样迎接日本的挑战》,孙耀君,王祖融译,中国社会科学出版社 1984 年版,第 6—10 页。

化、组织学习等。正向组织行为指对完成组织目标有利的行为。反向组织行为则是阻碍组织目标实现的负面行为,管理者必须采取有效措施惩戒以减少负面行为。

(一)组织行为理论的国外研究成果

巴纳德和西蒙主要研究了组织行为实际就是组织中"人"的行为。美国教育家、行为科学家、心理学家伦西斯·利克特的"管理风格理论"认为依靠民主管理,从内部调动员工的积极性,才能充分发挥人力资源的作用。他的"支持管理理论"提出领导者要考虑员工的处境、想法和希望,使员工认识到自己的价值和重要性;对人的领导是管理工作的核心。随后,利克特继续完善理论,提出了"四种管理方式",分别是专制——权威式、开明——权威式、协商式、群体参与式。采取第四种"群体参与式"的方式,更有利于领导者有效地领导,使员工效率得到提高,从而实现组织的目标。

(二)组织行为理论的国内研究成果

国内学者北京大学光华管理学院张志学、鞠冬、马力发表的《组织行为学研究的现状:意义与建议》[①]对英文和中文组织行为学方面重要学术期刊上的研究进行总结,总结了组织行为学的现状和发展,并进行了本土化思考和研究。具有代表性的组织行为理论的核心内容关键词有:团队、公平、身份和认同、组织公民行为、创造力等。以上内容都在领导力之外,关于领导力的研究主要为变革型领导、领导—成员交换、领导力发展、CEO、魅力型领导、整合型领导、领导力有效性、真诚领导、高层管理团队等。我国应结合现实情况,立足于事实升华抽象出理论,真正做到对组织行为学发展做出贡献。

三、组织行为理论对互联网工业企业的运用

互联网技术的飞速发展,不仅革新了人与人的信息传播方式,更成为互联网工业企业的基本工具。传统企业要想在新时代立足,必须形成互联网思

---

① 张志学,鞠冬,马力:《组织行为学研究的现状:意义与建议》,《心理学报》2014年第2期,第265—284页。

维并在企业的方方面面全面触网。互联网企业的诞生，更是互联网技术发展的显著成果。

（一）充分发挥员工的主导作用

组织行为理论在企业内部的运用，以海尔集团为代表的互联网工业企业为例，在组织行为上首先进行了形式创新，充分释放组织活力。海尔对内部管理方式进行了大幅度的调整，颠覆了传统管理理念，海尔集团董事局主席、首席执行官张瑞敏提出"人单合一"发展模式。首先，强调员工是开放的，不局限于企业内部；其次，员工不再是被动的执行者，而是拥有现场决策权、用人权和分配权的创业者和动态合伙人。张瑞敏也提出了"员工创客化"，充分发挥人的主导作用，把员工身份从被雇佣者、执行者变成企业的创业者、合伙人；以人为本，实行自主管理，做到对市场负责而非对领导负责；真正对员工放权，使员工充分拥有人权、决策权、分配权。

（二）注重满足员工的心理需求

由组织层级设计可以看出，组织层级越多，越影响组织员工的心理情绪，越束缚高素质员工的思想和行为。互联网对用户的影响也直接影响到互联网企业的组织行为。因为互联网拉近了人与人之间的距离，打破了社群组织以往在时间与空间的局限，使信息得到及时反馈，让新社群组织在无边际的网络平台迅速聚集，使人人都具有最大限度的表达权，其本质是"以人为本"。这也打破了传统企业与用户间阻碍沟通的藩篱，通过互联网信息技术，企业可以直接与用户沟通交流。例如，小米公司通过层级扁平化构建，加强一线员工与用户直接沟通的全员行为，通过建立粉丝社群，增进企业与粉丝的互动，进一步增加了粉丝的忠诚度，也满足了员工的心理需求，调动了企业员工积极性，最终目标是努力为用户开发、生产适销对路的产品。

第三节　组织结构理论

为使企业高效运转，取得良好绩效，必须建构适合企业当下发展阶段的组织结构。受经济、环境、科学技术等多种因素的影响和作用,组织结构理论不断推陈出新,企业的组织结构形式也随之更新变换。互联网信息技术的产生和发展,使组织结构出现了颠覆性改变,打破原有层级束缚,出现更多扁平式、网络化组织结构,更有利于激发企业和企业员工的活力。

一、组织结构理论的演变

结构是指系统中各要素在时间和空间上相互联系、相互作用。组织结构,狭义指为实现企业的宗旨和目标,将企业内的各部门、各层次的组织通过一定的方式进行组合排列,构成不同形式的组织结构。广义上来说,除包含狭义组织结构外,还包括不同组织间的联系协作,如专业化协作、经济联合体、企业集团等。适合企业的组织结构是实现企业高效运转,取得高绩效的先决条件。

(一)古典组织理论及相应组织结构

20 世纪初至 20 世纪中叶,古典管理理论占支配地位,它的组织理论被称为"古典组织理论"。古典组织理论以亚当·斯密的"劳动分工论"为依据,以泰勒、法约尔、韦伯、巴纳德、穆尼为主要代表人物的组织理论为基本原理而提出。[①] 它主要围绕劳动分工、规章制度、等级、规则、工作流程、组织结构等内容进行,十分强调效率主义,忽略人格化特征,具有浓郁的经验论、技术论的色彩,等级森严,规章严密。主要理论为科学管理理论、一般管理理论、行政管理理论和官僚制理论等。

泰勒的"科学管理理论"表示,提高劳动效率是科学管理的根本,将工人看作工具,强调工时与标准化,推行高层管理者例外原则,高层管理者应集中于处理例外事件。法约尔的"一般管理理论"具有更强的理论性和系统性。"组织理论之父"韦伯有关组织结构理论的论点有明确规定分工,明确的职权等级制度、规章制度,组织成员只有职位关系,强调组织成员的技术能力。显然,古典组织理论将人视为"机械人"和"经济人",将组织看作静态的形式,这

---

① 符绍珊:《企业组织结构模式创新研究》,中国经济出版社 2008 年版,第 83—85 页。

与当时的环境、技术及发展背景等因素密切相关。

以古典组织理论为基础,形成的组织结构理论分别是早期的直线型组织结构、泰勒的职能型组织结构、法约尔提出的直线职能型组织结构。

(二)新古典组织理论及相应组织结构

新古典组织理论又称"行为组织理论",它是对早期组织理论的创造性破坏。主要强调集权决策和分权管理,例如美国通用汽车公司总裁斯隆提出的"集中政策,分权管理",被称为斯隆模式;在组织结构上倾向于扁平化的组织;主张部门的专业化。新古典组织理论的代表人物主要有梅奥、巴纳德、西蒙等等。主要理论为人际关系组织理论、组织平衡理论和决策组织理论。

人际关系组织理论认为人的社会、心理因素及人在组织中的行为与效率的关系是组织的重要内容。组织平衡理论的代表人物巴纳德把组织看作协作系统,还研究了非正式组织的存在和影响,组织平衡理论不仅重视组织的经济和技术方面,更重视组织的社会心理方面。决策组织理论代表人物西蒙完善了巴纳德的思想,主要从行为科学的角度探讨了决策理论。

新古典组织理论认为人以个人或非正式组织的形式活动,这些人不再是"机械人"和"经济人",而是"社会人",人的积极性除了报酬之外,还有人的工作态度以及人际关系。所以该理论强调了非正式组织的重要性,是对古典组织理论的进一步补充和完善。

(三)现代组织理论及相应组织结构

20世纪60年代以来,企业为适应科技的不断进步、对人员素质提高的需求、适应快速变化的外部环境等因素,现代组织理论在原有组织理论的基础上发展而来。它以开放的理性模式看待组织,意识到组织是一个系统,外部环境对组织结构和管理的决定作用;认识到战略目标的重要性;强调以人为中心,培养共同的价值观,为实现战略目标而共同努力。

1.机械式与有机式组织结构理论

以伯恩斯与史托克为代表,他们经过对英国的工业公司的研究,把适应于不同环境的不同组织结构划分为两类:机械式与有机式。机械式组织结构的特点:严格的层级关系、固定的职责、正规化、正式沟通渠道、集权的决策。

这类组织结构稳定、标准、高效率、专门化,但是复杂且集权。有机式组织结构又称为适应性组织,可以使纵横组织相互协作,不断调整职责,低正规化,非正式沟通渠道,分权决策。这类组织结构具有低复杂性、低正规化、分权化、灵活、低程度集权,但是组织不标准且松散。在实际操作中,机械式与有机式通常相结合使用,而非处于两个极端。根据环境、战略目标和组织的特点选取适合的组织结构才能取得良好的效果。

2.决策理论学派的组织结构理论

决策理论学派是以社会系统论为基础,在第二次世界大战后兴起,以西蒙和马奇为代表。西蒙认为决策是管理的核心,计划、组织、领导和控制都离不开决策。组织结构是存在等级分级现象的复杂系统,可以将其分为三层,最顶层为非程序化决策,即为过去尚未发生过,需要现在处理的决策。中层为程序化决策,即日常的例行决策。底层为最基础的工作。他还强调应该发展人工智能,逐步实现决策自动化,特别是计算机在高层管理及组织结构中的应用。

3.经验主义学派的组织结构理论

经验主义学派以总结企业管理经营,并向大企业提供经验和科学方法为任务和目标。代表人物有彼得·德鲁克、戴尔、斯隆、福特等。他们主要善于使用对比的方法总结和概括管理经验教训,在此基础上形成管理理论和适用的组织结构。德鲁克概括出了五种组织结构,分别是集权的职能性结构、分权的"联邦式"结构、模拟性分权结构、矩阵结构和系统结构。[①] 该学派重视对目标的管理,德鲁克提出了目标管理法,认为既要重视人,也要重视与工作相结合。

4.权变学派的组织结构理论

权变组织理论认为不存在一成不变的方案,组织是多样的,所有组织结构的问题必须依靠多种模型解决,要提出在特定环境下成功概率最大的方案,要求从实际出发,具体问题具体分析。在组织结构方面的代表人物主要有汤姆·伯恩斯、琼·伍德沃德、保罗·劳伦斯等人。根据情况来改变与之

---

① 符绍册:《企业组织结构模式创新研究》,中国经济出版社 2008 年版,第 12—13 页。

相适应的组织结构,例如重视组织目标,若组织的目标是以降低成本和提高效率为关键,则采用职能部门型组织结构。重视外部环境,若环境变化越快,越应采用更大的分权化和弹性的组织结构,若环境较稳定,则采用正式的组织结构。重视组织的多变量,根据相关因素的关系变化来创新和调整组织结构。

5. 企业发展论中的组织结构理论

企业发展论中认为企业具有生命周期,组织的生命周期说明了它产生、成长和最终衰落的过程。在初期创业阶段,组织结构是非规范化的和非官僚制的,但随着企业发展,出现了需要领导的必要性的危机,这时必须调整组织结构,过渡到集体化阶段,此时权利层级增加,底层要求更多的自主权。发展到规范化阶段,会导致官僚气息加重。再发展到精细阶段,通过合作与团队工作的新意识减少官僚气息。然后进行不断地创新以延长生命周期。

6. 新组织结构学派的组织结构理论

以亨利·明茨伯格为代表,广泛吸收各学派学说及主要成果。他提出五种协调机制、组织的五个基本组成部分、五种组织结构等理论。五种协调机制即相互调节、直接监督、工作流程标准化、工作输出标准化以及技能标准化。五种组织结构即简单型结构、机械官僚结构、职业官僚结构、事业部制结构和变形虫式结构。

现代组织理论更强调组织与环境的关系,在组织结构上更为灵活,以团队为模块、临时组建的小组、网络型组织等扁平化组织结构得到迅速发展和实践。这些实践正好印证了该种灵活的模式更适用于现代企业在激烈的竞争环境中得到进一步发展。

(四)组织结构理论发展新成果

1. 学习型组织结构理论

组织结构理论发展新成果以学习型组织结构理论为代表。它与企业流程再造理论是扁平化组织结构思想产生的渊源。彼得·圣吉在《第五项修炼》一书中提出企业应建立"学习型组织"这一管理观念。这不是一种单一的模式,而是强调组织概念和员工作用的新理念。传统的组织注重效率,而学习型组织认为组织应精简、扁平化、弹性化、终生学习、不断自我组织再造。他认为知识管理是重要方法。学习型组织应该具备五要素,依次是建立共同愿景、团队学习、改变心智、自我超越、系统思考。

2. 智慧型组织结构理论

智慧型组织结构又称为"C管理模式"。它融合了中国哲学与西方管理学,主要构建一个以人为核心,遵循自然普遍法则,不断自我修正调节,随机应变,人性化的智慧型组织。它主要提出了"以人为形"的组织结构。若将智慧型组织比作一个人的身体结构,那么管理高层是"大脑",大脑的精神即指高层决策。管理中层是"躯干",需要协调平衡与机体内外部的联系。"四肢"代表员工,手、足是执行机构,跟从大脑信息做出反应。各组织器官发挥各自不同的功能,共同完成大脑要求的动作,从而形成灵动协调的机制。因此,它的特征是强调一致的目标、默契的配合。把组织看作人,也体现出它具备的强大生命力和竞争力。

3. 创客型组织结构理论

创客型组织结构打破了层次分明的等级,颠覆了员工与管理者的关系,使员工充分发挥能动性和创造力。由海尔集团董事局主席、首席执行官张瑞敏提出并命名的商业模式——"人单合一模式",是创客型组织结构的典型案例。该模式具有颠覆性和系统性,分别从企业、员工和用户三个角度对战略定位、组织结构、运营流程和资源配置领域持续革新,顺应互联网时代特征,"零距离""去中心化""去中介化"。其组织结构重视"企业平台化、员工创客化、用户个性化"。企业平台化,指企业从传统的科层制组织转变为共创共赢的平台;员工创客化,指员工从被动接受指令的执行者转变为主动为用户创造价值的创客和动态合伙人;用户个性化,指用户从被动购买者转变为全流程体验的参与者,从顾客转变为与企业密切交互的用户资源。

二、企业组织结构的形式

企业组织结构的形式主要分为金字塔式组织结构和扁平式组织结构。金字塔式组织结构又被称为传统型组织结构,主要包括直线型组织结构、职能型组织结构、直线职能型组织结构、事业部制组织结构等。扁平式组织结构打破了金字塔式组织结构,减少管理层次,增加横向联系,使组织能够对环境、用户和市场需求迅速反应,富有柔性地生产。扁平式组织结构主要有矩阵制、团队型、网络型(虚拟企业)组织结构等。

(一)金字塔式组织结构

1.直线型组织结构

直线型组织结构(如图2-1所示)是传统式组织结构,形成层次的分级,从高层开始向下传递,分解,经过若干个管理层次达到组织底层。其特点是每一位主管人员对其直接下属拥有直接职权;组织中的下级人员只对直接上级负责;主管人员在管辖范围内,拥有绝对的权力。

图 2-1　直线型组织结构图

资料来源:笔者自行绘制(以后图表凡是没专门注明出处者,均为笔者绘制)

直线型组织结构的优劣势明显,优势在于这种组织结构一是机构权力集中,决策迅速;二是权责分明;三是信息沟通方便。不过它的劣势显著,一是对管理者素质要求高,该管理者必须熟悉与本部门业务相关的各种活动;二是缺乏横向的协调关系和员工向上反馈机制弱,只是一味听从上级的指示。所以直线型组织结构一般只适用于企业发展初期,或生产和管理工作较简单,且规模不大、员工少的小企业。

2.职能型组织结构

职能型组织结构(如图2-2所示)最早由"科学管理之父"泰勒提出。他认为随着社会的变化和企业的发展,没有一个管理者能够凭借自己的专业知识来指导全部的下级,因此需要充分发挥专业分工,业主只负责企业决策及日常管理,设立专门的职能人员和部门进行某一方面的专门管理和生产,职能型组织结构因此诞生。它与直线型组织结构的区别在于,不再有全能管理者,而是用专业管理者在相对应的职能部门。各级管理者要服从上级职能部门在专业领域的指挥,也要服从上级行政领导的指挥。

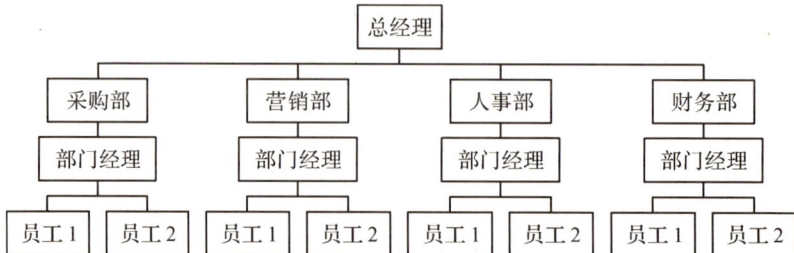

```
                        总经理
    ┌───────────┬───────────┬───────────┐
  采购部        营销部       人事部       财务部
  部门经理      部门经理     部门经理     部门经理
 ┌───┬───┐   ┌───┬───┐   ┌───┬───┐   ┌───┬───┐
员工1 员工2  员工1 员工2  员工1 员工2  员工1 员工2
```

图 2-2　职能型组织结构

职能型组织结构的优劣势。它的优势一是充分发挥专业分工优势,提高生产效率;二是适用于复杂的现代化工业生产技术和管理工作细化的管理需要;三是有利于专业人才的选取和培养。它的劣势一是多头指挥,容易造成混乱;二是权责不分明;三是各部门横向沟通协作困难;四是不利于培养高层管理人才。

3. 直线职能型组织结构

直线职能型组织结构(如图 2-3 所示)是对职能制和直线制的进一步改进。它以直线为基础,在各级行政领导下,设置相应的职能部门(如计划、营销、人事、财务等部门)从事专业管理,各级行政领导可对下级进行指挥和下达命令,职能部门只是作为行政领导的参谋,对下级只是业务上的指导和监督。各级行政领导人逐级负责,高度集权。

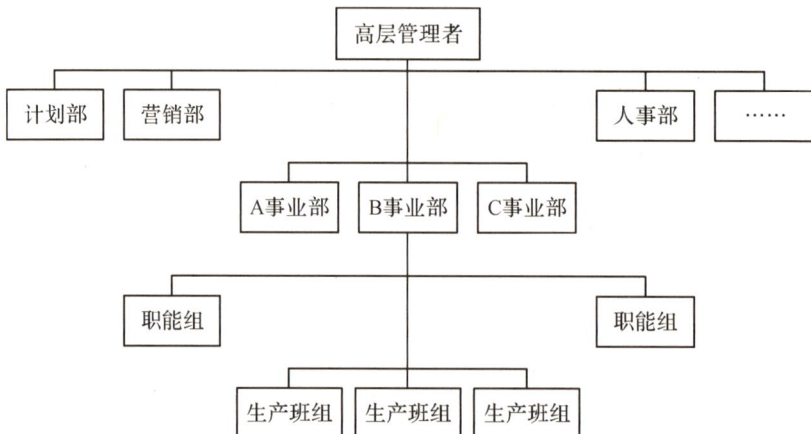

```
                    高层管理者
    ┌───────┬───────────────────┬───────┐
  计划部   营销部              人事部    ……
              ┌───────┬───────┐
            A事业部  B事业部  C事业部
              ┌───────┴───────┐
            职能组              职能组
              ┌───────┬───────┐
           生产班组 生产班组 生产班组
```

图 2-3　直线职能型组织结构

直线职能型组织结构的优劣势。它的优势一是快速、灵活、维持成本低且责任清晰。二是兼收直线制与职能制组织结构的优点，既保持集中统一指挥，又注重分工和专业化管理，具有优越性，有助于提高管理工作的效率。其他组织结构还有矩阵制、事业部制、部门化制、模拟分权制等等。

4. 事业部制组织结构

事业部制组织结构（又称 M 型结构）最早是由美国通用汽车公司总裁斯隆提出的，又称"斯隆模型"（如图 2-4 所示），它是一种高度集权下的分权管理体制，每个事业部都有自己较完整的职能机构，可分为产品部门化和区域部门化。它适用于规模庞大、品种繁多、技术复杂的大型企业，是国外较大的联合公司所采用的一种组织结构形式。

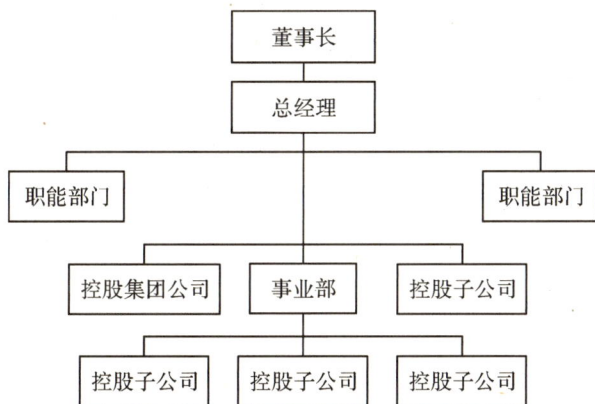

图 2-4 事业部制组织结构

事业部制的优劣势，优势是总部可摆脱日常烦琐事务，集中精力规划全局战略；各事业部之间有比较，有竞争；事业部内部易协调合作；有利于管理人才的培养。劣势是造成职能机构重叠，人员浪费；各事业部容易只考虑自身的利益。

（二）扁平式组织结构

传统管理理论不断接受信息科技发展所带来的新挑战。21 世纪，互联网信息技术的快速发展和深入应用，彻底颠覆了传统的组织结构。传统的、集中生产的经营活动逐渐被分布式经营方式取代。等级分明、层级冗杂的组织也逐渐转变为网络化、分布式的扁平式组织。

扁平式组织结构,顾名思义就是使组织扁平化。打破金字塔式组织结构,减少管理层次,增加横向联系,使组织能够对环境、用户和市场需求迅速反应,富有柔性地生产。例如 IBM 管理层曾高达 18 层,最高层的指令要通过层层传递才能传至最基层的执行者,速度极其缓慢,而且信息失真程度大。但杰克·韦尔奇执掌 GE 时,对企业内部的扁平化改造,将管理层次从 8 层简化到 3 层。在薪酬体系上也扁平化改革。杰克·韦尔奇强调"无边界合作",致力于打破公司内部各种障碍,加强跨层级、跨部门的团队工作,改进内外部协作的合作关系。

1.扁平式组织结构的主要特征

扁平式组织以工作流程为中心,淡化职能部门,削减中层管理者,使最高层级领导可以以最快速度与员工沟通交流,简化烦琐的层次,并给予员工权力和资源。基层员工与用户直接接触,使他们拥有了部分决策权,可大大提高服务质量和反馈水平,快速响应市场变化,真正满足用户需求;利用网络进行信息传递,企业内部及外部使用网络社交软件、办公自动化系统、管理信息系统等网络信息化工具,大大增加了工作效率,简化管理程序;实行目标管理,以团队为基本的工作单位,将目标下放给团队,权责统一,使团队员工成为企业的主人。

2.扁平式组织结构的主要形式

(1)矩阵制组织结构

矩阵制组织结构(如图 2-5 所示),既有按职能划分的垂直领导系统,又有按产品(项目)划分的横向领导关系的结构。它的特点是能够围绕某项专门任务而临时成立跨职能部门的小组,任务完成后就各自回原单位。它的优势是加强了横向联系,灵活机动。劣势是成员不固定;组织关系复杂;双重领导,易造成权责混乱。

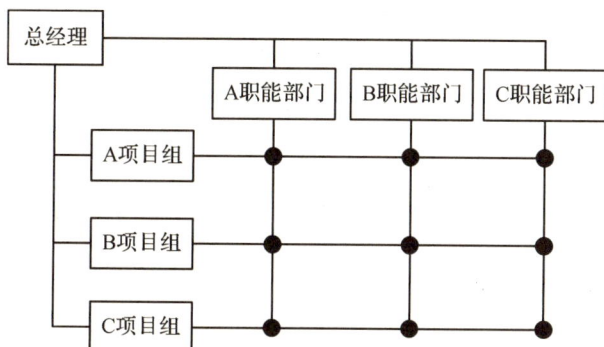

图 2-5　矩阵制组织结构

（2）团队型组织结构

团队型组织是战略单位经过自由组合而形成，以大组织平台为支撑，以满足特点用户需求为目的，掌握信息技术，掌握一定的资源与权力，以自我管理的团队作为基本的构成单位。它的优势是给予员工自由度，减少了上级控制，充分授权，有创新性，提高服务质量，提高效率。缺点是团队易松散，团队缺乏明确性，稳定性差等。大多数情况下，团队型组织结构与其他组织结构配合使用。

（3）网络型组织结构

网络型组织结构（如图 2-6 所示），该种组织结构的大部分职能外包，专注于擅长的专业领域，这使企业本身充满灵活性，但需要时刻协调控制好与外部的关系。它的优点是有利于构建学习型组织；上下级的直接联系，信息沟通顺畅；"无边界"地整合资源；发挥员工自主意识、合作意识，提高工作积极性；利用网络信息技术平台，提高效率。它的缺点是过于分权，加剧企业管理难度；管理风险增加；大量信息汇入，监测不及时等。微软较早使用网络型组织结构，逐渐形成了以计算机联网为基础的网络型组织结构。

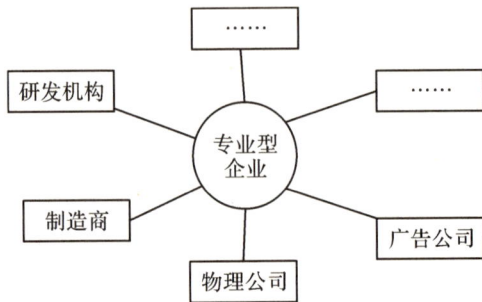

图 2-6　网络型组织结构

第四节　组织变革理论

随着企业内外部环境的风云变幻,技术的高速发展,特别是企业对网络信息技术的运用,使生产方式和管理模式等发生巨大的变化,同时用户的需求也越来越多样化。企业为快速适应变化,增强组织活力,提高组织效率,并延长企业生命周期,实现企业可持续发展,必然要对企业组织的各要素进行调整、改进和革新。

一、组织变革的原因

(一)外部环境因素

外部环境因素是指与企业相关的政治因素、技术因素、经济形势、社会趋势因素等。企业想更好地生产和发展,需要不断了解、适应和满足外部环境因素对组织提出的各种要求和挑战,解决外部各种各样的问题。因此外部环境因素是引起组织变革的重要因素之一。

1.政治因素

国家宏观经济手段调控、对产业结构调整和优化、法律法规出台等措施使企业意识到必须重新思考自身的发展战略、目标和方向。例如,我国提出大力发展"互联网＋"，各个企业便开始行动，思考如何将自身企业产业与"互联网＋"这种新形态相融合，企业会首先在战略上受政治因素的影响，开始在各个方面进行调整或大变革。

2. 技术因素

随着整个社会科学技术的发展，科学技术被运用到企业生产和管理中，对企业原先的组织结构、管理模式和生产方式等方面都产生了巨大的影响，因此触发企业的组织变革。第四次工业革命如洪水猛兽般袭来，人工智能、物联网、3D打印、自动汽车等技术的发展和推广，使企业的生产技术、管理技术等都迈向智能化。

3. 经济因素

经济形式复杂多变，经济全球化一体化快速发展，竞争加剧，使企业更注重经济市场和用户需求，加之网络信息技术发达，使资本流通更便捷，企业要快速适应变化。经济因素对企业的层次结构、部门结构以及企业规模大小都会产生重大影响。

4. 社会趋势因素

企业意识到老龄化问题、新一代年轻人个性化、家庭的小型化等社会趋势的变化，审视企业的战略目标和方向，根据现实情况做出相应调整，以求内部与外部形成动态平衡。

(二)内部因素

1. 企业的战略规划

如何变革组织，使之适应并推动企业战略的实施？企业的战略规划是企业发展的核心，是构建组织结构的基础，是组织变革的重要内部因素。不同的战略需要不同的组织结构与之相适应，配合完成企业的战略。企业为降低运营成本，提高运作效率而采取低成本战略时，企业可变革成机械式的集权较高的组织架构。企业走多元化战略时，则需要变革成更灵活、分权式的组织。例如，海尔集团在不同的阶段进行战略的调整，与之相对应的是组织的新变革。

2.企业规模大小

企业规模大小的不同也会导致企业组织复杂程度的变化。例如企业规模扩大,处理事务增加,相应的管理幅度也增加,此时需要增设管理者和管理层级,并适度增大分权比例。因此,企业规模的变化将会使组织层级、部门与职能结构都发生相应变化。随着企业规模的扩大,组织运作的刚性增加,灵活性降低,企业的组织易步入机械、僵化的形式。

3.业务组合特点

企业的业务组合单一,组织相对简单。企业的业务组合越复杂,组织内部部门和岗位的设置也会相应增加。部门间的联系紧密程度由业务的相关性决定,各个业务联系紧密,需要进行综合管理,采取集中度高的组织结构。业务相对独立,则应适度放权,分散管理。

4.组织行为因素

组织行为实际就是组织中"人"的行为。员工是组织变革的重要影响因素,员工素质包括价值观、自控能力、工作能力等。组织重视高素质员工培养,应采取更加灵活的组织结构。员工的状况会对组织中的层级结构、部门结构和职权结构等产生影响。

二、组织变革的主要模型

组织变革的类型主要有四种,分别是战略性变革、结构性变革、流程主导性变革和以人为中心的变革。其一,战略性变革。企业战略变革是指企业为保持竞争优势,提前预估变化,或根据已发生的变化,综合考虑环境、战略、组织三者之间的动态协调关系,以及企业组织各要素协同配合,而调整和改变企业战略的系统性过程。根据变化程度,分为渐进性变革与革命性变革。战略变革的主要方式为:企业理念调整、战略定位、重新设计企业的组织结构。戴富特对企业为适应环境和市场变化而推行的战略变革进行了分类,即技术变革、产品和服务变革、结构和体系变革、人员变革。其二,结构性变革。结构性变革就是以组织结构变革为主。其三,流程主导性变革。流程主导性变革即组织围绕其关键目标和核心,充分应用现代信息技术进行组织流程再造。其四,是以人为中心变革。

(一)卢因的组织变革模型

卢因的"三阶段变革过程模型"由计划变革理论的创始人库尔特·卢因提出。卢因的三阶段变革过程,第一阶段是将变革看作对组织原有平衡状态的一种打破,即解冻。解冻完成后,进入第二阶段,即推行本身的变革。第三阶段,考虑到要使得变革持久,需将此变革加以再冻结,以维持一段时间。他奠定了组织变革理论研究的基础,被许多组织变革学家在此基础上进行继承和发展。

(二)科特的组织变革模型

科特提出"六变革法",重点研究如何预防、减少和消除内部的变革阻力。这六种方法分别是:其一是教育和沟通,管理者对员工进行变革的宣传教育,使员工充分理解变革的内在逻辑。其二是参与和融合,使员工融入变革活动,从顺应到主动参与。其三是引导和支持,管理者应帮助员工梳理他们的担忧和焦虑。其四是谈判和协商,当变革触及员工和部门利益,管理者可采取提供各种形式的激励手段,使员工妥协。其五是操控和合作,将阻挠变革的人员引进变革领导团队,作为象征性的决策角色。其六是正面施压,对变革团队进行统筹协调推进。

(三)卡斯特的组织变革模型

卡斯特与罗森茨韦克合著的《组织与管理:系统方法与权变方法》把组织变革分为六个步骤,其一是组织变革前期准备。反省组织本身、组织成就和缺陷,对组织的内外部环境进行分析。其二是探明组织存在问题,明确变革必要性。其三是明确变革的方向。对比现状和期望状态,进一步分析问题所在。其四是确定解决问题的方法,整理多种方法,分别进行评定做出选择。其五是试行变革。其六是检验变革成果,找出还存在的问题。最后又循环到第一个步骤,使组织在变革中不断得到完善。[①]

---

① 可以参见[美]卡斯特,罗森茨韦克:《组织与管理:系统方法与权变方法》,傅严译,中国社会科学出版社 2000 年版。

三、组织变革理论新发展

随着信息技术革命发展,企业的经营环境和组织运作方式都发生了很大的变化。企业面对的竞争日趋激烈,管理专家用 3C 理论阐述了与传统不同的挑战,即顾客(Customer)、竞争(Competition)、变化(Change)。为直面这些挑战,企业只有进行根本性变革与创新,以提高自身的竞争力。"企业流程再造理论"应运而生,一时间成为热门讨论话题。

(一)企业流程再造理论

企业流程再造理论又称 BPR(Business Process Reengineering),由迈克尔·哈默和钱皮提出,他们认为应跳出遵循了上百年的亚当·斯密"劳动分工理论"的思维,现代企业的管理和组织应该把工作任务重新组合到连贯的工作流程中去,为了快速改善成本、质量、服务、速度等现代企业的主要运营基础,必须对工作流程进行重新思考并彻底改革。其本质是通过对业务价值链的管理,从而提升企业的市场竞争力。

流程再造组织理论要求现代化企业做到:确认顾客的核心需求、决定需要改造的关键流程、决定流程改造的学习对象和目标、设计新流程、改变传统的思考模式、塑造新的组织文化。

(二)企业流程再造理论的运用

1.福特公司付款流程再造

20 世纪 80 年代,美国福特公司受到外部压力——日本马自达的影响巨大,决定削减管理费用以及减少开支,对其采购付款流程以及与其相关的职能、人员、供应商等全部进行再造。福特公司的流程再造进行了三次。第一次流程再造的变动小且简单,但使付账部门人员减少了近 75%。第二次流程再造使付账部门的人员大量减少,只需 20 人左右。第三次流程再造的核心是采用信息技术,用数据库代替文件传输,提高了速度、准确度、付款流程的效率、性能。经过付款流程再造,福特公司的财务人员减少了 75%,财务人员的核对工作从需要核对 14 项减少到 3 项,且借助信息技术的运用,提升了效率和准确度。[1]

2.海尔集团对组织结构的流程再造

我国的青岛海尔集团是进行组织变革的先锋。不论是从最开始的名牌战略，到多元化战略阶段，再到国际化战略阶段，全球化战略阶段、网络化战略阶段。首先，从多元化到国际化战略阶段，海尔集团首席执行官张瑞敏坚决地开始了流程再造，并说"让流程而非领导管理企业"，力求把客户做大，把企业做小，倒逼着企业组织和员工去满足用户的个性化需求，将流程与组织结构紧密结合。2012年起，开始网络化战略阶段，张瑞敏开始实行应对互联网时代的组织变革。先后提出"企业无边界、管理无领导、供应链无尺度"，"企业平台化、员工创客化、用户个性化"，并围绕"人单合一"模式的价值主张，对组织进行调整，用实际行动进行流程再造，从而使海尔集团率先实践了"消灭中间层""员工创客化"，为组织结构注入新活力，实现企业变革，促进企业可持续发展。

---

① 可以参见张瑶：《关于长安汽车公司敏捷流程再造过程中障碍和对策研究》，东南大学硕士学位论文，2015年。

第三章 互联网工业与传统工业的比较分析

互联网工业企业是在互联网工业发展过程中逐步形成的。互联网工业与传统工业具有密切的联系，二者都强调技术的重要性，重视规则制定。同时，传统工业为互联网工业打下基础，传统工业依靠互联网蜕变，互联网工业与传统工业在思维方式、生产制造模式、组织管理模式和商业模式上都有区别。本章以工业4.0与工业互联网的发展为背景，具体分析互联网工业与传统工业的联系和区别。

第一节 "工业4.0"与工业互联网

"工业4.0"概念最早由德国提出。德国以领先的制造业为基础，认为制造本身就是创造价值，强调制造的智能化。美国则提出"工业互联网"概念，凭借其在计算机软件领域的优势，以计算机软件开发为基础，重视产品软件系统的智能化，即制造智能化产品，将服务产品化。德国提出的"工业4.0"，充分使用新兴信息技术，采用"信息物理网络（CPS）"系统实现动态灵活的"智能生产"，从而提高制造业的竞争力，解决能源消费等社会问题。美国向先进制造业发力，提出"工业互联网"概念，凭借具有绝对优势的互联网科学技术，如CPU、操作系统、软件以及云计算等网络平台推动制造业的发展。我国以"中国制造2025"和"互联网＋"行动指导意见为指导，发展互联网工业，促进工业转型升级，提升中国制造竞争优势，促进经济增长，使我国制造业迈向中高端水平。

一、"工业4.0"

德国"工业4.0"作为引起了全球新工业转型的潮流,它是新兴的信息技术与工业化融合,通过"信息物理网络(CPS)"使生产中的供应、制造和销售信息数据化、智慧化,生产方式动态灵活,大规模定制产品,从而提高制造业竞争力,解决能源消费等社会问题,最终实现"智能制造"。

(一)"工业4.0"的产生背景

"工业4.0"的产生有其外部因素:其一,美国"再工业化"政策对德国工业领域产生极大威胁。其二,全球性产能过剩,导致工业企业竞争激烈。其三,信息技术迅猛发展,使产品的生命周期大大缩短,信息技术也打破了以往工业时代信息不对称的问题,使客户个性化、多样化的需求被放大。

当然,"工业4.0"的产生也有德国自身的内部因素。"工业4.0"上升为国家级战略,由德国联邦教研部等资助,在学术界和产业界的建议和推动下形成;德国为保持自身制造业强国优势,争夺新一轮工业革命的话语权;工业企业提高生产效率,必须革新制造工具和生产体系。

(二)"工业4.0"的发展历程

在德国,"工业4.0"大致经历了初步提出、进一步发展和上升为国家战略三个阶段。

初步提出阶段。2011年1月,德国工业-科学研究联盟首次提出"工业4.0"战略。同年4月,汉诺威工业博览会上正式推出"工业4.0",得到了德国学术界和产业界的广泛认同,并承诺在工业生产领域引入该概念。例如,西门子公司创建"工业4.0"概念工厂,使用物联网、云计算、大数据等技术,集成全球先进的生产管理系统,将"工业4.0"技术应用于整个生产线。随后德国联邦教研部主持制定的《高科技战略2020》发布,"工业4.0"成为该战略的十大未来项目之一。

进一步发展阶段。2012年1月,德国工业-科学研究联盟成立专项工作组。同年10月,德国科学与工程院一起制定《未来项目"工业4.0"落实建议》,并提交德国政府部门。

上升为国家战略阶段。2013 年,德国"工业 4.0"成为国家级战略,国家设立"工业 4.0 平台"。同年 9 月,《把握德国制造业的未来——实施"工业 4.0"战略的建议》修订完善并发布,标志着德国战略实施框架搭建完成。"工业 4.0"概念迅速成为德国的新标签,引发全球新一轮工业转型竞争。

(三)"工业 4.0"的关键

1. 新兴信息技术使用

"工业 4.0"的关键是对新兴信息技术的投入使用。随着信息通信技术的发展,移动互联网、大数据、云计算、工业可编程控制器等新技术在制造业中受到推广和应用,改变了传统制造业的生产方式和发展模式。

德国的技术领先主要表现在制造业中部署信息物理系统,"信息物理网络(CPS)"系统是实现德国"工业 4.0"的本质。信息物理网络(CPS)通过 3C 技术把工厂中的各要素都与互联网相连,构成一个生产制造系统,通过数据分析、远程协调等功能,使生产和服务进行最优化组合,既节省了资源,也使效率极大地提高。简言之,就是将传统且独立存在的生产机器设备与互联网相连,形成灵活智能的生产设备,利用 CPS 系统操作使工厂灵活生产,自律操作,最终成为智能工厂。

德国的技术领先还体现在整合价值网络。德国"工业 4.0"将不同价值创造阶段、生命周期产品、产品范围和相应制造系统进行了网络协同式整合。尤其是整合中小企业,使之在新的价值网络中增强活力发展壮大,带动整体产业结构调整。德国"工业 4.0"所涉及技术的图示由德国信息产业、电信和新媒体协会(BITKOM)与弗劳恩霍夫应用研究促进学会(Fraunhofer)制作并发布(如图 3-1 所示)。

2. 灵活动态的生产方式

新技术投入应用后,产生了与之相应的灵活动态配置的生产方式。德国"工业 4.0"智能体现为满足用户个性化生产需求,通过灵活、高效、智慧的系统,实时感知及多系统地协调运作,实现制造的智能化生产模式。

"工业 4.0"旨在通过领先的技术,提高生产效率;缩短产品生产制造周期;实现灵活分散生产。提高生产效率,将各种资源整合连接,包括生产设

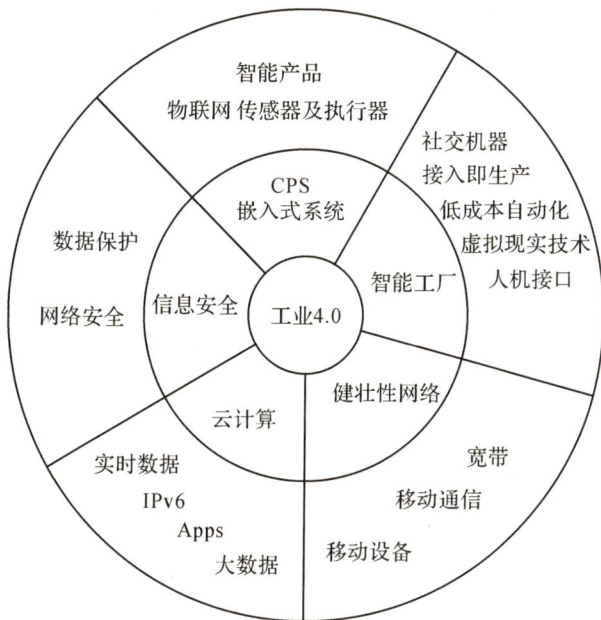

图 3-1　"工业 4.0"涉及的技术

资料来源：德国信息产业、电信和新媒体协会（BITKOM）

备、工厂工人、业务管理系统和生产设施形成一个闭环网络。缩短产品生产制造周期，则是利用发达便捷的信息网络，利用信息技术建立智能工程，随时监测、交流和沟通最新情况，快速调整。实现灵活分散生产，提升制造业的智能化水平，满足用户不同的需求，满足合作企业要求。

（四）"工业 4.0"的特征

1. 打造智能工厂

智能工厂的打造离不开智能生产、智能设备、智能管理资源和智能供应链管理。[①]

一是智能生产，根据多种要素有机结合，自动制订出最优化的生产计划。因为德国在嵌入式系统和自动化工程领域居于全球领先地位，互联网技术相对较弱，所以更注重发挥其在制造业的主导作用，通过 CPS 智能系统，将设

---

① 王喜文：《工业互联网：中美德制造业三国演义》，人民邮电出版社 2015 年版，第 25—28 页。

备、原材料、产品等制造领域的因素和资源相连接整合,从而建立起个性化、数字化、灵活化的产品与服务的生产模式。

二是智能设备,将"工业 3.0"期间的自动化设备进一步发展,添加传感器等新功能,让设备将信息通过互联网传送到云计算数据中心,再通过大数据分析决策,使自动化设备具有自律管理的功能,从而使之实现产品生命周期管理、安全性、可追踪性和节能性等智能化要求。

三是智能管理资源,企业应用信息技术对生产能耗等进行监管,做到减排与综合利用,实现绿色生产循环。

四是智能供应链管理,以往因为信息的传递不及时,只能采取按计划或按库存的生产模式。随着互联网的发展,供应链管理(SCM)系统应运而生。智能供应链管理是对供应商、制造商、分销商直至最终顾客所构成的供应链系统中的物流、信息流、现金流进行计划协调、控制和优化。它是既能降低总成本,也能提高服务水平的先进管理模式。[1] 例如,德国奥迪公司的智能工厂,在预生产时通过增强现实工具"世界之窗"系统,将虚拟 3D 零部件投影到汽车上,实现了虚拟世界与现实世界汽车开发的精确结合,再在模具部门进行 3D 打印生产出复杂的金属零部件。[2]

2. 标准化建设

德国将"标准化"列为"工业 4.0"优先行动的首位。德国认为物联网、互联网、服务化的智能连接必然要求一个系统框架,在框架内的各种终端设备、应用软件之间的数据信息交换、识别、处理、维护等必须基于一套标准化的体系。[3] 德国强调建设新的标准以保证数据安全转换。一方面,保证人们获取的数据可信;另一方面,保证数据具有安全防盗、防损害功能。德国正致力于成为此标准的制定者和推广者。"工业 4.0"平台已发布了有着统一"接口"标准的工业数据空间,访问者可通过该空间获取世界上所有的工业信息。

---

① 高光锐,樊立亮:《制造业先进生产模式的应用探讨》,《工业技术经济》2006 年第 11 期,第 81—85 页。

② 张雪:《德国是如何推进"工业 4.0"的实施?》,《中国电子报》,2016 年 9 月 14 日,http://www.chinairn. comnews20160913/092346416. shtml。

③ 同上。

3.产品个性化

随着信息技术高速发展,用户需求日趋个性化、多样化,为满足用户不同的需求,工业企业要做到产品的个性化突破,更强调将带有"信息"功能的系统嵌入硬件产品中,使系统作为产品的新核心,让系统满足用户对产品的个性化需求。因此,企业努力在系统上提高附加值,拓展服务,提出完善的解决方案。

4.服务产品化

工业企业通过售后服务和其他后续服务,来获取更多附加价值。苹果公司通过 App Store 等软件服务进行价值增值。西门子公司提出"服务收费",生产的智能产品不断采集用户数据和状态,并上传给厂商,使厂商有机会从服务进行收费。例如,西门子公司生产一台高铁牵引电机,可通过电机携带系统,进行运行状况的随时检测,告知用户维修、养护、升级等需求,使用户为服务买单。因此,服务的产品化使生产厂商逐步向服务商转型。

(五)"工业 4.0"与"工业 3.0"的区别

"工业 3.0"代表工业自动化,以计算机的应用为标志。"工业 3.0"中后期,发展成为完全自动化和部分信息化。但是这却面临许多问题,最突出的问题是工厂的生产部门与业务部门的管理没有密切连接,导致信息传递出现偏差。

"工业 2.0"和"工业 3.0"时代最大特点都是大规模、标准化生产。从管理学角度来看,泰勒的科学管理及韦伯的组织社会学都是基于劳动者的分工而衍生出的典型科层管理的管理阶段。而"工业 4.0"时代,大规模、标准化和高度集权都在被改变。

(六)"工业 4.0"对我国的启示

我国"中国制造 2025"规划受到德国"工业 4.0"的启迪,体现了二者相互汲取经验,互相学习借鉴,合作共赢。特别是我国快速发展的互联网技术与德国先进的装备制造技术相互学习。

1.抓住历史机遇,积极学习借鉴

前三次工业革命对于我国来说,是一直在追赶发达国家的状态。在迎接第四次工业革命之际,我国虽出台"中国制造2025"规划,但是还有许多细则和具体方案需要完善。西方发达国家的先进制造业发展水平领先于我国,因此我国一定要牢牢抓住此次历史机遇,向发达国家学习借鉴。

首先,"工业4.0"作为德国高科技领域的国家战略,我国也应学习借鉴德国政策上对制造业的支持战略。其次,学习借鉴德国对新兴技术的投入使用。例如如何更好地使用信息物理系统,大数据、云计算、物联网等现代信息技术的应用,使生产与管理协调配合,从制造到智造,提高生产的灵活性和生产效率。再次,在我国的互联网工业发展中出台相应对策以及标准的制定。最后,学习德国完善的民主法制和知识产权保护制度,为保障我国制造业的健康发展提供坚实后盾。

2. 加强交流,合作共赢

不断加强政府层面的往来。中德应开展合作,加强高层的交流,促进经济方面的合作往来。例如,定期举办论坛等活动,建立新兴产业合作机制,签署共同行动纲领等。① 如今中德双方已签署《中德合作行动纲要》,其中明确提出工业生产的数字化就是"工业4.0",两国政府应为企业提供政策支持。青岛中德"工业4.0"联盟也已成立。在2014年11月的第十六届中国国际工业博览会上,中国首套"工业4.0"流水线亮相。

3. 建立创新平台,重视人才培养

"中国制造2025"强调"人才为本",总体思路是坚持把人才作为建设制造强国的根本,建立健全科学合理的选人、用人、育人机制,加快培养制造业发展急需的专业技术人才、经营管理人才、技能人才。营造大众创业、万众创新的氛围,建设一支素质优良、结构合理的制造业人才队伍,走人才引领的发展道路。②

我国制造业发展面临核心技术等问题,而核心技术的产生源泉是人才。因此我国应该注重培养人才,才能实现核心技术创造和研发上的突破。我国拥有充足的人力资源储备,但是如何将人力资源培养成为适用的人才,如何

---

① 李卫东:《"工业4.0"对推进"中国制造2025"的启示》,外交学院硕士学位论文,2017年5月18日。

② 本刊编辑部:《中国制造强国之路——解析〈中国制造2025〉》,《机器人技术与应用》2015年第3期,第21—30页。

激发人力资源的创造力和主观能动性,则需要国家和企业重视创新平台的建设,为人们搭建展示才能、发挥作用的多种多样的平台。同时,我国还应与德国高校等积极合作,吸引优秀人才,加强两方交流交互,例如派优秀学生前往德国进行学习深造,培养新的人才。通过搭建政企合作、校企合作平台,从学校学生出发,增加企业和国家的人才储备,提高人才质量。

二、工业互联网

(一)工业互联网的含义

随着"再工业化"战略的实施,"美国优先"政策的提出,美国制造业再次回暖,并向先进制造发展。因为美国在互联网科学技术方面具有绝对优势,如 CPU、操作系统、软件以及云计算等网络平台的发展,所以美国智造(Intelligent)是计算机方面的常用术语,主要表示物理系统的智能化。

"工业互联网"概念最早由通用电气(GE)在 2012 年的《工业互联网:突破智慧与机器的界限》白皮书中提出,旨在该企业实现数字化转型。近年来,众多美国知名企业也纷纷向工业互联网领域发展布局,如 Google 在机器人领域和自动汽车领域取得进展。2014 年,美国工业互联网联盟(IIC)正式成立,受全球关注。

(二)工业互联网发展现状

1.美国政府政策支持

自 2009 年起,美国为工业互联网的发展提供全面保障,先后出台《先进制造发展战略》、先进制造伙伴关系计划、《制造业复兴法案》《国家创新战略》等,通过实施重点项目,积极推动制造业数字化、网络化发展。美国政府对制造业进行税收改革,减免税收。并且带头加强国际合作和人才培养。

2.企业巨头进行大平台构建

美国工业企业巨头积极打造工业互联网平台,进行全球化布局,为工业的设备设施连接、大数据分析和工业应用开发部署服务等综合功能的实现提供基础。例如通用电气(GE)Predix 平台,微软 Azure 云平台等。在 2016 年,

GE 的 Predix 与微软 Azure 合作,将二者的不同优势相结合。

3. 全球力量聚集组成联盟

由美国 GE、IBM、Intel 等龙头企业牵头建立的"国际工业互联网联盟(IIC)"已成为全球最重要的工业互联网产业推广组织。该联盟汇聚了制造企业、信息通信企业和工业自动化解决方案企业,并充分与各国政府、企业和行业组织合作,促进了各方协同发展。

4. 技术和标准化的战略性布局

美国在技术和标准化方面进行了战略性布局。无线网络技术在工业领域的应用,霍尼韦尔等推出了基于无线技术的整机设备和系统。标准化方面,国际工业互联网联盟(IIC)致力于构建驱动全球性的工业互联网标准,并成立专门机构,与 ISO 等国际标准化组织、开源组织和区域标准研制部门合作,加快具体标准研究。[①]

(三)工业互联网对我国的启示

1. 相关法律规范,提升产品质量

美国和德国都十分重视产品质量,通过严格的法规法案对产品制作提出高标准、严要求。例如美国发布《质量振兴法案》,目标是使美国的制造业产品质量处于世界领先位置。我国在传统制造业发展时期,存在压缩成本和劳动力、技术低下、法律不完善等问题,导致生产制造的产品质量低下。在互联网高速发展后,网购的兴起又使假冒伪劣产品流通速度加快,严重损害消费者利益,更影响了"中国制造"的品牌和形象。因此,我国应在法律层面加强约束和管控,从根源上保障制造产品的质量、提高产品质量,形成优质的中国品牌尤为重要。

2. 良好环境保障,创新平台搭建

国家政策为企业提供良好环境尤为重要。美国政府在于积极完善政策环境,为工业互联网营造良好的环境和安全的保障。我国近几年来也积极推进我国工业互联网政策的发展进程。例如,自 2017 年以来,我国对工业互联

---

① 王欣怡:《美国工业互联网发展的新进展和新启示》,《电信网技术》2017 年第 11 期,第 37—39 页。

网发展日益重视,先后发布多项政策。2017 年 11 月底,国务院印发了《关于深化"互联网＋先进制造业"发展工业互联网的指导意见》,2018 年 2 月底,工信部发布《国家制造强国建设领导小组关于设立工业互联网专项工作组的通知》。2018 年 5 月,工信部印发《工业互联网 APP 培育工程实施方案(2018—2020 年)》。多项利好政策的出台,有利于推动我国互联网工业企业的发展阶段升级,多个互联网开发平台的搭建,能够促进工业软件的进一步发展。

值得强调的是,我国在学习和借鉴德国"工业 4.0"和美国工业互联网发展的同时不能掉以轻心,必须做到时刻保持敏感和警惕心理;切实关注德国"工业 4.0"和美国工业互联网发展的新动态;学习借鉴先进经验;总结优劣势;做到以我为主,为我所用。

三、"工业 4.0"与工业互联网的比较分析

"工业 4.0"与工业互联网都是在第四次工业革命背景下,德国与美国从自身优势出发,为推动工业的新发展而推行的不同战略和发展模式。二者有大量相似点,也有差异之处。我国信息通信研究院杨帅对二者专门进行了比较分析,他从动因、内核、方向和结果等方面分析了二者的相似点,但因两国在工业和互联网领域的比较优势差异显著,又从内涵、实现路径、实施重点与效果等方面分析了二者的显著不同。[①]

(一)"工业 4.0"与工业互联网的相似点

1. 以第四次工业革命为大背景

德国的"工业 4.0"与美国的工业互联网都在第四次工业革命背景下产生,都遭遇 2008 年全球金融危机打击。欧美等发达国家开始寻求经济复苏的机会,寻求制造业与新兴互联网信息技术相融合的新工业道路。德国的"工业 4.0"和美国工业互联网则是最具有代表性的新模式。

2. 需求变化为共同动因

从经济学角度看,供给侧技术、结构、模式变迁都源自市场需求的不断变

---

① 杨帅:《工业 4.0 与工业互联网:比较、启示与应对策略》,《当代财经》2015 年第 8 期,第 99—107 页。

化。为适应市场需求的变化,工业产业需要调整升级产业技术、生产模式等。"工业4.0"和工业互联网就是围绕第四次工业革命背景下需求产生变化,为提升各自的市场竞争力和占有率而进行的新探索。中国和美国凭借的是互联网技术的领先优势助力制造业,德国则凭借装备制造业的优势迎合市场需求。

3. 以信息物理系统(CPS)为技术基础

随着互联网信息技术在各个生产生活领域的发展与渗透,产业发展基础也从20世纪70年代的嵌入式系统演进到20世纪90年代的物联网。因为二者都是通过互联网信息技术与制造业相结合而产生的新模式,所以二者在生产制造环节的基础相同,都是以信息物理系统(CPS)为基础,在此基础上进一步延伸发展。美国2007年已将CPS作为八大关键信息技术领域之首。时至今日,CPS作为"工业4.0"与工业互联网的共同基础已成为共识。

4. 共同目标为"智造"

"工业4.0"与工业互联网都是通过互联网信息技术与制造业的结合,变"制造"为"智造"。从中观角度看,二者都是互联网技术与工业技术的有机融合而产生,最终将走向类似终点,即"智能工厂"。德国"工业4.0"提出重点发展智能生产与智能工厂。美国通用电气(GE)也提出将智能机器、高级分析和员工作为工业互联网的三个核心要素,且十分注重智能化的运用。可见"智造"是二者的共同目标。值得一提的是,虽然二者最初都是在工业制造领域的发展,但影响力远超该领域,甚至影响到整个社会的生产生活方式和结构,还会重构生产力和生产关系。

5. 强调标准化和安全

二者都十分重视硬件基础的规则制定与软件的标准和安全。GE认为政府与企业界应该合作加强工业制造领域的标准化和安全性。在标准的制定上,"工业4.0"制定并发布了标准化路线图。工业互联网联盟成立的主要目标就是推动所有标准的兼容,形成国际通用的标准。在安全方面,"工业4.0"提出了更加严格的数据保护计划,将安全保障作为八大优先行动领域之一。工业互联网中,GE提出需要一个有效的网络安全机制,同时考虑网络安全(尤其是云防御策略)和联网高端设备的安全。

6. 工业企业是关键

制造的关键都是工业企业。二者的提出主要源自企业的推动和促进,特别是领头企业与先进的科学研究院的推动。比如德国"工业 4.0"最初提出便是 2011 年德国工业-科学研究联盟,随后得到德国学术界和产业界的认同、支持和推广。德国政府部门的作用则是为工业企业努力营造良好的环境。美国的工业企业同样是关键。工业互联网的概念最初就是由美国 GE 公司提出。

德国的"工业 4.0"与美国的工业互联网在相同的环境背景下,需求变化是共同动因,市场需求快速变化,技术和生产模式都要求创新升级;信息物理系统是内核;工业与互联网融合发展和产业升级是共同的发展方向,结果都是从制造变为智造;都强调标准化和安全;企业为关键。

(二)"工业 4.0"与工业互联网的差异点

虽然二者在很大程度上具有相似点,但是作为两个完全不同的国家,受多方面不同因素的影响,比如不同的经济发展水平,两国的比较优势产业,面对国际贸易的特点等都不尽相同,因此需要特殊情况特殊分析。以下将从二者的内涵、发展侧重点以及发展现状的差异具体分析"工业 4.0"与工业互联网的差异。

1. 基于两国优势产业的差异

(1)二者内涵不同

德国"工业 4.0"来自先进的装备制造业,美国的工业互联网来自互联网技术应用的延伸,但工业互联网的内涵大于"工业 4.0"。工业互联网从原来的将人、商业、信息连接起来拓展至将人、数据和机器连接起来。[①] 工业互联网不局限于生产制造环节,还有利于推动产业链上其他环节的创新发展;不局限于工业领域,还积极向更广阔的服务领域拓展,例如美国 GE 从飞机发动机、发电设备到金融服务、医疗等领域拓展。德国则更专注于制造业领域智能工厂的打造,目标是使德国成为主要供应商,为全球提高智能制造技术。

---

① 杰夫·伊梅尔特:《迎接工业互联网革命》,《21 世纪经济报道》2012 年 12 月 3 日,第 24 版。

（2）发展侧重点不同

美国的发展路径为"互联网＋工业"，德国的发展路径为"工业＋互联网"。美国的优势在于强大的创新实力，借助已有优势进一步创新，目前美国在新兴领域具有绝对领先优势。因此，美国更侧重于信息通信、新能源、新材料等领域的发展，强调利用大数据收集、分析和价值转化，以提高效率。德国在传统制造业领域更优，侧重于工业领域的发展，强调生产设备和生产过程的智能化。

2. 发展现状的差异

"工业4.0"和工业互联网在实施推进的过程中已形成差异。二者的提出都是为响应第四次工业革命，抓住技术革新潮流，其本质是在激烈的市场竞争中夺取更大的位置和话语权，因此二者存在激烈的竞争关系。从"工业4.0"和工业互联网的实施战略中可以看出，"工业4.0"由德国政府主导，但较为保守，主要局限在工业领域。工业互联网完全作为由美国企业组织、发展和推动起来的战略，由众多龙头企业带动，由企业发起成立了开放性的工业互联网联盟，积极与国外企业合作，已形成产业聚集优势。美国的工业互联网持续吸纳全球更多的企业参与其中，很快便会形成统一的标准，占据领先位置。由此可见，虽然德国"工业4.0"由政府推动，但是实施速度和效果与自主自由的美国工业互联网相比还有差距。

第二节　互联网工业的内涵和特征

受世界发达国家将互联网与工业结合的发展趋势影响，以及我国互联网信息技术的高速发展，生产制造技术不断提升，消费者需求上升等因素的影响，我国的传统制造业在政府政策的引导和推动下，搭上互联网信息技术的快车，快速迈上新的台阶，形成了全新的"互联网工业"。

一、互联网工业的内涵及发展历程

(一)互联网工业的内涵

我国是制造大国,但不是制造强国,因此为促进工业转型升级,将发展制造强国和网络强国上升为国家战略层面。以我国国务院发布实施的《中国制造2025》和《"互联网＋"行动指导意见》为互联网工业发展做指导。为推动"互联网＋中国制造2015"的融合创新,提升中国制造竞争优势,促进经济增长,制造业迈向中高端水平,"互联网工业"的概念应运而生。

互联网工业市场前景巨大,行业发展迅速。2017年我国互联网工业直接产业规模约为5700亿元。在2017年到2019年期间,产业规模将实现18％的年均增速,至2020年时将达到万亿元规模。[①]

(二)互联网工业的发展历程

1.初步提出

信息化与工业化(两化)深度融合的提出。2012年1月《国务院关于印发工业转型升级规划(2011—2015年)的通知》提出推进信息化与工业化深度融合,改造提升传统产业。2012年7月,《国务院关于印发"十二五"国家战略性新兴产业发展规划的通知》指出要加强以网络化操作系统等为代表的基础软件、云计算软件等关键软件的开发;智能制造装备产业提升,如智能仪器仪表、自动控制系统、工业机器人、中高档数控系统等的产业化。2013年2月,《国务院关于推进物联网有序健康发展的指导意见》促进生产生活和社会管理方式向智能化、精细化、网络化方向转变。2015年1月,《国务院关于促进云计算创新发展培育信息产业新业态的意见》发布,以适应推进新型工业化、信息化等的需要。2015年3月,李克强在全国两会首次提出"中国制造2025"的宏大计划。

---

① 笔者根据中国工业互联网产业联盟相关数据测算。

2. 上升到战略层面

在制造领域和信息技术领域发布行动纲领和指导。组建中国工业互联网产业联盟。2015 年 5 月，作为我国实施制造强国战略第一个十年的行动纲领《中国制造 2025》发布。2015 年 7 月，《国务院关于积极推进"互联网＋"行动的指导意见》发布。2016 年 2 月，中国工业互联网产业联盟成立，为推动《中国制造 2025》和"互联网＋"融合发展提供必要支撑。2016 年 4 月《装备制造业标准化和质量提升规划》为《中国制造 2025》提供了标志和法规。

3. 深化融合发展

2016 年 5 月，《国务院关于深化制造业与互联网融合发展的指导意见》指出，制造业是国民经济的主体，是实施"互联网＋"行动的主战场。进一步深化制造业与互联网融合发展，协同推进"中国制造 2025"和"互联网＋"行动，加快制造强国建设。2017 年 11 月，《国务院关于深化"互联网＋先进制造业"发展工业互联网的指导意见》指出要打造与我国经济发展相适应的工业互联网生态体系，强调工业互联网基础建设，使我国工业互联网发展水平走在国际前列。2017 年 12 月，工信部发布的《工业控制系统信息安全行动计划（2018—2020）》旨在深入落实国家安全战略，加快工控安全保障体系建设，促进工业信息安全产业发展。随着连续三届世界互联网工业大会的召开，政府、企业和社会组织等一起参与，深入探讨互联网工业的现状和发展路径。

二、互联网工业的特征

（一）智能制造

智能制造以打造"智能工厂"为目标，包括企业研发、生产、管理和服务等方面的智能化。智能制造主要强调制造的智能化，具体表现为生产过程和生产装备智能化和生产的产品智能化。

1. 生产过程、生产装备的智能化

互联网工业生产过程、生产装备智能化，从国家发布的指导意见中可以看出，强调建设数字化车间、人机智能交互、工业机器人、智能物流管理等技术和装备在生产过程中的应用;数字化控制、状态信息实时监测和自适应控制。客户关系管理、供应链管理系统等的智能监控。工业互联网、云计算和大数据在企业研发设计、生产制造、管理、销售服务等全流程和全产业链的综合集成应用。

生产过程、生产装备的智能化落实到工业企业中的实践。例如,一汽大众华北基地打造智能工厂、数字化工厂、总装车间等,均采用世界领先技术,将在 2018 年下半年建成投产,年产量达 30 万辆。创造性运用数字化技术,整合车间目视化系统,对产量信息、生产状态、故障信息等进行工厂级的统计分析。①

2. 生产的产品智能化

生产智能产品已在我国步入正轨,越来越多的人工智能产品已经投入到人们的日常工作和生活中。例如服务机器人、智能家电、智能照明电器、可穿戴设备等产品研发和产业化。

截至 2017 年 6 月,全球人工智能企业总数达到 2542 家,中国有 592 家,居世界第二位。中国累计获得 1.57 万项人工智能领域的专利,同样位居世界第二。据统计,截至 2017 年底,中国人工智能核心产业规模超过 180 亿元,相关产业规模达到 2200 亿元。智能网联汽车、智能服务机器人、医疗影像辅助诊断系统等智能化产品已经有较好的技术和产业基础。在 2018 年 5 月举办的 2018 世界制造业大会上,许多新开发设计的具有前沿技术和创意的智能产品相继展出,其中展现了对人工智能灵活普遍的运用,例如展示的智能音箱能够自动为人们播放适合的音乐、嵌入人工智能系统的新能源自动驾驶汽车、柔性可弯折"S"形的显示屏,等等。这些都体现出人工智能技术已成为中国制造业的突破口。②

(二)大规模定制

企业利用互联网采集大数据,对用户个性化需求进行分析,推进柔性化

---

① 王祖凌:《一汽大众华北基地下半年投产打造数字化绿色工厂》,北方网,2018 年 3 月 23 日,http://news.enorth.com.cn/system·03/23/035233499.shtml。

② 马姝瑞、张紫赟、陈尚营、朱青:《智能制造释放中国制造全球红利》,《经济参考报》2018 年 6 月 4 日,第 8 版。

生产,并且创新生产和商业模式。以互联网企业为主,整合市场信息,因为互联网企业有更先进的技术,累积的经验,能挖掘细分市场需求与发展趋势。同时,互联网企业的大数据为制造企业开展大规模个性化定制提供有利条件。以海尔集团的大规模定制为例。海尔集团利用企业打造的 COSMOPlat 平台关注着大数据基础上的小数据,不仅满足用户全流程参与的大规模定制体验,还为制造业从大规模制造向大规模定制转型提供借鉴和示范作用。该平台的意义在于让每件产品直接连接用户,生产后直接配送到用户手中,既有利于满足用户的个性化需求,也有利于企业实现零库存,减少中间环节,提高生产时间和效率。

(三)跨界融合

1. 制造业与互联网跨界融合

首先是制造业领域与互联网领域的跨界融合。新技术革新了传统制造业中包括生产制造等多领域的技术革命,特别是通过新兴互联网信息技术的使用,使制造业与互联网紧密相连,形成了全新的制造业。

其次是制造业企业与互联网企业的跨界配合,两种不同类型的企业打破企业界限,进行优势互补,分享经济,共享技术、设备和服务,形成合作共赢的融合发展格局。[①] 互联网企业国内专业领先的移动办公平台"云之家",万科、海尔、格力电器等工业企业都与之合作,提升制造业企业的移动办公效率。

2. 制造业与上下游产业融合

互联网工业进一步加强了制造业与上下游产业的融合。因为工业企业对网络信息技术的投入运用,通过互联网与产业链上下游产业各环节的联系更加紧密,合作更协调,有效加强了生产、管理等方面的全面互联。越来越多的互联网工业企业开始推行众包设计研发和网络化制造等新模式。例如,一汽大众华北基地总投资约 195 亿元完善新的互联网工业企业项目,项目完成后将促进一汽大众华北基地所在的开发区上下游产业链进一步完善,预计带动落户的零部件供应商总产值达 300 亿元至 400 亿元,为区域经济注入新增

---

① 可参见《国务院关于深化制造业与互联网融合发展的指导意见》,中国政府网,2016 年 6 月 20 日,http://www.gov.cn/zhengce/content/2016-05/20/content_5075099.htm。

长点。[①]

（四）平台打造

互联网企业构建起网络化协同制造公共服务平台，提供云制造服务，促进资源集聚，满足市场需求，提高工作效率，加强企业间的协同，提高产业链资源整合能力。例如，2018年中国家电及消费电子博览会（AWE2018）上，中国家用电器协会联合海尔、美的、长虹、海信、TCL、云智易等10余家知名家电及云平台企业，发布智能家电云云互联互通项目工作组的最新成果——云云互联标识及 SDK（平台软件开发工具包）[②]。海尔围绕共创共赢、企业互相协同，搭建了多个开发平台，如 COSMOPlat、顺逛、万链、海创汇等社会化开放平台。特别是海尔 COSMOPlat 平台，作为开放的开源平台，利益相关方都可以参与到该平台的建设，共享平台成果。该平台还助力我国众多中小企业实现转型升级，提高了中小企业的工作效率。

（五）服务产品化

工业企业不再仅仅是销售实体产品，而是促成服务向产品化的转型，企业利用物联网、云计算、大数据等技术，为产品优化升级提供数据支撑。其盈利来源主要依靠不断向用户提供增值服务。小米手机在互联网服务业务的盈利早已超过硬件业务，该企业通过收集用户大数据、云计算等信息技术，对用户已购产品进行云服务、提供系统优化升级等增值服务，进一步拓展了产品价值链，使工业产品与互联网服务完美融合。

（六）标准制定

1. 生产制造标准制定

2016年11月，智能制造系统解决方案供应商联盟在北京成立；为面向行业智能制造单元、智能生产线、智能车间、智能工厂等的建设，培育一批系统

---

① 马姝瑞，张紫赟，陈尚营，朱青：《智能制造释放中国制造全球红利》，《经济参考报》2018年6月4日，第8版。

② 周雷：《智能家电有望告别"孤岛"现象》，《经济日报》2018年3月28日，第11版。

解决方案供应商。① 海尔集团也在积极推进国际大规模定制生产的标准制定。在国际上,海尔已启动大规模定制国际标准起草工作。在国内,海尔作为国家级工业互联网示范平台,开展了工业互联网标准制定、体系升级和实施认证等工作。

2. 产品标准制定

虽然我国智能产品发展迅速,但是存在各品牌"各自为政"的场面。智能家电也存在着"互联互通难"的痛点。因此,我国互联网工业致力于促进工业产品间的互联互通,制定统一标准。《智能家电云云互联互通标准》的发布,打通了跨品牌智能家电互联互通难的障碍,带给了用户一体化的体验。

(七)信息系统安全水平提高

随着"中国制造"的全面推进,大力发展数字工业、网络工业、智能工业的同时,许多安全方面的问题和挑战随之而来。我国通过政策的制定,对安全问题及挑战提出行动计划。2017 年 12 月,工信部正式发布《工业控制系统信息安全行动计划(2018—2020)》,旨在深入落实国家安全战略,加快工控安全保障体系建设,促进工业信息安全产业发展。它是实施制造强国和网络强国战略的重要保障,为制造业与互联网融合发展提供安全支撑。

第三节 互联网工业与传统工业的联系和区别

20 世纪七八十年代,欧美一些国家将"传统工业"看作"夕阳产业"。传统产业是工业革命后,机器大工业发展的鼎盛标志,是使用传统机器大规模生产方式的工业企业所催生的庞大产业。在现代社会中,特别是发达国家,随着现代科学技术发展,经济结构调整的需要,传统工业已跟不上发展速度,呈逐渐衰落趋势。新兴工业的迅速崛起,对传统工业来说更是面临巨大冲击。但我们仍不能忽视传统工业在社会发展中的重要影响。在很多发展中国家,传统工业仍处于兴起、鼎盛时期,还在为社会持续创造经济价值。不过,终将

---

① 徐晖:《激发"双创"活力 实现制造业与互联网深度融合》,《电器工业》2016 年第 6 期,第 52 页。

面临传统工业转型升级换代的问题。目前,通过互联网信息技术等高科技手段应用,使传统工业得到创新,延长生命力,适应现代社会发展,创造更多价值已成为传统工业转型升级的重要途径。

互联网工业,广义上既包括"工业企业＋互联网",又包括"互联网企业＋工业"所组成的产业。狭义上指工业企业互联网化而创新的工业产业,主体是互联网工业企业。在我国体现为"中国制造2025"和"互联网＋"相结合,推动"互联网＋中国制造2025"的融合、创新和发展,使制造业转型升级,以提升中国制造竞争力,促进经济增长。互联网工业具有智能制造、大规模个性化定制、跨界融合、服务产品化等特征。

一、互联网工业与传统工业的联系

(一)传统工业为基础

传统工业为互联网工业打下基础。互联网工业是经过技术一次次累积、发展和革新而来。第一次工业革命实现了机械化生产;第二次工业革命开启了流水生产线和大规模标准化生产;第三次工业革命使工业领域朝着自动化生产发展。一次次新的工业革命,为工业发展带来新技术,第四次工业革命为互联网工业奠定良好的技术基础。大部分互联网工业企业都是在传统工业企业基础上转型而成。

(二)传统工业依靠互联网蜕变

传统工业的特征是大规模标志化生产,以此来降低成本,满足消费者的需求。但是随着经济发展,网络信息技术发展,消费者的需求得以释放,变得更加多样化、个性化,传统工业已经不能快速对消费者的需求做出反应,必须进行转型升级。因此,传统工业要借助互联网大数据等信息技术,对生产方式进行调整、转型和升级。根据互联网收集、分析消费者数据,生产出满足消费者需求的产品。转型过程顺利的传统工业企业会逐步向互联网工业企业迈进。

(三)强调技术的重要性

无论是传统工业还是互联网工业,技术都占据重要地位。例如德国推出"工业 4.0"战略,正是因为德国本身传统工业基础牢靠,机器设备和装备制造世界领先。加之互联网技术在工业上的应用,更有利于提高德国工业领域在国际上的竞争力。美国正是凭借互联网技术的先进,进一步丰富工业系统的内涵,从而遥遥领先。

(四)重视标准的制定

自从工业革命发展以来,制定标准的作用不可忽视,它在工业发展中起着重要的基础性作用。标准制定作为技术规范的参考体系,有利于实现大规模生产;提高产品之间的兼容性;提高用户的体验感;也让市场交易公平有效。德国是世界工业标准的发源地,全球约有三分之二的国际机械制造标准来自德国标准化学会。德国在"工业 4.0"中也突出体现了标准先行的特征。在互联网工业的发展过程中,中国和美国也在纷纷推出各自的标准。特别是美国在 2014 年成立的工业互联网联盟(IIC),该联盟具有极大的开放性,吸引着全球各领域的企业聚集,对全球工业规则和标准的制定和推广更有利。未来,在标准推广上占优势的国家更有能力在未来互联网工业领域率先取得话语权。

二、互联网工业与传统工业的区别

互联网工业与传统工业在思维方式、生产制造模式、组织管理模式和商业模式上都有很大区别(如表 3-1 所示)。发端于传统工业的互联网工业思维,是对传统工业思维的创造性破坏,它对传统工业进行创造进而破坏传统的结构。

表 3-1　互联网工业与传统工业的主要区别

	传统工业	互联网工业
思维方式	实体经济思维 独立生产思维 产品决定用户思维	虚实结合思维 整合思维 跨界思维 用户决定产品的思维 战略思维

续　表

	传统工业	互联网工业
生产制造模式	大机器、大规模生产 传统制造 大污染、大耗能	大规模定制 智能制造 智能产品 节能环保
组织结构与管理模式	金字塔型组织结构 工人是劳动的工具	扁平化组织结构 员工起主导作用
商业模式	提高生产效率为核心 传统销售渠道 "一锤子买卖"	用户与技术为核心 互联网直销 网络平台、社群搭建 体验式消费、增值服务

（一）思维方式的区别

1.虚实结合

因为互联网信息技术的发展，现实世界中的信息被虚拟化，互联网平台使现实世界与虚拟世界的界限日渐模糊。首先，对社交进行了虚实结合。用户能够通过互联网将信息反馈给互联网工业企业，使互联网工业企业与用户的关系联系密切。其次，企业员工与生产网络的虚实结合，互联网工业企业的员工通过网络控制生产系统。再次，工业机器进行了虚实结合。互联网工业利用信息技术，将传统工业的机器社会与虚拟世界相联系，使得工业机器虚实结合。

2.跨界整合

互联网工业注重形成庞大的工业物联网，既推动企业信息向上下游流通，也推动了不同类型企业跨界流通，使制造业整合更多的生产要素和资源，具有强大的交互性。同时，"互联网＋"本身就是一种跨界思维，"互联网＋工业"就是互联网与工业的跨界。

3.用户关系

传统工业时代，生产者与用户的关系是制造商与客户的关系。在客户购买产品这一行为结束之后，客户的数据和使用体验，想对企业进行的反馈等行为对于消费者和企业来说都存在隔阂，两者不能高效、精准地进行沟通交流。互联网思维使制造商对"客户"的理解发展到了"用户"，注重产品的流量而非该用户是否付费购买此产品,但这仍是制造商价值的推广。在未来的智慧工业时代,用户与制造商的关系将在一张紧密连接的网络中展现,到那时便是"人人可生产,人人是用户"的时代。例如海尔的创客思维和创客平台,美的的"美的合伙人"平台,都在改变着企业与员工的关系、生产者与用户的关系。

4. 注重战略

因为互联网信息技术的使用,互联网信息的传播速度的影响,互联网工业的发展速度也远高于传统工业,互联网工业企业的产品生命周期更迭更是快于传统工业企业。二者在战略的制定和实施上存在区别,互联网工业企业更看重战略,且对战略的修正和调整更频繁。

(二)生产制造模式的区别

1. 产品制造方式区别

互联网工业的生产制造模式变革,是实现产品制造的自动化、信息化与智能化的深度融合,在满足客户个性化定制需求的同时,降低产品的生产成本。互联网工业中的"智能工厂"的概念,正式投入使用有"思维"的智能机器人,代替传统工业时代人的位置;通过数据交互系统相连接;具有人的指挥、控制和分析能力。例如,海尔和菲尼克斯合作搭建的互联工厂冰箱示范线,包括互联网下单、机器人智能装配、个性化用户定制单元、在线智能检测、人机交互等7个工站以及13个节点描绘着互联网智能制造的理念。菲尼克斯中国区副总裁杜品圣博士总结了互联网时代的生产制造模式。互联网时代的生产制造模式是集成研发、制造和服务的产品生命周期制造模式。实现智能制造的基础,有机地将互联网、自动化和数字化技术融合,同时实现人、机器和网络一体化。他认为人、机器和网络一体化才是真正的智能化生产。

2. 大规模定制

传统工业时代为追求效益,产生了大规模生产,产品由厂商统一制定,导致产品个性被抹杀。在互联网工业时代,为满足用户多样化、个性化的需求,追求大规模个性化定制。互联网工业刚起步阶段,具体表现在产品零部件的大规模生产,通过零部件的标准化制造,组成多样化的产品,为用户提供多样选择。互联网工业快速发展阶段,通过智能系统的嵌入进行智能化生产,生产设备与互联网相连,每一条生产线上都可快速实现大规模定制。同时,进一步实现个性化定制,主要通过硬件承载软件的方式,通过互联网平台来实现用户个性化定制需求。

3.增值价值的区别

传统工业制造的产品为一次性买卖,消费者购买产品这一环节是整个价值链的最后一环,购买结束意味着所有环节结束,该产品归消费者所有,企业只赚得产品的固定利润。但是互联网工业所制造的智能产品不同,智能产品承载智能系统,更注重产品的增值价值。消费者购买产品意味着消费的开始,根据产品所承载的智能系统迭代升级,消费者可以从中获取更多新产品,企业也能持续从中获取增值价值。

4.对环境的影响程度

传统工业因为使用传统能源,对环境造成了极大污染,对能源造成巨大消耗。互联网工业企业大多利用环保且具有再生功能的新能源进行生产制造,运用互联网信息技术进行信息的传递,是对环境与资源更有利的保护。

(三)组织结构与管理模式的区别

1.组织结构的变化

传统工业企业大多采用金字塔形的科层制组织结构进行集中管理。互联网时代,信息对等,人人追求平等,传统的自上而下管理模式已经不再适应时代要求。因此,组织结构要求更为灵活,以团队为模块、临时小组、网络型组织等扁平化组织结构占主导。彼得·圣吉的《第五项修炼》中提到了"学习型组织"概念,学习型组织认为组织应精简、扁平化、弹性化、终身学习、不断自我组织再造,它不是单一的模式。互联网工业企业强调学习、知识资本的重要性,因此十分重视学习型组织在组织结构中的使用。

2.组织行为的区别

传统工业把工人看作生产劳动的工具,而互联网工业重视充分发挥人的主导作用,注重满足员工心理需求。例如,海尔集团实施的员工创客化,实际上就是为最大程度充分发挥员工的主导作用,激发员工的工作积极性,使员工为自身工作。互联网工业也使员工的构成产生变化,因为互联网工业企业的科技化属性,普通的工人没有能力进行操作,所以该类型企业需要拥有大量素质高、技术熟练的生产工人、科技人员与管理人员。

(四)商业模式的区别

1.核心价值区别

二者的核心价值不同。传统工业以提高产品生产效率为核心,单纯地通过广告营销,使消费者被动接受商品。互联网工业强调与用户互动,以用户与技术为核心。通过互联网直销的方式销售,使用户不用再为渠道买单。

2.业务组合与产业链的区别

在业务组合与产业链上,传统工业的各个环节相互独立,存在隔阂与交流障碍。但是互联网工业大多通过网络系统互联互通,推行平台型的商业模式,利用互联网将用户聚集在某个平台,不断增加与用户的互动联系,提高用户忠诚度。

3.盈利方法的区别

传统工业大多为"一锤子买卖"。互联网工业更注重全新的体验式消费形式的构建,盈利点大多来自后续增值服务的盈利。通过工业与互联网相连,互联网工业企业的盈利模式更加多样,并在持续产生新兴的盈利模式。

第四章　互联网工业企业组织变革的主要动因

　　信息化、智能化和工业化的深度融合,使企业意识到传统组织结构的设置已不能满足用户日益增长变动的需求,打造灵活高效生产的智能工厂必须对组织进行变革。互联网工业企业对大规模定制生产的追求,驱使着互联网工业企业组织变革。大规模定制体现为生产的大规模定制和产品的个性化定制,同时实现两方面的大规模定制是发展目标。当前,我国将从"智能制造"、产业链向"4＋0"闭环转向等方面对微笑曲线进行颠覆。产品创新的源泉是员工创造精神的发挥。互联网工业企业要在产品生产制造上获得突破,关键在于激发员工的创造精神。为提高员工的自主创造意识和工作积极性,必须进行组织变革。在实践中形成了具有代表性的创客型组织结构。本章由此展开对于互联网工业企业组织变革的主要动因的分析,以便为企业组织变革提供内在依据。

第一节　信息化、智能化和工业化的深度融合

　　传统的工业企业追求大规模生产的效率,以便降低大机器生产所投入的成本,但消费者需求往往不能及时反馈给企业。通常是企业生产什么,消费者购买什么,消费者的选择权利小。由于以上原因,大多数传统企业采用的是传统金字塔型组织结构,组织需要自上而下层层进行信息传递;上级拥有极高的权力命令下级;管理固化,缺乏灵活性。

一、信息化和智能化的内涵

信息化是一种技术支持。信息化依靠现代通信、网络、数据库技术,汇总所研究对象各要素至数据库,提高了行为效率。例如云计算、物联网、移动互联网、大数据等新一代信息技术已在社会各个领域使用。摩尔定律指出,当价格不变时,集成电路上可容纳的元器件的数目,约每隔18—24个月便会增加一倍,性能也将提升一倍。这一定律揭示了信息技术更新升级的速度。同理可以说明,产品更新换代的速度要求越来越快,互联网工业企业对信息技术的要求也会越来越高。

智能化在很大程度上则是一种属性。智能化指事物在网络、大数据、物联网和人工智能等技术的支持下,所具有的能动地满足人们各种需求的属性。所以说,信息化在工业上的使用催生了智能化的属性,二者紧密相连,互为表里。

当信息化、智能化与工业化开始深度融合,信息传递速度加快,消费者对产品的需求可以快速反馈给企业;企业也开始用大数据收集消费者行为,通过大数据、云计算等技术进行相应分析;企业内部、企业与企业之间更为密切的信息资源传递、信息资源共享;智能化技术的运用,逐步产生智能系统、智能生产、智能产品,实现智能工厂。企业为满足和适应消费者需求的快速变化,以及随着新技术产生的与以往不同的生产方式、商业模式等,要求企业必须进行组织变革。

二、信息化、智能化与工业化深度融合的表现

互联网工业企业的信息化、智能化与工业化深度融合(如图4-1所示),主要表现为:用户信息化,企业信息化,产生智能工厂、智能生产和智能产品。

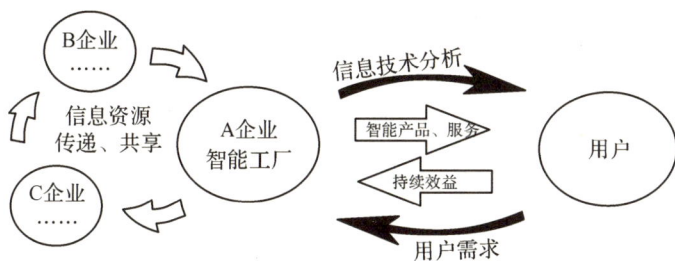

图 4-1　信息化、智能化与工业化深度融合

（一）用户信息化

用户通过互联网对企业产品信息的掌握,改变了传统的工业企业与消费者之间交流沟通不畅的现象,消费者的范围扩大到了用户范围,即更大程度地释放了用户需求。同时,互联网工业企业可以通过互联网收集用户信息,使生产的产品尽可能满足用户的最大需求,做到精准定位、快速推陈出新。

1.用户掌握企业信息

在 PC 时代,信息间的联系受到空间和时间的限制,人只有在打开电脑开始使用互联网时,才进入互联网信息化的世界,人不能随时随地接触互联网。直至移动互联时代,人们才彻底与信息相连,智能手机成为人与互联网连接的重要工具。据中商产业研究院发布的《2017 年中国智能手机市场分析及发展前景研究报告》显示,截至 2017 年 6 月,我国手机网民规模达 7.24 亿。网民使用手机上网的比例为 96.3％。[①] 人们通过智能手机,随时随地连接互联网,获取各式各样海量的信息。移动互联时代,人与手机相连,人就成为无数个网络节点,组成一张巨大的网络。正因如此,通过移动互联网信息技术的快速传递,进一步减少了企业与用户之间的障碍,用户可以通过互联网将需求快速传递给企业,同时用户使用产品后的反馈也能第一时间传达给生产企业,使互联网工业企业迅速做出反应,对产品进行调整和采取新行动。而对于传统工业企业而言,因为消费者与企业沟通不畅,消费者的需求不能及时有效反馈给企业,企业生产的产品不受市场欢迎。

---

①　中商产业研究院:《2017 年中国智能手机市场前景研究报告》,中商情报网,2017 年 8 月 21 日,http://m.askci.comnewschanye/20170821/165952105895.shtml。

2.企业记录分析用户信息

互联网工业企业记录用户行为、消费需求等信息。特别是在移动互联时代,人们产生的信息数据更多样和完善,企业可以将其收集成为大数据,因为信息化过后要对收集的大量数据进行处理,云计算正是推动互联网工业发展的关键技术之一。通过云计算等新科技进一步分析用户的行为、需求,以提高企业生产效率和产品销量。

云计算已被众多互联网企业采用。一般而言,云计算是一种按使用量付费的模式,这种模式提供可用的、便捷的、按需的网络访问,进入可配置的计算资源共享池(其资源包括网络、服务器、存储、应用软件、服务),这些资源能够被快速提供,只需投入很少的管理工作,或与服务供应商进行很少的交互。云计算拥有高效的运行效率、价格低廉、安全性高等优点,因此吸引了许多企业使用。例如阿里巴巴的超强的交易量,正是由于使用了云计算等新技术,对消费者需求精准定位。阿里巴巴还单独成立了"阿里云"云计算及人工智能科技公司,服务制造、金融、政务、交通、医疗等企业。除此之外,还有亚马逊、IBM,国内的百度、小米等企业都在使用云计算技术。

大数据驱动组织的自治管理。海尔集团 CEO 张瑞敏虽采用员工创客化的组织结构,但又为避免采用员工创客化导致无领导者问题的出现,走向混乱局面,便通过对用户数据进行收集与分析反向管理和规范创客型员工。张瑞敏指出,这种方式能够让用户成为员工的上级,员工做到为用户创造价值,考核方式自然也直接交由用户。如果员工给用户创造的价值大,那么员工将从中获利,从而驱动这个自治体系的实现。让大数据引导创客的决策行为,能够有效减少创客组织的混乱和盲目。

(二)企业的信息化

1.企业生产管理的信息化

企业生产管理的信息化,主要指工业生产资源的信息化、员工的信息化以及整合上下游企业的信息。在传统工业时代,工业资源的信息传递都是靠员工进行口头阐述或书面表达方式进行,要求通过科层制组织结构的层层传递,但容易出现很多问题,包括信息传递误差、信息容量低、效率低下、准确度会随时间和空间距离的增加而下降。在互联网时代,企业的信息化主要包括利用互联网记录和传递工业资源的信息,使物理世界(现实世界)与信息世界(虚拟世界)融为一体,虚实结合。

例如,德国"工业4.0"使用的重要技术信息物理融合系统(即CPS系统,Cyber-Physical Systems),就是虚实结合的代表。中国科学院何积丰院士对CPS进行了定义,并阐释了CPS的最终目标。他认为广义上的CPS是在环境感知的基础上,深度融合计算、通信和控制能力的可控、可信、可扩展的网络化物理设备系统,它通过计算进程和物理进程相互影响的反馈循环实现深度融合和实时交互来增加或扩展新的功能,以安全、可靠、高效和实时的方式监测或者控制一个物理实体。CPS的最终目标是实现信息世界和物理世界完全融合,构建一个可控、可信、可扩展并且安全高效的CPS网络,并从根本上改变人类构建工程物理系统的方式。[①] CPS是汇集全资源协同网络系统,包括生产资源、员工资源,以及社会资源,都被该系统有效地组织起来,它是资源信息化的集成平台。互联网系统将企业内部与外部资源信息迅速整合在一个大平台中,使企业组织的层级可以做到有效精简,信息传递准确,组织结构扁平化、平台化。

2.企业营销的信息化

企业营销的信息化,主要指企业电子商务的经营。它与传统的营销有很大区别,传统企业向互联网工业企业转型时,需要利用互联网作为新的销售渠道,企业应加强对互联网技术人才的培养和吸收,出台电子商务型营销策略。

(三)智能工厂、智能生产和智能产品推动组织变革

1.智能工厂对传统工厂的颠覆

传统的大机械、大规模生产与制造对应着传统的企业组织形态,当生产制造工厂开始走向智能化,势必引起工业企业组织的变革。为满足用户多样性、个性化的需求,必须进行智能的生产,组建智能工厂。智能工厂可以分为

---

① 王喜文:《智能制造:新一轮工业革命的主攻方向》,《人民论坛·学术前沿》2015年第19期,第68—79页。

三个层面，从上到下依次是服务互联网、CPS 系统、物联网。[①] 最顶层是服务互联网，和与生产计划、物流、能耗、经营管理相关的 ERP、SCM、CRM 等，与产品设计、技术相关的 PLM 等处在顶层，与服务互联网紧紧相连。中间层是通过 CPS 实现与生产设备和生产线控制、调度等相关功能。从智能物料供应，到智能产品的产出，贯穿了整个产品生命周期管理。最底层则是通过物联网技术实现的控制、执行和传感，从而实现智能生产。[②] 例如，被誉为"中国轮胎智能制造的引领者"的青岛双星集团，颠覆了传统企业的生产思维，创立了 MEP 智能平台，该平台能够将包括颗粒状原材料（或液体）在内的各种物品、人、设备和位置进行信息智能匹配，成为一个由用户指挥、数据驱动、软件运行的生态系统。在具体的生产线上利用 AGV 智能化小车、力大无穷的智能关节机器人、智能化成型机、智能 X 光检测仪、全球首个商用车胎智能立体仓库等智能化生产设备。人工效率提高了近 3 倍，不良率降低 80% 以上。双星集团是全球轮胎行业第一个全流程智能化工厂。

2.智能生产对传统生产方式的颠覆

智能生产主要指生产主体的智能化。生产主体包括生产机器、生产系统、负责生产的机器人和员工。智能生产要求对整条生产线进行智能化升级，不仅是员工进行某项程序设定后，生产线和机器人按某项程序生产，而是生产线和机器人都能够进行感知，对需求进行智能处理，自我生成最优化的生产方案。

3.生产制造智能产品的要求

智能产品与传统工业产品的生产制造不同，智能产品需要的不是大量低廉的劳动力，而是需要专业化、高素质和具有创造力的员工。因为在智能化与工业化深度融合后，生产的产品不再是冷冰冰的硬件，而是硬件与软件相结合的有机智能产品，这意味着企业如果要生产更多的智能产品，则需要更多拥有专业技术、高素质、创新能力和创意的员工。所以，实现生产制造智能产品，互联网工业企业需要重视对员工的培养，认识到组建学习型组织的重

---

① 王喜文：《工业互联网：中美德制造业三国演义》，人民邮电出版社 2015 年版，第 2—3 页。

② 王喜文：《智能制造：新一轮工业革命的主攻方向》，《人民论坛・学术前沿》2015 年第 19 期，第 68—79 页。

要性。在现代互联网工业企业中,想要企业保持活力,源源不断地更新产品,必须激发员工的创造精神。企业应该把员工当作创新的原动力,并通过各项措施实施、组织形式的调整和相关制度保障,最大限度满足员工需求,激励员工不断学习,提升自我,激发员工的自主创新力。

因此,信息化、智能化和工业化的深度融合是互联网工业企业组织变革的主要动因之一,要求互联网工业企业减少组织的中间层级,采取扁平化、平台化的组织结构;以用户需求为核心;减少低素质员工,吸纳高素质、高技术的员工,加强学习型组织的培养。

第二节 大规模定制的驱动

在传统工业时期,机器的使用实现了大批量、种类单一的大规模生产,倘若要进行个性化定制,需要耗费更高的人力、物力和时间,传统工业企业更未曾想过实现大规模定制。大规模定制的追求驱动着互联网工业企业组织变革,企业需变革传统的组织形式以配合实现大规模定制。在互联网工业时代,互联网工业企业努力追求通过新兴技术的投入使用,采用实现小批量、多品种的生产规模,实现大规模定制生产,甚至在同一条生产线上只生产单件产品。与此同时,还要求做到减少人力、物力和缩短时间。大规模定制分为两个方面,一方面是实现生产的大规模定制,另一方面是产品的个性化定制,生产制造流程与产品同时实现大规模定制是互联网工业的发展目标。

一、生产的大规模定制

(一)大规模定制生产的条件

大规模定制需要满足两个条件,一是以零部件的大规模生产为基础,二是灵活动态的智能生产调配。首先,在新一代信息技术出现以前,定制与大规模生产二者是无法同时满足的。在新信息技术初步发展时期,大规模生产主要指零部件的大规模生产,零部件拼装成种类多样的产品,满足用户对产品多样化的需求。但大规模定制多样化产品的本质仍然是制造传统产品，并未满足消费者的个性化需求。因此，还需做到另一个方面，就是通过灵活动态的智能生产的调配，达到个性化定制，以满足用户的个性化需求。因此，当新的网络信息技术出现以后，二者相互矛盾的问题得到了解决，通过网络信息技术设计的网络系统对工业生产制造加以控制，使生产制造设备能够对新的信息迅速做出反应，自动进行生产制造方案的调整，进而实现了大规模生产、产品定制。因此为适应该种灵活的生产模式，组织形式要求更具有灵活性、动态性以便适应需求变化。

（二）大规模定制促使组织变革的原因

在某种程度上说，"大规模定制"彻底颠覆了亚当·斯密所提出的"劳动分工理论"。"定制"一词的含义为个别客户量身剪裁，定制产品大多是限量版奢侈品。因此，在传统工业时代，个性化定制对消费者来说意味着花费更高的价格，对企业来说也意味着增加时长和投入更多人力。例如传统制造工业企业进行一件产品的生产，在一条生产线上的耗资巨大，只能依靠大规模生产降低成本。如果只在一条生产线上制造一件产品，意味着用户要承担整条生产线只生产该产品的所有产生的费用，这样做不仅价格昂贵而且效率低下。所以对于传统制造工业企业来说，实现大规模定制是一件困难的事情。随着大规模定制的发展，亚当·斯密所提出的"劳动分工理论"也不再适应新的生产方式。因为传统的"劳动分工理论"是围绕专业流水线发展起来的，它的提出是为了解决产品的效率和质量问题。通过精细的分工和紧密配合，每个劳动工人熟练完成生产的一个程序，从而使生产效率提高、产品质量得到保障。若要实现大规模定制，不仅无法对工人进行精细化分工，还不能使工人熟练应对每一个产品的操作流程。因此传统的"劳动分工理论"无法满足大规模定制的实现。要实现大规模定制，应该改变传统思维，运用互联网思维和新技术，提出新的工作方法。

二、产品的个性化定制

（一）软件个性化定制是关键

产品的个性化定制目前主要体现为产品在软件方面的个性化定制，是当前解决产品的个性化定制的重要途径。软件的个性化定制是关键，还意味着商业模式的全新改变。同时，它对组织中人才的技能和素质提出了更高要求，也对组织结构的布局规划产生影响。以往的工业企业将产品销售给消费者，意味着企业与消费者的交易正式结束，产品的盈利模式为单一的产品销售。但是在互联网工业时代，互联网工业企业所生产的产品使用户与企业建立起了新联系。用户在购买产品之后，才是用户与企业关系的开端，更重要的是产品使用过程中的增值价值。因此，互联网工业企业树立起全新的产品观念，是解决产品个性化定制的关键。例如，小米手机 MIUI 系统做到每周定时更新升级，通过软件的系统更新，修护系统的缺陷，不断给用户提供定制化选择和极致的体验服务。

（二）"硬件＋软件"组合产品是趋势

"硬件＋软件"组合产品是生产制造趋势。互联网工业企业要进行观念的转变，意识到产品不再是单一的硬件产品，而是"硬件＋软件"产品。例如，传统的电视机制造商仅仅是大规模生产制造出电视机这一硬件，内容则是由内容提供商提供。但是通过互联网技术的应用，电视机制造商不再仅仅生产电视机这一单一硬件产品，电视机制造商开始向软件发力，将软件系统嵌入生产的电视机中或者是生产智能机顶盒。只要将电视机与智能机顶盒系统相连，用户不仅可以观看传统电视节目，还可获取海量互联网视频资源，用户还能够通过机顶盒中的软件进行个性化定制，企业也可通过软件形式为用户提供不断更新的系统，提供更多增值服务。

海尔集团作为我国家电第一品牌，已率先做到了生产制造流程和产品都实现大规模定制的目标。例如，海尔的 COSMOPlat 平台实现的大规模定制，关注大数据基础上的小数据，满足全球用户个性化需求。海尔 COSMOPlat

平台通过终身用户塑造的全生命周期、互联工厂打造的全流程和开放共享构建的全生态,共同构成了 COSMOPlat 平台的大规模定制模式①,以实现高精度下的高效率。

该平台的构建不仅满足了用户全流程参与的大规模定制体验,还为制造业从大规模制造向大规模定制转型提供借鉴和示范作用。② 一方面,海尔 COSMOPlat 平台不仅关注设备自动化、智能化、追求高效率,而且直接连接用户,让生产的每件产品都是"有主的",满足了用户对产品终身价值的要求。目前海尔生产线上生产的产品,51％是客户定制的,18％是消费者直接下单定制,这些产品都不进仓库,直接配送到用户手中,这些订单交付的周期缩短一半,现金流减少 10 天。另一方面,海尔 COSMOPlat 平台还实现了跨行业跨区域复制。该平台致力于帮助中小企业提质增效,转型升级。例如海尔与淄博市淄川区合作建立了"COSMOPlat 建陶产业基地"。2017 年,海尔 COSMOPlat 平台实现交易额 3133 亿元,定制定单量达到 4116 万台,已成为全球最大的大规模定制解决方案平台。③

第三节　价值链微笑曲线的颠覆

第四次工业革命凭借以互联网、云计算、大数据、人工智能、物联网等为代表的新兴技术创新,使制造业发生翻天覆地的改变,特别是使制造流程和生产的产品都具备了数字化、智能化、网络化等特性。由于微笑曲线在特殊环境背景下产生,传统的制造环节处于该曲线底部。这些在技术领域的创新颠覆了企业制造模式和组织的变革,对过去形成的全球化的分工体系及价值链微笑曲线产生了巨大影响,正在颠覆和重构价值链。

---

① 曹雅丽:《开全球大规模定制先河 海尔工业互联网平台助力企业转型》,《中国工业报》2018 年 3 月 1 日,第 7 版。
② 同上。
③ 顾硕:《2018:全面实施工业互联网的开局之年》,《自动化博览》2018 年第 3 期,第 3 页。

一、价值链与微笑曲线的内涵

迈克尔·波特在 1985 年首次提出了"价值链"的概念。企业的多个产品在设计、生产、销售、交货和售后服务等方面所进行的各项活动聚合成了整个企业,每一项活动都是该价值链上的一个环节。企业立足之后必须向前发展,追求企业整体价值最大化,为企业相关利益集团创造更多价值。

企业创造价值的过程可以分解为一系列经济活动(又称为增值活动),各项增值活动共同构成了企业的价值链。[①] 广义上的增值活动可以分为两类,一类是基本增值,还有一类是辅助性增值。企业的基本增值活动,即产品的实体加工和流转等基础环节,生产经营环节,比如材料供应、成品开发、生产运行、成品储运、市场营销和售后服务等,与实体产品直接相关。企业的辅助性增值活动,如组织建设、人事管理、技术开发和采购管理等等,是企业的无形资产的增值。狭义的增值活动指实体产品在生产流转中的各个环节的活动,可被分为"上游环节"和"下游环节",上游环节指材料供应、产品开发、生产运行,这些环节与产品密切相关。下游环节包括成品储运、市场营销和售后服务,这些环节都以用户为中心。波特的"价值链"理论揭示,每个企业都应该重视整个价值链,而非其中某个环节与某个企业竞争。

"微笑曲线"(Smiling Curve)理论由宏碁集团创办人施振荣先生提出(如图 4-2 所示)。由于创造的价值不同,位于曲线两端的产品研发和营销服务创造的附加值高,因此处于高处,中间是制造加工,由于传统工业企业生产所创造的附加值低,所以位于低处。三者是产品生产流通的不同环节,共同构成了这条微笑曲线。

该理论在特殊的环境背景下产生,主要受全球化竞争加剧,产品生命周期缩短等因素的影响。一般由实力雄厚的跨国公司主导,主要源于由产品分工转向要素分工的国际分工模式。一个产品的生产由市场调研、创意形成、技术研发、模块制造与组装加工、市场营销、售后服务等环节组成,各个环节分别由世界各国具有某项专业能力的企业来承担,从而形成一条完整的产品

[①] 孙晓伟:《企业国际化经营的价值链分析》,《新疆广播电视大学学报》2004 年第 4 期,第 58 页。

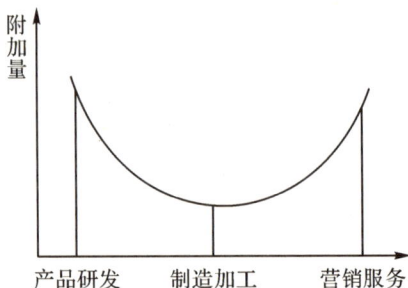

图 4-2 微笑曲线

链条。以制造加工环节为分界点，全球产业链可以分为产品研发、制造加工、营销服务三个环节，各环节创造的价值也不尽相同。产品研发和营销服务环节对技术、人才、信息和管理等的要求高，属于知识密集型要素，具有不可替代性，通常由发达国家的大型跨国企业掌握。由于发展中国家的传统工业企业缺乏核心技术，往往从事制造加工环节，该环节需要的设备和劳动力等要素简单且可替代性强，所以企业竞争大，价格常常被压低。在此环境背景下，跨国企业获得的收益最大。

二、我国对微笑曲线的颠覆

我国过去以传统制造业为主，往往采用流水线式生产方式进行大规模生产，以最大限度降低成本，提高产量，在国际分工体系中处于低端的制造者位置。然而，我国紧跟第四次工业革命步伐，共享高科技发明成果，将逐步从"制造者"转变为"智造者"身份。首先，凭借智能制造赢得生产制造环节更大的附加价值，再通过重构产业链，打造"4＋0"闭环循环，迈向"制造强国"，最终颠覆微笑曲线。

（一）"智能制造"颠覆微笑曲线

随着网络信息技术高速发展，产业变革，国际产业分工格局正在重塑。这对于拥有庞大、数量众多、拥有完整制造业体系的传统工业企业的中国来说，正是巨大机遇，必须积极参与到互联网工业企业转型升级的浪潮，对微笑曲线进行颠覆。以往想要摆脱低附加值的制造困境的思维是努力向微笑曲

线两端发展、布局和延伸,通过高科技实现产品研发升级,通过更多的营销方
式和服务手段增加附加值。但这种方式依旧是被束缚在微笑曲线内的思维
方式。

负责"制造加工"的传统工业企业,创造的只是单一价值和固定分配模
式。而互联网工业企业借助互联网信息技术,能够将企业、客户和利益相关
方等串联起来,使其都参与到产品设计研发、产品制造、产品价值实现等各个
环节,使各个环节一起增值。所以互联网工业企业利用"信息共享"和"物理
共享"形成了新的合作生产和价值创造模式。

第四次工业革命的技术在互联网工业企业中的投入使用,使企业价值链
的环节发生重构,使每一个环节的附加值发生变化,从而颠覆微笑曲线(如图
4-2 所示)。首先,微笑曲线底部"制造环节"的价值正在因为机器设备开始与
互联网系统连接,向"智能制造"转型升级,从传统的流水线式大规模加工转
变为知识密集型、技术密集型的智能化生产制造。从而使制造环节发挥出更
大的潜力和附加值,呈快速上升趋势。其次,产品的研发阶段变为了标准制
定阶段。新技术革命背景下,越来越多的用户有机会参与到产品创新和设计
阶段,该环节更为开放。与传统的产品研发阶段相比,现在的产品研发设计
的技术准入标准更易触及,且成本低,从而降低了工业企业在该环节原有的
高附加值优势。但同时,通过行业标准的制定、专利保护等措施的实施,保障
了工业企业在该环节的高附加值。再次,营销服务阶段转变为了公众平台,
凭借互联网信息等技术的运用,构建起"巨平台+海量前端"的合作体系,该
公众平台拥有销售和售后服务等功能,并不断为用户提供增值服务。加之平
台存在规模经济和网络外部性[1],该环节依旧保持高附加值。

---

[1] 杜传忠,杜新建:《工业革命与服务业发展——兼论第四次工业革命条件下我国服务业发展的
趋向》,《江淮论坛》2018 年第 2 期,第 43—49 页。

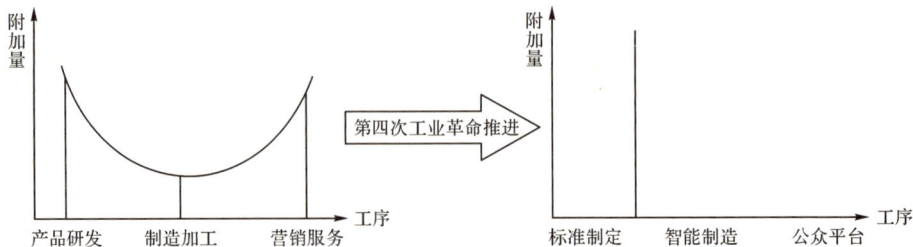

图 4-3 第四次工业革命推进颠覆微笑曲线

资料来源:杜传忠,杜新建.第四次工业革命背景下全球价值链重构对我国的影响及对策[J].经济纵横,2017(04):110-115.

(二)产业链向"4+0"闭环转向

我国的制造业在核心技术上不具备优势,且在全球分工中受到多方挤压,例如东南亚廉价劳动力优势和发达国家"再工业化"的影响,不能再停留于原有的产业链中。因此,我国工业的产业链应从"6+1"向"4+0"的产业链闭环转向。经济学家郎咸平在 2017 年从中国工业发展的实际状况出发,将产业链分为 6+1 个部分。"6"分别指产品设计、原料采购、仓储运输、订单处理、批发经营和终端零售六个环节,"1"是产品制造。根据各个环节获利大小进行排列,构成了一条微笑曲线,其中产品制作居于最底部的下游环节,其他则为上游环节。"6"的部分基本被美国等发达国家所垄断,可获利 20% 至 50%。中国只占产品制造部分,获利仅有 6%。他提出要改变该状况,需要对"微笑曲线"进行颠覆,努力从上游获取资源,形成"4+0"闭环。具体表现在:重点掌握订单处理、产品设计、原料采购和终端零售四个环节;去掉仓储运输和批发经营的环节;利用信息技术收集用户大数据。

我国的互联网工业企业对微笑曲线的颠覆,关键正是在于构建"4+0"闭环的循环。订单处理,传统工厂通过网络信息技术的应用,直接与上下游企业对接,信息沟通迅速且精准,大大提升了订单处理的效率。产品设计,我国在核心技术的掌握上一直有所欠缺,许多重要技术专利都掌握在发达国家手中,因此我国应该重视创新创造,创新在于激发人的创造力,加强新技术的研发,设计高附加值和高科技的产品。例如我国的银行卡 95% 的"磁条卡换芯"

的芯片来自国外的跨国公司。① 原料采购环节,可借助已有互联网平台的大数据进行全球范围的筛选,选择合适的原料采购点。最后生产出成品,利用线上线下的渠道进行终端零售,并持续收集用户的大数据,了解用户需求。

我国是制造大国,不是制造强国。"中国制造"虽然遍布全球,但是由于较低的附加值和科技含量低,长期处于全球价值链的低端。随着"中国制造2025"的提出,"互联网+"的行动,强调了我国互联网与工业企业连接的重要性。2016年,我国商务部等7个部门联合下发的《关于加强国际合作提高我国产业全球价值链地位的指导意见》,提出要深化全球价值链合作,提高资源配置能力,倡导开放式创新路径等等,表明我国在发展自身的同时还应积极向处于价值链上游环节的国际企业学习、合作。政府发布的一系列政策推动着我国向价值链中高端迈进,并尝试重构价值链,加快从"制造大国"迈向"制造强国"的步伐,提高我国在全球贸易中的话语权。目前,我国的海尔集团、华为等互联网工业企业,正凭借自身过硬的科技实力、创新能力等对微笑曲线的颠覆产生巨大推动力。

第四节　激发员工创造精神

产品创新的源泉是员工创造精神的发挥。互联网工业企业要在产品生产制造上获得突破,关键在于激发员工的创造精神。为提高员工的自主创造意识和工作积极性,必须进行组织变革。在实践中形成了具有代表性的创客型组织结构。

一、创客型组织结构的内涵

员工创客化能够激发员工创造精神,促进企业组织变革。为创造生产更多的满足消费者需求的多样化、个性化智能产品,互联网工业企业必须进行产品创新,激发产品创新的源泉——员工的创造精神,为使员工自主创造、增加工作积极性,形成新的组织结构——创客型组织结构。目前已经有许多企

---

① 详可见《中国金融 IC 卡遭外商垄断》,《经济参考报》2015 年 1 月 6 日。

业开始推行员工创客化的组织结构,该组织结构表现在企业内部形成众多小微企业,激发全企业员工的新活力,同时也改变传统组织结构。

传统企业无法快速应对不断变化、个性化的市场需求,传统的金字塔组织结构也限制了员工的自由,消磨着员工的积极性。即使在传统企业中投入使用智能生产的机器和设备,制造生产的产品也不一定能快速迎合消费者的需求。这种时候只有改变组织结构,使每位员工都变成创客,都去了解用户有什么样的需求,从而使员工充满干劲,主动去满足客户的个性化需求。员工创客化给予员工充分的自由度和权利,使每个员工都能够发挥自己的专业特长,并且激发自己的工作兴趣。该组织结构的精髓在于员工自身因素驱动自己积极投入工作,自身因素驱动更能发挥员工的潜力和兴趣,而不是外力驱使员工工作。不过值得强调的是,自身因素驱动同时也需要企业在后方打造创客生态圈,保障创客员工能够使用企业的资源、服务和拥有自由发挥的空间。企业员工创客化意味着将颠覆传统的组织结构。

二、创客平台的打造

海尔将传统科层制度组织解构,致力于打造创客平台,将组织变为互联网的节点。平台收集创意点后,海尔与其共同分享价值增值,海尔集团可收购或入股,创客也可独立运作。自从海尔开始创客化运作,原来的一个核心团队正在变为一千余个创客小团队。海尔通过自主决策权、去领导化、服从市场指挥等,以一套相应的管理机制支持平台运作。海尔集团经过组织变革,现在的组织结构没有层级,分为平台主、小微主、创客三类人。平台主、小微主竞单上岗,按单聚散。创客则面向市场,与用户进行零距离沟通,在为用户创造价值过程中实现分利。[①] 海尔不仅使企业内部员工创客化,还在积极向外部社会延伸,打造开发的创业平台——海尔创客实验室、"海立方""海创汇"等互联网平台。海尔创客实验室依托海尔生态产业资源并整合开放的社会创新资源,为高校创客搭建开放、创新、协作、共享的交互创新平台。可以预见海尔未来将会爆发无穷的潜力,收获源源不断的财富。

---

① 王超凡:《海尔"拆墙"——从产品到创客的边界突围》,《经理人》2016 年第 5 期,第 36—38 页。

第五章　从传统工业企业到互联网工业企业的演化历程

工业企业组织结构经历了漫长的演化,是工业企业适应客观环境变化的必然选择,也是工业社会生产力进步的重要标志。在"互联网+"时代,以计算机和云技术为核心的信息技术使网络经济迅猛发展,工业企业内外部环境发生深刻变化,组织结构面临前所未有的变革。工业企业只有准确把握新形势下组织结构变革规律,才能在激烈的市场竞争中立于不败之地。本章基于演化经济学视角,梳理工业企业组织结构演化历程。需要说明的是,本章主要从宏观视角出发,说明传统工业企业到互联网工业企业的演化历程,归纳总结具有普遍性,但不同企业具体情况不同,部分企业组织结构的变革可能与本研究梳理的演化历程存在差异,甚至出现相反的情况,在落实到具体企业时,应当注意矛盾的特殊性,具体问题具体分析。

第一节　工业企业组织结构的演化历程

工业企业组织结构的变革过程与经济周期、技术革命密切相关,本节将梳理经济周期和技术革命的变迁,总结工业企业组织结构的演化趋势。总体上看,工业企业组织结构的变迁可分为五个阶段,遵循科层组织、扁平组织、网络组织的演化路径。

一、经济周期、技术革命与工业企业组织结构演化

工业企业组织结构变革是生产关系与生产力相适应的必然产物,是工业文明进步的重要标志。在三次技术革命的推动下,工业企业组织结构主要经历科层组织、扁平组织、网络组织三大阶段。本节参考黄阳华关于演化经济学的分析范式[①],基于康德拉季耶夫周期[②],兼及基钦周期[③]与朱格拉周期[④],将经济周期、技术革命、工业企业组织结构变革置于同一分析框架下,打通宏观、中观、微观间的界限。

宏观经济常会受到一些实际因素的冲击,例如石油危机、农业歉收、战争、人口增减等等。其中,最常见、最值得分析的是技术变化的冲击对经济周期的影响,实际经济周期理论将技术冲击作为经济周期的波动源,成为当今经济学分析的主要范式之一。[⑤] 由表5-1可知,工业企业组织结构演化与康德拉季耶夫周期、基钦周期、朱格拉周期间存在对应关系,下面将分阶段说明工业企业组织结构变革与经济周期间的关系。

表 5-1 三次技术革命与工业企业组织结构演化

技术与组织结构变革浪潮	发明制造	主导产业	核心生产要素	基础设施投入	工业企业组织结构演化	经济周期
工业企业蒸汽化	阿克怀特克罗福德作坊(1771)	棉纺、铁制品、水车、漂白剂	铁、原棉、煤炭	运河、帆船、收费公路	工厂制、企业家、合伙制	1771—1793
	亨利科特搅炼法(1784)					1793—1829
	利物浦——曼彻斯特铁路(1831)	铁路与铁路设备、蒸汽机、机床、制碱业	铁、煤炭	铁路、电报、蒸汽船	股份制、技工承包制	1829—1848
	布鲁内尔的"大西方"蒸汽船(1838)					1848—1875

① 黄阳华:《工业革命中生产组织方式变革的历史考察与展望——基于康德拉季耶夫长波的分析》,《中国人民大学学报》2016年第3期,第66—77页。

② 常说的长期,一般为50年。

③ 常说的短期,一般为40个月左右。

④ 常说的中期,一般为8到10年。

⑤ [美]戴维·罗默:《高级宏观经济学》,吴化斌、龚关译,上海财经大学出版社2014年版,第4—5页。

技术与组织结构变革浪潮	发明制造	主导产业	核心生产要素	基础设施投入	工业企业组织结构演化	经济周期
工业企业电气化	卡耐基的贝西莫钢轨厂（1875）	电气设备、重型机械、重化工、钢铁制品	钢、铜、合金	钢轨、钢船、电话	职业经理人、泰罗制、大企业	1875—1890
	爱迪生纽约珍珠发电厂（1882）					1890—1908
	福特海兰德公园装配线（1908）	汽车、卡车、拖拉机、坦克、柴油机、飞机	石油、天然气、合成材料	无线电、高速公路、机场、航空公司	大规模生产与消费、福特制、科层制	1908—1929
	伯顿重油裂化工艺（1913）					1929—1971
工业企业信息化	IBM1410与360系列（1964）	计算机、软件、电信、设备、生物技术	集成电路	互联网	内部网、局域网、全球网	1971—2007
	英特尔处理器（1971）					2007至今

资料来源：黄阳华. 工业革命中生产组织方式变革的历史考察与展望——基于康德拉季耶夫长波的分析[J]. 中国人民大学学报，2016，30(3)：66-77.

二、第一次长波与工厂制

随着世界市场的扩张，欧洲经济发展速度不断加快。"光荣革命"后，英国社会经济稳定，圈地运动使大批劳动力得到解放，工场手工业实现迅速发展。到 18 世纪中期，英国"日不落帝国"的地位初步确立，国内许多行业兴起技术革命的浪潮，用机械化大生产取代简单手工协作，第一次工业革命的时代来临。由于新兴的棉纺业束缚较少，最先出现技术变革的连锁反应（如表 5-2 所示），经过不到半个世纪的时间，棉纺业各部门均实现机械化生产，生产效率明显提高。以 1780 年为基准，1830 年棉花加工效率为 1780 年的 14.3 倍，劳动力投入缩减为原来的 1/20。除棉纺业外，在冶金业与采矿业领域也发生一系列重大技术变革，1785 年，瓦特改良蒸汽机正式投产，使工业生产摆脱地域限制，采煤与炼铁效率显著提升，人类社会迈进"蒸汽时代"。

表 5-2　第一次工业革命的技术冲击源

领域	发明者	机器	时间	意义
棉纺织领域	约翰·凯伊	飞梭	1733 年	生产效率提高一倍,能织出更宽的布幅
	哈格里夫斯	珍妮纺纱机	1764 年	第一次工业革命正式开始
	阿克莱特	水力纺纱机	1769 年	能纺出更细密、结实的纱
	克朗普顿	走锭精纺机	1779 年	集珍妮纺纱机(交替踏板)与水力纺纱机(拉伸结构)的优点于一体
动力领域	瓦特	改良蒸汽机	1785 年	人类社会正式进入"蒸汽时代"

第一次工业革命前,欧洲的传统工场以家庭为单位,实行分散化生产。随着工业生产中机器生产逐渐取代手工劳动,分散化的工场已无法适应机械化大生产的需要,为提高劳动生产率,满足日益增长的市场需求,资本家开始建设厂房,购置机器,雇佣工人集中生产,按照工人贡献大小进行绩效考核,工厂制粗具雏形。1771 年,水力纺纱机发明者阿克莱特在克罗福德建立棉纺厂,成为当时最早的一批工厂。工厂制凭借其强劲的竞争力,逐渐取代集中化的工场,成为工业部门组织生产的主要形式,社会生产方式发生根本性变革。

工业企业组织结构变革与第一次康德拉季耶夫周期相吻合:1771—1793年,经济从农业时代进入工业时代,经济发展走向顶峰;1793—1829年,经济从顶峰走向衰退,1825 年,英国发生世界上第一场资本主义经济危机。在第一次康德拉季耶夫周期内,工业企业完成由工场制到工厂制的转变。观察发现,第一次工业革命在棉纺织领域、动力领域的新发明相隔时间从 6 年到 31年不等,说明工业企业组织结构变革与朱格拉周期同样存在对应关系。

在第一次工业革命早期,中小企业比重较大,企业主掌握资本所有权的同时,负责经营管理企业,集所有权与经营权于一身。1794 年,瓦特同伯明翰铸造厂的企业主博尔顿合作,开办瓦特公司,生产、销售蒸汽机。作为公司的经营管理者,瓦特需要亲自为买主安装蒸汽机,负责蒸汽机的售后维修,财权与事权相分离的组织结构尚未形成。

三、第二次长波与股份制

股份制最早可追溯至古罗马时代。在古罗马时期,国家并不按照规定税率向纳税人征税,而是将征税权授予私商,由私商代为征收,即包税人制度。由包税人成立的股份委托公司,成为股份制的雏形。14 世纪以来,西欧商品经济的发展,一些自由民在采矿部门进行合伙经营,是股份经济的初始形态。15—16 世纪,新航路的开辟结束了世界各地相对孤立的状态,以西欧为中心的世界市场雏形开始形成。在海外贸易的刺激下,1554 年,英国成立莫斯科公司,以入股形式开展海外贸易,标志着股份制的正式形成,但传统工场依然占据统治地位。

随着第一次工业革命的深入,火车与蒸汽船相继问世,改善了交通运输条件,世界各地间的联系更加便捷,世界市场基本形成。早期所有权与经营权合一的工厂制企业已无法适应生产发展的需要,股份制不再局限于外贸企业中,逐渐成为工业企业的主要组织结构。

工业企业组织结构的变革与第二次康德拉季耶夫周期相吻合:在该阶段,资本主义经济危机频仍,先后于 1837 年、1847 年、1857 年、1866 年、1872 年发生,其中,1837 年、1872 年的经济危机危害程度最大、波及范围最广,分别居于 1829—1848 年、1848—1875 年区间内。在第二次康德拉季耶夫周期内,股份制在工业企业领域的领导地位正式确立。更进一步,各次经济危机的时间间隔为 10 年、10 年、9 年、6 年,与朱格拉周期大致对应。

工业企业股份制变革还扩展到金融领域。由于工业企业生产规模不断扩大,投融资需求趋于旺盛,直接促进股份制银行的建立。为规范股份制银行的发展,1826 年,英国政府颁行条例,为股份制银行提供制度保障,确立股份制在金融行业领域的领导地位。到 1841 年,英国股份制银行数量增加至115 家。到 19 世纪末,英国非股份制银行全部消失。

股份制先后在外贸、工业、金融领域确立主导地位,在不变更所有权的前提下,实现分散所有权的集中化,使工业企业社会劳动生产率提高。[1]

---

① 刘宏远:《论英国工业革命时期股份公司制度的创新》,山东大学硕士学位论文,2015 年。

四、第三次长波与大企业

19世纪中后期,各类科技发明层出不穷,科技成果转换速率加快,社会生产力实现巨大飞跃,第二次工业革命拉开帷幕,人类步入"电气时代"。在第二次工业革命中,以电力、石油与汽车工业为代表的重化工业取代轻纺工业,间接带动以纺织、钢铁与造船为代表的传统工业的进步,第二产业内部结构发生重大调整。

为满足资本主义大生产要求,攫取更多利润,实现规模经济,部分工业企业通过兼并,组成大企业集团,取缔资产阶级一贯倡导的自由竞争原则,控制产品生产、价格与市场,形成大型企业垄断组织,企业所有权与经营权完全分离。按照垄断程度的高低,工业企业垄断组织主要包括卡特尔、辛迪加、托拉斯、康采恩四种形式(如表5-3所示)。

表5-3　大工业企业垄断组织结构主要形式[①]

组织名称	具体含义	垄断程度
卡特尔	生产同类商品的企业间的垄断联盟。参加卡特尔的企业依然各自独立,它们经过协议来划分销售市场,规定商品的产量和各自的市场份额,制定统一的价格标准,但具有不稳定性。	低
辛迪加	生产同类商品的企业之间的垄断联盟,签有共同销售和采购原料的协定。参加辛迪加的企业虽然在生产和法律上是独立的,但在商业上失去了独立性。	较低
托拉斯	在生产工序上具有密切联系的企业联合组成的大垄断企业,参加托拉斯的企业在生产和法律上都丧失了独立地位。	较高
康采恩	出现较晚,垄断组织形式更加复杂,以一两个实力雄厚的垄断企业为核心,把许多不同部门的企业联合在一起形成的企业集团,突破了生产部门的界限,成为重要的垄断组织形式。	高

工业企业组织结构的变革与第三次康德拉季耶夫周期相吻合:1875—1890年,在1872年经济大萧条后,经济逐渐复苏,在20世纪初达到繁荣状态,经济增长达到顶峰,随后再次出现衰退迹象,1908年迎来第四次大萧条时期。在第三次康德拉季耶夫周期内,大企业集团成为工业企业最主要的生产

---

① 资料来源于吴树青、刘伟等:《政治经济学(第五版)》,高等教育出版社2011年版。

组织形式。表 5-4 列举了主要资本主义国家的大型企业集团,主要涉及电力、电器、化学、石油、汽车等重化工业。

表 5-4　主要资本主义国家大型企业集团

国家	大型企业集团
美国	摩根、库恩——洛布、洛克菲勒、芝加哥、梅隆、杜邦、波士顿、克利夫兰
英国	英国石油公司
法国	二百家族
德国	通用电气、西门子电气、莱茵——威斯特伐里亚煤业
日本	三井、三菱、住友、安田

表 5-4 中的企业均为垄断组织,但垄断程度存在差异。下面选取美国洛克菲勒为典型案例,说明大企业集团的演化历程。

作为美国八大财团之一,洛克菲勒财团从开办小型炼油厂起家,通过兼并其他炼油厂,构成卡特尔组织。随着财团在石油工业领域中的地位不断巩固,不稳定的卡特尔组织演化成为具有协议关系的辛迪加组织,控制美国 90% 以上的炼油工业。财团创始人约翰·洛克菲勒抓住机遇,成立美孚石油托拉斯,建成涵盖原油生产、炼油、运输、销售在内的全产业链条,形成对美国石油与石油产品市场的完全垄断。[①] 为限制大工业企业的垄断势力,从 1890 年到 1950 年,美国国会先后通过一系列反垄断法案,统称反托拉斯法(如表 5-5 所示)。

表 5-5　美国反托拉斯法

法案名称	颁行时间	主要内容
《谢尔曼法》	1890	任何以托拉斯或其他形式进行的兼并或共谋,任何限制州际或国际贸易或商业活动的合同,均属非法;任何人垄断或企图垄断,同其他个人、多人联合或共谋垄断州际或国际的一部分商业和贸易的,均属犯罪。违法者受到罚款或判刑。

---

① 游恒:《试析美国托拉斯的典型——美孚石油公司的发展和演变》,《史学集刊》1989 年第 2 期,第 56—63 页。

法案名称	颁行时间	主要内容
《克莱顿法》	1914	修正并加强《谢尔曼法》，禁止不公平竞争，宣布导致竞争削弱或造成垄断的不正当做法均为非法。不正当做法包括价格歧视、排他性或限制性契约、公司相互持有股票、董事会成员相互兼任。
《联邦贸易委员会法》	1914	建立联邦贸易委员会作为独立管理机构，授权防止不公平竞争以及商业欺骗行为，包括禁止伪假广告和商标等。
《罗宾逊—帕特曼法》	1936	卖主为消除竞争而实行各种形式的价格歧视为非法，以保护独立的零售商和批发商。
《惠特—李法》	1938	修正、补充《联邦贸易委员会法》，宣布损害消费者利益的不公平交易为非法，以保护消费者。
《塞勒—凯弗维尔法》	1950	补充《谢尔曼法》，宣布任何公司购买竞争者的股票或资产，减少实质上的竞争造成垄断的做法为非法；禁止大公司间和大公司对小公司一切形式的兼并，包括横向兼并、纵向兼并与混合兼并。

资料来源：高鸿业，刘文忻. 西方经济学：微观部分（第四版）[M]. 北京：中国人民大学出版社，2007.

在反垄断的压力下，美孚石油托拉斯被迫解散，分立为 38 家独立公司，但洛克菲勒财团在 38 家公司中均占有 25% 的股份，反垄断法并未从根本上遏制垄断势力，大企业集团在博弈中进一步巩固，成为第三次长波时期工业企业组织结构典型代表。

五、第四次长波与福特制

20 世纪四五十年代，人类在科学技术领域取得突破性进展，以原子能技术、航天技术、电子计算机技术为代表的高新技术相继问世，社会生产力实现飞跃式发展。在此宏观背景下，生产规模化在发达资本主义国家迅速扩散，工业企业组织结构呈现出典型的福特制特征，以福特公司为典型代表，实行精细化分工，通过流水线作业开展大批量生产，成为新型工业企业组织结构的代名词，资本主义生产方式发生历史性变革。

工业企业组织结构的变革与第四次康德拉季耶夫周期相吻合：1908—1929 年，经济达到顶峰，开始出现衰退现象，到 1929 年跌落至谷底；1929—

1971 年,经济从谷底开始复苏,随着二战后国家资本主义的出现,复苏速率加快。在第四次康德拉季耶夫周期内,福特制成为工业企业组织结构最突出的特征。

福特汽车公司由亨利·福特与十一位合伙人在美国密歇根州创立,公司成立几周后,生产的 A 型车成功出口至加拿大。为进一步提高劳动生产率,公司根据可互换性原理,开发专用机械设备,于 1908 年成功研发出 T 型车,不到十年时间,福特汽车挺进国际市场。[①] 面对庞大的市场需求,福特公司在实践中探索出以流水线生产、纵向一体化为指导原则的运营模式,实施大规模生产。在流水线生产模式下,对劳动概念与劳动执行不断细分,工作任务被分割成小块,每位工人只承担单项组装工作,工人培训成本明显下降,经训练的低技能工人在短时间内即可从事生产,生产组织效率大幅提升。1909—1916 年,福特公司汽车产销量稳步上升,零售价持续下降,汽车制造平均生产时间由 12 小时 8 分钟降为 1 小时 33 分钟,缩短为原来的 1/11。下表(表 5-6)反映了流水线生产模式下福特公司经营状况。

表 5-6　流水线生产模式下福特公司经营状况

年份	汽车产量（辆）	汽车销量（辆）	零售价（美元）	年份	汽车产量（辆）	汽车销量（辆）	零售价（美元）
1909	13840	12292	950	1910	20727	19293	780
1911	53488	40402	690	1912	82388	78611	600
1913	189088	182809	550	1914	230788	260720	490
1915	394788	355276	440	1916	585388	577036	360

资料来源:王乐. 福特制与后福特制比较下企业竞争优势的经济学分析[D]. 呼和浩特:内蒙古财经大学,2014.

受福特制的影响,每位工人需要完成的动作与工作速率,由横向分割的科层化部门控制的技术系统决定,科层化部门实现对流水线生产作业的完全控制,一线工人在劳动过程中丧失自主性。

福特制的成功实施与推广,使在 20 世纪 30 年代初一度濒临崩溃的世界市场得以恢复,成为多国工业企业遵循的典范。尽管二战后兴起了"人民资

---

① 林季红:《简析美国汽车业跨国公司的经营战略——以福特汽车公司为例》,中国经济问题 2007 年第 4 期,第 67—72 页。

本主义"与"经营者革命"的浪潮,工业企业股权呈现分散化趋势,企业所有者控制力下降,但企业决定权依然掌握在大股东手里,福特制体现出超民族的统一性。①

20世纪70年代初,资本主义国家开始出现滞涨现象,社会再生产的良性循环被打破,工业企业科层式组织结构抹杀产业工人积极性,通过优化劳动过程提高劳动生产率越加困难。受第三次技术革命的冲击,消费需求日趋个性化、多元化,福特制受到冲击,工业企业组织结构信息网络化时代即将到来。

六、第五次长波与扁平化、网络化

20世纪50年代末期,第一块集成电路板问世,电子产品日趋小型化、智能化,精密性与稳定性也实现质的飞跃,为电子计算机的普及、互联网的诞生奠定基础。20世纪60年代末期,互联网正式诞生,成为20世纪70年代以来新技术革命的重要波动源。受互联网的影响,电子芯片、目标导向数据库、传感数控机床的性能得到提升,工业企业可根据顾客个性化需求,生产量身定制的产品,工业企业的柔性制造系统(FMS)粗具规模。

工业企业组织结构的变革与第五次康德拉季耶夫周期相吻合:1971—2007年,在1973年经济发展跌落谷底后,以知识经济为基础,以信息技术为主导的新兴增长模式日益成熟,经济总体呈现繁荣态势,未出现席卷世界的经济大危机;2007—2008年,全球金融危机爆发,经济运行至谷底,2008年以后,世界经济开始缓慢复苏。在第五次康德拉季耶夫周期内,扁平化、网络化成为工业企业组织结构最突出的特征。随着技术更迭速率加快,工业企业组织结构变革周期存在缩短趋势,与基钦周期与朱格拉周期相吻合。

一方面,在"互联网+"时代,信息搜寻、传递成本明显降低,部门间信息通达度提高,科层组织协调部门信息沟通的优势消失,工业企业组织结构呈现扁平化趋势。另一方面,在互联网环境下,知识溢出效应显著,加上生产日趋碎片化,工业企业内部专业化分工水平提高,组织结构呈现出网络化特征。

历经两百多年发展,工业企业组织结构变革在很大程度上受经济周期、

---

① 姜希伦:《"人民资本主义"论评析及其启示意义》,内蒙古民族大学学报:社会科学版2012年第6期,第119—122页。

技术革命的影响,呈现出扁平化、网络化的演化趋势。具体而言,前四次长波内,工业企业组织结构是框架内的调整,本质上仍是科层组织;第五次长波内,工业企业组织结构是框架外的调整,科层组织日趋扁平化、网络化。

第二节　从科层组织演化为扁平化组织

随着互联网技术的普及、人员的技术化程度的提高以及民主化思想的高涨,扁平化组织逐步取代科层组织,成为工业企业组织结构变革的必然趋势。本节在梳理科层组织具体形态的基础上,归纳科层组织的弊端,运用威廉姆森的等级控制理论,分析"互联网＋"背景下工业企业组织结构的扁平化趋势及扁平化组织的具体形态。在此基础上,以日本三菱集团为例,具体说明工业企业从科层组织向扁平化组织的演化。

一、科层组织

(一)科层组织的具体形态

科层组织存在多种具体形态。其中,直线型结构是科层组织最初始的形态(如图 5-1 所示)。直线型结构诞生于工业化早期,由企业所有者直接领导下属员工,此时企业所有权与经营权往往是统一的。随着社会生产力的不断发展,企业组织结构演化出职能型、直线职能型两种基本形态。下面将简单介绍上述两种基本形态,选取工业企业典型案例予以佐证。

当企业具备一定规模后,企业所有者无法直接领导全部企业员工,企业根据研发、采购、生产、营销、技术价值链,将任务细分,建立相应的职能部门,形成职能型结构(如图 5-2 所示)。

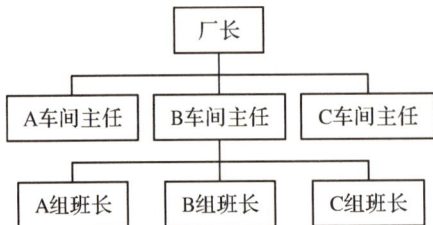

图 5-1　直线型结构

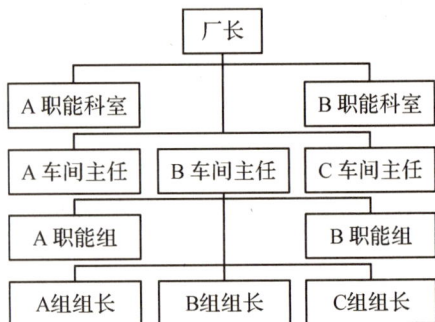

图 5-2　职能型结构

资料来源：于斌.组织理论与设计[M].北京：清华大学出版社，2014.

在职能型结构的基础上，演化出直线职能型结构。在直线职能型结构下，企业由直线指挥机构与职能机构组成：直线指挥机构在职责范围内拥有决定权，对所属部门的全部工作负责；职能机构作为直线指挥机构的参谋，为部门业务提供参考性意见，不直接对具体工作负责。直线职能型结构吸收了直线型结构直接领导、统一指挥的长处，又吸收职能型结构的长处，实现有效分工，日本三菱重工业集团属于典型的直线职能型结构（如图 5-3 所示）。

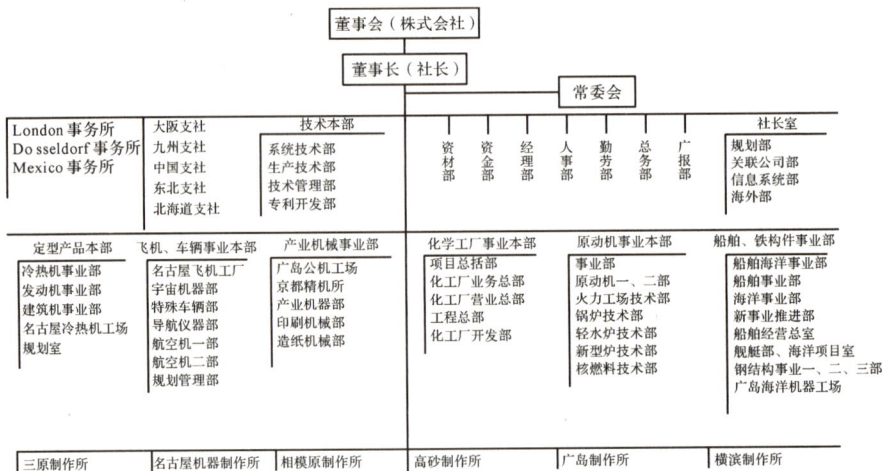

图 5-3　三菱重工业集团组织结构图

资料来源：段从清.企业战略管理[M].武汉：湖北人民出版社，2011.

由图 5-3 可知，作为直线职能型结构的典型代表，三菱集团根据企业业务范围，在董事会下分设技术本部，定型产品本部，飞机、车辆事业本部，产业机械事业本部,化学工厂事业本部,原动机事业本部,船舶、铁构件事业部等7个二级部门。在各二级部门下,根据二级部门的具体需要,设立三级部门,各司其职,保证三菱集团的平稳运行。在各个二级部门内,设有直线指挥机构、职能机构两套管理系统,相互配合,为三菱集团的正常运转保驾护航。

(二)科层组织的弊端

20世纪80年代以来,随着新一轮技术革命的兴起,信息技术实现快速发展,传统科层组织的弊端日益暴露,互联网对企业组织结构变革的影响越来越强大。本部分将说明互联网技术对一般性企业组织结构变革的影响,提升研究的适用性。在本节第三部分的分析中,再落实到工业企业,把握工业企业科层组织趋于扁平化的一般规律。

科层组织的弊端主要包括:

第一,部门中心主义严重。不论是部门型结构、地域型结构,还是多事业部结构,均容易导致各职能部门以自我为中心,相互倾轧,阻碍企业实现愿景,践行使命。在"互联网+"时代,企业不同部门间的内生联系、不同企业间的外生联系愈发紧密,存在众多利益交集。传统科层制下,各个部门的成员将所在部门目标放在首位,牺牲全局利益,追求个别利益的现象时有发生,不仅会阻碍企业间的良性合作,引发恶性竞争,还会损害企业自身的利益,与实现利益最大化的目标背道而驰,实现科层组织扁平化迫在眉睫。[①]

第二,管理、沟通成本增加。法国著名管理顾问格拉丘纳斯研究发现,管理层次与组织规模成正比,与管理幅度呈反比,大致服从以下规律:$N = n(2^{n-1} + n - 1)$,$n \in (6,12)$,其中,N表示需要协调的人际关系数,n表示直接向一位上级报告的下级人数。[②] 在经济全球化时代,企业组织规模不断扩大,组织管理层次增加。与此同时,互联网覆盖范围扩大,信息传递速率加快,管理幅度增加,减少组织管理层次。相比之下,后者力量更强大,使管理层次总体呈减少趋势,企业组织结构呈现扁平化态势。

第三,缺乏灵活性、适应性。在工业化初期,为最大限度地满足市场需

---

① 季成:《企业网络化组织结构研究》,东北财经大学硕士学位论文,2006年。

② 周三多、陈传明、贾良定:《管理学——原理与方法》,复旦大学出版社2014年版,第87—90页。

求,具有统一领导、统一指挥、权责明确、分工专业等特征的科层制,成为企业最重要的组织结构。在互联网时代,市场环境瞬息万变,消费者需求日益个性化、多元化,传统科层组织批量化生产开发模式已不能满足市场需求,企业组织结构变革具有外部压力。此外,网络经济也催生现代传媒业的发展,企业员工通过 PC 端、手机端能获取更丰富的新闻资讯,自我意识显著增强。然而,传统的科层组织强调自上而下的权力构架,不利于员工发挥积极性,企业组织结构变革具有内在动力。在内因与外因的共同作用下,企业组织扁平化趋势越来越明显。

二、科层组织扁平化:基于威廉姆逊等级控制理论

在"互联网＋"时代,传统科层组织的弊端日益显现,企业组织结构扁平化成为不可阻挡的趋势。本部分将运用威廉姆逊等级控制理论,说明互联网环境下,企业组织结构的扁平化趋势。

(一)基本假定

假定市场完全竞争,所有企业均为价格接受者,以实现利润最大化为目的。在此基础上,相关参数具体设定如下:

1.各家企业均为科层组织,设有 m 个管理层级,第 m 层管理第 $m+1$ 层的人数为 s。根据上述假定,第 1 层人数为 1,第 2 层人数为 s,第 3 层人数为 s^2,...,第 m 层人数为 s^{m-1}。在科层组织中,第 m 层的产业工人处在生产第一线,因此,假定第 1 层至第 $m-1$ 层均为脱产干部。

2.在科层组织内,各层次对下一层次的控制力度随相隔层次的增加而减弱,基于此,设 α 为失控参数,$0 \leqslant \alpha \leqslant 1$,即每往下延伸一个管理层,全要素生产率会下降 $(1-\alpha)$%。

3.工资水平随管理层级的提高而提高。具体设定如表 5-7 所示。

4.每单位产量的平均成本为 r。

表 5-7　管理层级与劳动工资

管理层次	1	2	3	⋯	GYm－1GY	GYmGY
人数	1	GYsGY	GYs²GY	⋯	GYs^{m-2}GY	GYs^{m-1}GY
平均工资水平	$\beta^{m-1}w0$ $\beta^{m-1}w0$	$\beta^{m-2}w0$ $\beta^{m-2}w0$	$\beta^{m-3}w0$ $\beta^{m-3}w0s^2$	⋯	βw_0 $\beta w0s^{m-2}$	GYw0GY $w0s^{m1}$
工资成本				⋯		

(二)函数设定

不考虑资本贡献率,产值 GYQGY 为产业工人劳动投入的函数,将生产函数设为:

$$GYQ=\theta(\alpha s)^{m-1}GY \tag{1}$$

其中,GYθGY 为互联网环境下企业的全要素生产率,满足 GYθ＞0GY。由式(1)可知,产业工人总数为 GYs^{m-1}GY,最终只有 GYα^{m-1}GY 继续在企业内从事生产工作,即产值为最终保留下来的全要素生产率的函数。

企业的总成本由劳动力要素成本与非劳动力要素成本构成。劳动力要素成本如表 5-7 所示,非劳动力要素成本设为 GYrQGY。总成本函数为:

$$GYC(Q)=\sum_{i=1}^{m}\beta^{m-i}w0s^{i-1}+rQGY \tag{2}$$

其中,$GY\sum_{i=1}^{m}\beta^{m-i}s^{i-1}=\beta^{m-1}+\beta^{m-2}s+\beta^{m-3}s^2+\cdots+\beta s^{m-2}+s^{m-1}GY$ (3)

在式(3)两边同时乘上 GY(s－β)GY,得:

$$GY(s-\beta)\sum_{i=1}^{m}\beta^{m-i}s^{i-1}=s\beta^{m-1}-\beta^m+s^2\beta^{m-2}-\beta^{m-1}s+\beta^{m-3}s^3+\cdots+s^mGY$$

$$GY=s^m-\beta^mGY \tag{4}$$

则 $GY\sum_{i=1}^{m}\beta^{m-i}s^{i-1}=\dfrac{s^m-\beta^m}{s-\beta}GY$ (5)

总成本函数为:$GYC(Q)=w0\cdot\dfrac{s^m-\beta^m}{s-\beta}+rQGY$ (6)

根据生产函数与总成本函数,求得利润函数:

$$GY\pi=pQ-rQ-w0\cdot\dfrac{s^m-\beta^m}{s-\beta}=\theta(p-r)(\alpha s)^{m-1}-w0\cdot\dfrac{s^m-\beta^m}{s-\beta}GY \tag{7}$$

将式(7)视为管理层级 GYmGY 的函数,即 GYπ＝π(m)GY,计算一元函数的一阶、二阶条件:

$$\frac{d\pi}{dm} = \theta(p-r)(\alpha s)^{m-1}\ln(\alpha s) - w_0\frac{s^m\ln s - \beta^m\ln\beta}{s-\beta} = 0 \quad (8)$$

$$\frac{d^2\pi}{dm^2} = \theta(p-r)(\alpha s)^{m-1}(\ln\alpha s)^2 - w_0\frac{s^m(\ln s)^2 - \beta^m(\ln\beta)^2}{s-\beta} < 0 \quad (9)$$

由式(8)、式(9)可知,企业的边际利润率会随管理层级 m 的增加而下降,根源是科层组织结构的内生缺陷:一方面,当管理层级增加,信息在传输过程中可能发生扭曲;另一方面,由于管理层级增加,监督力度会层层递减,导致失控程度加剧。

在互联网环境下,企业内部信息沟通渠道更加通畅,信息传输与获取成本降低,全要素生产率明显提高。为进一步说明互联网普及对企业运营管理的影响,将企业利润函数 π 视为全要素生产率 θ、管理层级 m 的函数,即 $\pi=\pi(\theta,m)$。该二元函数的极值条件为:

$$\begin{cases} \dfrac{\partial\pi}{\partial\theta} = (p-r)(\alpha s)^{m-1} = 0 \\[3mm] \dfrac{\partial\pi}{\partial m} = \theta(m-1)(p-r)\alpha^{m-1}s^{m-2} - \dfrac{mw_0}{s-\beta}(s^{m-1}-\beta^{m-1}) = 0 \end{cases} \quad (10)$$

由上述二元方程组可知, $\theta = \dfrac{mw_0(s^{m-1}-\beta^{m-1})/s-\beta}{(m-1)(p-r)\alpha^{m-1}s^{m-2}}$, $\dfrac{d\theta}{dm}<0$,全要素生产率 θ 与管理层级 m 存在此消彼长的关系。在互联网环境下,企业全要素生产率显著提高,企业不同部门间的配合更加协调,科层组织趋于扁平化,管理层级数减少,进而提高企业边际利润率。

(三)进一步分析:来自市场结构变动的冲击

互联网的发展促进了市场机制的完善,集中体现为显著的知识溢出效应,企业在研发、采购、生产、营销、技术价值链的各个环节均实现信息共享。除少数自然垄断行业外,绝大多数行业部门趋于完全竞争,价格、竞争、供求三大市场机制在资源配置中发挥着决着定性作用。下面进一步分析互联网环境下,市场结构变动对企业组织结构变革的冲击。

参照古诺模型,设定企业面临的市场需求函数:

$$p = a - b(q_1 + q_2 + \cdots + q_N) = a - b\cdot\sum_{i=1}^{N}q_i = r + b(s_r - Q) \quad (11)$$

其中,企业 i 的产值 $q_i = \theta(\alpha s)^{m_i-1}$,市场需求总量 $Q = \sum_{i=1}^{N}q_i$, $s_r = (a-r)/b$ 。企业 i 的利润函数为:

$$GY\pi i = (p-r)qi - w0\frac{s^{mi}-\beta^{mi}}{s-\beta} = b(sr-Q)qi - w0\frac{s^{mi}-\beta^{mi}}{s-\beta}GY \tag{12}$$

$$GY = b(sr-Q)\theta(\alpha s)^{mi-1} - w0\frac{s^m-\beta^m}{s-\beta}GY$$

利润函数 $GY\pi iGY$ 为管理层级 $GYmiGY$ 的函数，求出企业内部不同层级的反应函数：

$$GY\frac{d\pi i}{dm} = \theta b\{si - \theta[\sum_{j\neq i}(\alpha s)^{mj-1} + 2(\alpha s)^{mi-1}]\}(\alpha s)^{mi-1}ln(\alpha s) - w0\frac{s^{mi}-\beta^{mi}ln\beta}{s-\beta} = 0GY$$

$$\tag{13}$$

对式（13）施加对称条件 $GYmi = mj = mGY$，式（13）化为：

$$GY\theta b[sr - \theta(n+1)(\alpha s)^{m-1}](\alpha s)^{m-1}ln(\alpha s) - w0\frac{s^m lns - \beta^m ln\beta}{s-\beta} = 0GY$$

$$\tag{14}$$

为说明市场结构变化对企业组织结构变革的影响，将式（14）作为隐函数 $GYF(m,N)GY$，根据隐函数存在定理，得：

$$GY\frac{\partial m}{\partial N} = -\frac{\partial F/\partial N}{\partial F/\partial m} = \frac{b\theta^2[ln(\alpha s)](\alpha s)^{2(m-1)}}{\partial^2\pi/\partial m^2}GY$$

由于 $GY\partial^2\pi/\partial m^2 < 0GY$，则 $GY\partial m/\partial N < 0GY$，说明市场结构 $GYNGY$ 与企业组织结构 $GYmGY$ 存在逆向关联：市场趋向完全竞争，企业管理层级 $GYmGY$ 越少，科层组织结构的作用越弱；市场趋向完全垄断，企业管理层级 $GYmGY$ 越多，科层组织结构的作用越强。随着互联网的普及，企业间实现信息共享，众多行业的市场准入门槛降低，科层组织日益扁平化。

根据上述分析，互联网对企业组织结构变革的作用机制为（如图 5-4 所示）：

互联网普及 → 信息交流通畅 → 市场趋于完全竞争 → 科层组织扁平化

图 5-4 互联网对企业组织结构变革的作用机制

三、扁平化组织

威廉姆逊等级控制理论表明，在互联网环境下，工业企业科层组织结构趋于扁平化,本部分将系统说明扁平化组织的具体形态,在此基础上,结合日本三菱集团组织结构变革的具体案例加以分析。

(一)扁平化组织的具体形态

与科层组织类似,扁平化组织同样存在多种具体形态,主要包括多事业部结构与矩阵型结构两种。多事业部结构也称为 M 型结构,以集中决策、分散经营为指导原则,以分权为突出特点,企业权利被分散到各个部门。相较于职能型结构,多事业部结构的集权程度更低,各职能部门的自主性更强,本研究将多事业部结构归为扁平化组织的具体形态。

多事业部结构体现出典型的业务导向特征,建立若干利润中心,每个利润中心内部按照直线型组织的方式开展工作。多事业部结构适应了大规模生产与多样化经营的需要,充分调动组织内各部门的能动性(如图 5-5 所示)。

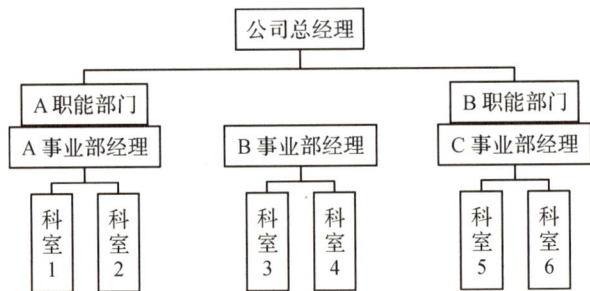

图 5-5 多事业部结构

资料来源:于斌. 组织理论与设计[M]. 清华大学出版社,2014.

由于企业市场范围扩大,从 20 世纪 70 年代中后期开始,美国、德国、日本企业内部出现"超事业部制组织结构",在企业股东大会与理事会之间增加了执行部,具体负责产品、市场、技术等方面的决策性问题,作为企业股东大会的辅助。西门子集团属于典型的多事业部结构,超事业部制特征明显(如图 5-6 所示)。

由图 5-6 可知,作为多事业部结构的典型代表,西门子集团先后成立电子元件部、动力工程与自动化部、电气设备与安装部、通信与信息系统部、医疗设备部、电讯与防卫系统部六个二级部门。从纵向看,各二级部门内部均包括企业经济部、财务部、人事部、研究开发部、销售部,完成各二级部门的具体

股东大会						
理事会						
	电子元件部	动机工程与自动化部	电气设备与安装部	通信与信息系统部	医疗设备部	电讯网络与防卫系统部
企业经济部	企业经济部	企业经济部	企业经济部	企业经济部	企业经济部	企业经济部
财务部	财务部	财务部	财务部	财务部	财务部	财务部
人事部	人事部	人事部	人事部	人事部	人事部	人事部
研究开发部	研究开发部	研究开发部	研究开发部	研究开发部	研究开发部	研究开发部
销售部	销售部	销售部	销售部	销售部	销售部	销售部
国内:7家分公司 国外:42家分公司 14家办事处 72家代理商	国内:7个工厂 国外:13个工厂	国内:12个工厂 国外:28个工厂	国内:12个工厂 国外:22个工厂	国内:7个工厂 国外:14个工厂	国内:3个工厂 国外:12个工厂	国内:10个工厂 国外:16个工厂

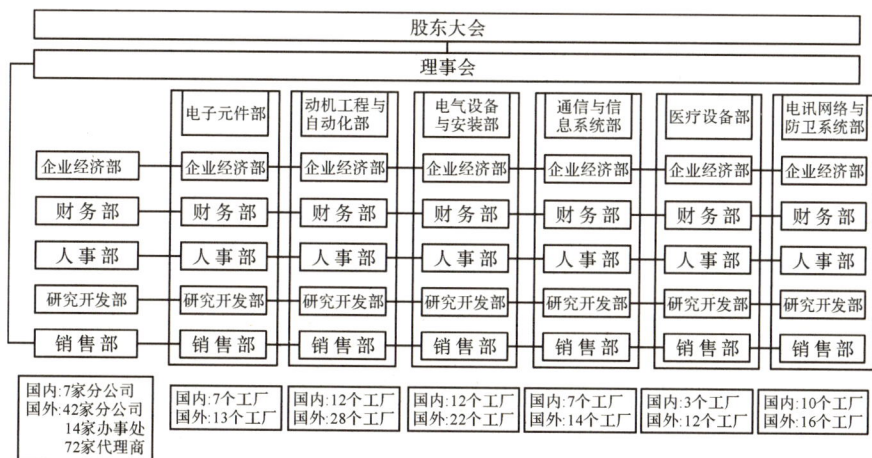

图 5-6　西门子集团组织结构图

资料来源:段从清.企业战略管理[M].武汉:湖北人民出版社,2011.

业务。从横向看,西门子集团设立企业经济总部、财务总部、人事总部、研究开发总部等,统筹相应部门的具体工作,为西门子战略目标的实现提供保障。与传统科层组织相比,西门子集团内仅设两级组织,组织层级明显减少,扁平化特征明显。

母子公司式结构与多事业部结构具有相似性,本研究不做展开。母子公司式结构与多事业部结构的主要区别在于:母公司与子公司间并非行政上的隶属关系,而是存在资产关联。

与多事业部结构不同,矩阵型结构由横纵两套管理系统交错而成,是企业为完成某项特殊的任务而成立。矩阵型结构突破传统命令统一原则,企业员工同时接受直线与职能两方面领导(如图 5-7 所示)。[①]

20 世纪 70 年代以来,福特公司科层式组织结构使员工积极性不足,通过劳动过程的科学化以提高劳动生产率日益困难,建立在标准化、长周期基础上的福特主义难以为继。针对这一现象,福特公司探索性建立矩阵型结构,增强生产过程与劳动关系的灵活性,形成后福特主义的生产模式(如图 5-8 所示)。

---

① 姜凯宜:《矩阵式结构在中小型企业市场部组织设计中的运用》,《当代经济》2016 年第 22 期,第 61—63 页。

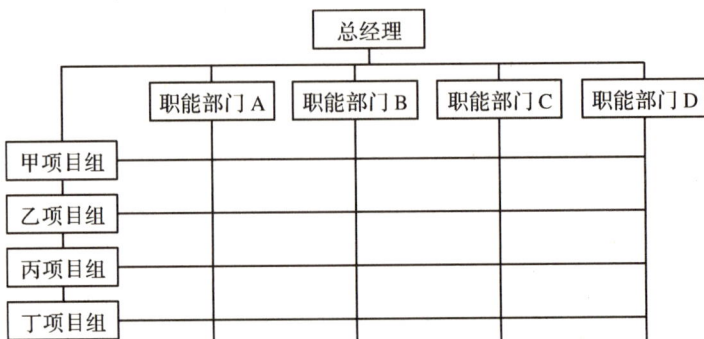

图 5-7　矩阵型结构

资料来源:于斌. 组织理论与设计[M]. 北京:清华大学出版社,2014.

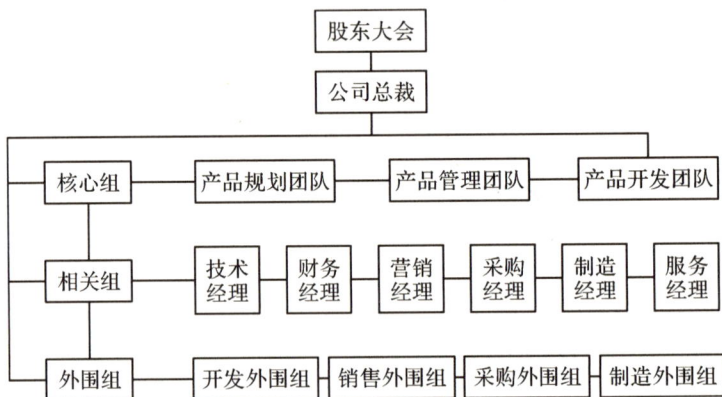

图 5-8　当代福特公司组织结构

不仅福特公司,包括许多类型的工业企业、医院、咨询公司、银行、保险公司、政府部门在内,都尝试性建立了矩阵型结构,适应网络化时代需要。但需要明确的是,实施矩阵型结构应当具备三个前提:第一,产品线间存在稀缺资源共享的压力;第二,存在对两种或两种以上重要产出的外在环境压力;第三,组织面临的外部环境具有复杂性、系统性、不确定性。①

---

①　王雪莉,张力军:《企业组织革命》,中国发展出版社 2005 年版,第 43 页。

(二)案例:三菱集团科层结构扁平化

前文基于静态视角,对科层组织与扁平化组织进行案例分析,并从理论层面入手,说明互联网环境下,工业企业科层组织的扁平化趋势。下面将基于动态视角,以日本三菱集团为例,分析"互联网＋"背景下工业企业组织科层结构扁平化演化轨迹。

从 20 世纪 80 年代初开始,日本工业企业的发展大致经历了起步阶段(1981—1992)、商业化阶段(1993—1999)、"e-Japan"阶段(2000—2003)、"u-Japan"阶段(2004—2013)、"i-Japan"阶段(2014—至今)。据统计,截至 2014 年底,日本总人口数为 1.27 亿,其中互联网用户达 1.09 亿,互联网渗透率高达 86％,居于世界第 7 位。[①] 图 5-9 反映了 2000—2012 年日本互联网渗透率的变化情况。

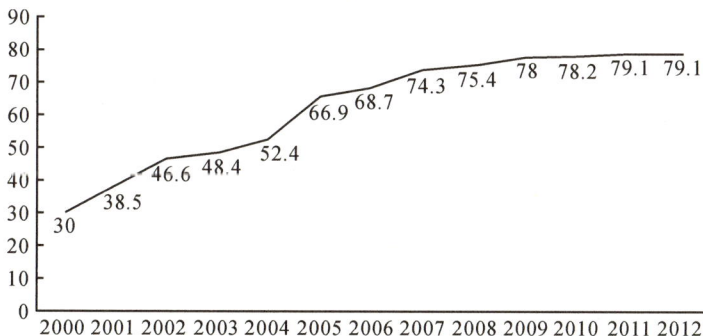

图 5-9　2000—2012 年日本互联网渗透率变化(单位:％)

资料来源:王超. 三菱集团企业治理结构的变化[D]. 长春:东北师范大学,2014.

互联网的快速发展为三菱集团传统科层组织结构的变革带来契机,集团内部组织结构出现扁平化趋势,表现在三方面:

第一,增强股东大会功效。在科层组织与扁平化组织中,股东大会在企业治理结构中的地位存在差异。作为现代企业治理结构的核心,增强股东大会功效能有效推动科层组织扁平化。三菱集团在推进组织结构扁平化进程中,注重增强股东大会功效。主要措施包括:第一,保证股东大会召开时间的

---

① 王超:《三菱集团企业治理结构的变化》,东北师范大学硕士学位论文,2014 年。

合理性,降低中小股东参会成本,让尽可能多的股东都能参加股东大会;第二,延长股东大会时长,确保广大股东拥有充分的时间反映诉求;第三,在会前举办经营报告会、决算说明会、经验座谈会,为股东大会的顺利召开做铺垫。在上述措施的保障下,三菱集团股东大会的功效明显增强,避免股东大会流于形式。

第二,独立董事数量增加。独立董事能对企业运营做出独立判断,具备以下两个条件:第一,不在企业内部任职;第二,与企业实际经营者不具有直接联系。独立董事数量的增加,有利于企业向"盎格鲁—撒克逊"模式转变,加速科层组织扁平化进程。表5-8、表5-9反映了三菱集团四家下属子企业自21世纪初以来独立董事占比的变化情况。

表5-8 三菱集团成员企业独立董事变化(1)

年度	日本邮船株式会社				三菱地所株式会社			
	半独立董事	独立董事	董事会人数	独立董事占比	半独立董事	独立董事	董事会人数	独立董事占比
1999	0	0	25	0%				
2000	0	0	25	0%	3	1	28	14.3%
2001	0	0	25	0%	2	1	28	10.7%
2002	0	0	22	0%	1	1	8	25.0%
2003	0	0	16	0%	1	1	10	20.0%
2004			17	0%	0	1	11	9.1%
2005	0	0	14	0%	3	0	11	27.3%
2006	0	0	14	0%	3	1	13	30.8%
2007	0	0	14	0%	3	1	13	30.8%
2008	1	1	16	12.5%	3	1	14	28.6%
2009	1	1	13	15.4%	3	1	13	30.8%
2010	1	1	13	15.4%	3	1	14	28.6%
2011	1	1	13	15.4%	3	1	13	30.8%
2012	1	1	13	15.4%	3	1	13	30.8%

表 5-9　三菱集团成员企业独立董事变化（2）

年度	三菱商事株式会社				三菱树脂株式会社			
	半独立董事	独立董事	董事会人数	独立董事占比	半独立董事	独立董事	董事会人数	独立董事占比
2002	2	1	18	16.7%				
2003	2	2	16	25.0%	1	0	6	16.7%
2004	2	2	17	23.5%	1	0	5	20%
2005	2	2	18	22.2%	1	0	5	20%
2006	2	3	20	25.0%	2	0	6	33%
2007	2	3	15	33.3%	4	0	6	67%
2008	2	3	15	33.3%	5	0	6	83%
2009	2	3	15	33.3%	6	0	9	67%
2010	2	3	13	38.5%	5	0	8	62.5%
2011	2	3	12	41.7%	6	0	8	75%
2012					6	0	8	75%

资料来源：王超. 三菱集团企业治理结构的变化[D]. 长春：东北师范大学，2014.

由表 5-8、表 5-9 可知，21 世纪初以来，四家子企业中独立董事占比均呈提高趋势，其中三菱树脂株式会社独立董事占比已超过 50%。三菱集团下属各子企业的独立董事可分为半独立董事、独立董事两类。半独立董事主要由大股东企业法人、金融机构、关联公司等机构的互派人员组成，加强企业与相关机构间的联系，降低科层组织的运营管理成本。独立董事主要由高级政府官员、高等教育机构在岗教师构成，成为企业经营者倾听外部股东意见的重要渠道。由于独立董事占比增加，三菱集团内部实际经营者独大的局面得以改善，分散了位于科层组织顶端的经营者的权力，充分考虑广大普通股东的合法利益，三菱集团良好的信誉与品牌形象得以树立。

第三，监事会独立程度提高。监事会在企业中主要发挥了监督董事会、经营者，保障股东合法权益的作用。在科层组织结构下，监督权归企业实际经营者所有，容易产生权力的真空地带，在企业内部滋生腐败。但近年来，三菱集团吸收非经营者作为监事会成员，增强监事会的独立性。表 5-10 反映了三菱集团监事会中非经营者占比的变化情况。

表 5-10　三菱集团监事会中非经营者占比变化

年度	尼康株式会社			三菱树脂株式会社			日本邮船株式会社			三菱商事株式会社		
	非经营者	监事会人数	占比	非经营者	监事会人数	占比	非经营者	监事会人数	占比	非经营者	监事会人数	占比
2003	2	4	50%	3	4	75%	2	4	50%	3	5	60%
2004	2	4	50%	3	4	75%	2	4	50%	3	5	60%
2005	2	4	50%	3	4	75%	2	4	50%	3	5	60%
2006	3	5	60%	3	4	75%	2	4	50%	3	5	60%
2007	3	5	60%	3	4	75%	2	4	50%	3	5	60%
2008	3	5	60%	3	4	75%	2	4	50%	3	5	60%
2009	3	5	60%	3	4	75%	2	4	50%	3	5	60%
2010	3	5	60%	3	4	75%	2	4	50%	3	5	60%
2011	3	5	60%	3	4	75%	2	4	50%	3	5	60%
2012	3	5	60%	3	4	75%	2	4	50%	3	5	60%

资料来源:王超. 三菱集团企业治理结构的变化[D]. 长春:东北师范大学,2014.

由表 5-10 可知,非经营者在三菱集团下属各子企业监事会中的占比均在 50% 以上,监事会人员结构较为稳定。非经营者自身利益与企业不直接挂钩,保障监督职能的充分发挥。

第四,机构投资者地位提升。日本证券交易市场起步较早,体制较为完善,各大上市公司股权持有相对分散,为实现机构投资者对上市公司的有效监督提供可能性,企业经营者的实际权力进一步分散。随着企业股东话语权的提升,实际经营者的势力进一步削弱,加快科层组织的扁平化进程。

总体上看,科层组织中,企业经营者通常集决策职能、监督职能、执行职能于一体,不利于建立现代公司法人治理结构。扁平化组织中,决策职能、监督职能、执行职能发生分离,分属董事会、监事会、总经理,彼此相互牵制,维护股东正当权益,有利于工业企业的长远发展。

第三节 从扁平化组织演化为网络化组织

网络化组织是在扁平化组织的基础之上延伸而来的组织结构,通过制定契约同其他组织产生关联。在日新月异的信息化社会,网络化组织焕发出旺盛的生机。

传统科层组织适应了工业社会大机器生产的需要,成为工业经济时代企业典型的组织形式,属于典型的机械型组织。随着"互联网＋"时代的到来,工业生产迈入 4.0 时代,科层组织的弊病日益暴露,工业企业面临的外部环境充满不确定性,为有机型组织的诞生提供外部条件。在互联网的刺激下,市场环境呈现知识化、数字化的发展趋势,传统二分法约束被打破,市场、企业间网络化组织与企业三者协同发力的格局渐趋形成。[①] 本研究提到的网络化组织,包括企业内部与外部的网络化组织两种形态,下面结合具体案例展开详细说明。

一、内部网络化组织

企业内部网络化组织由总部和相对独立或自治的组织单元构成,通过现代信息技术联系组织内各职能部门。作为网络化组织的技术平台,互联网为企业有效、动态地利用企业内部资源提供技术保障,更有效率地向分权化的职能部门传递有效信息,通过信息共享应对组织内信息不对称的情况,组织单元之间形成互利合作的关系网络。具体而言,企业内部网络化组织包括稳定型、动态型两种,下面分别予以说明。

第一,稳定的网络化组织。稳定的网络化组织中的单元在一定时期内持续存在,与企业经营者间的联系较稳定(如图 5-10 所示)。

由图 5-10 可知,总部与单元共同构成网络化组织中的结点,其中,总部由企业股东大会、董事会、总经理构成,单元由企业相关职能部门、功能团队构

---

① 王鑫鑫:《网络经济下的企业组织变革研究》,华中师范大学硕士学位论文,2004 年。

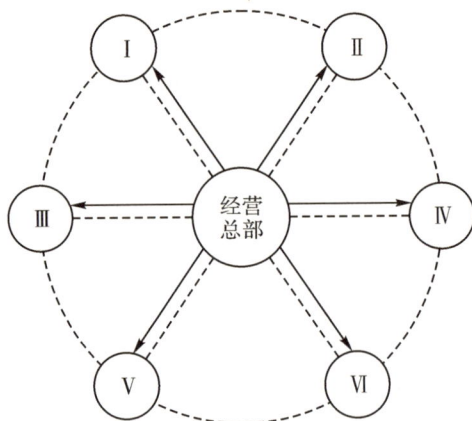

图 5-10 稳定的网络化组织

资料来源:徐炜. 企业组织结构[M]. 北京:经济管理出版社,2008.

成,通过企业内部局域网与总部建立稳定联系。此外,各单元同样是通过互联网技术,形成有机整体。

第二,动态的网络化组织。动态的网络化组织中的组织单元具有可变性,会根据具体工作任务适时调整,与企业经营者保持动态关联(如图 5-11 所示)。

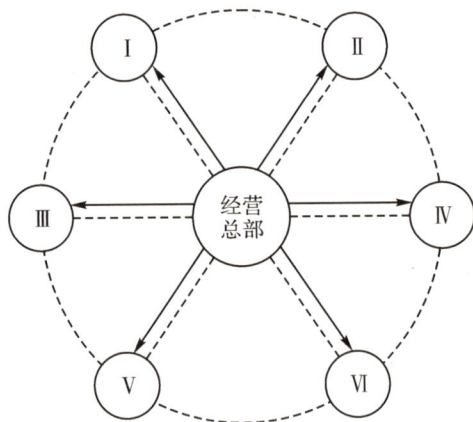

图 5-11 动态的网络化组织

资料来源:徐炜. 企业组织结构[M]. 经济管理出版社,2008.

由图 5-11 可知,与稳定的网络化组织的最大区别在于,动态的网络化组织中的单元具有临时性,当某项具体工作完成后,单元自动解散,相关人员将回到原单元或进入新单元,为企业根据市场实情适时做出调整提供方便。

　　海尔集团在成立之初也采用传统的科层组织结构,但由于互联网市场迅速开拓,科层制的弊端日益暴露。为适应集团全球化经营战略,在激烈的国际竞争中立于不败之地,海尔集团根据从产品到商品的价值实现过程,以市场链为传导机制,统筹企业战略规划、要素采购、产品生产、媒介营销等职能部门,以企业文化提供软环境支撑,实施扁平化组织网络化战略,构建立体的网络化组织(如图 5-12 所示)。

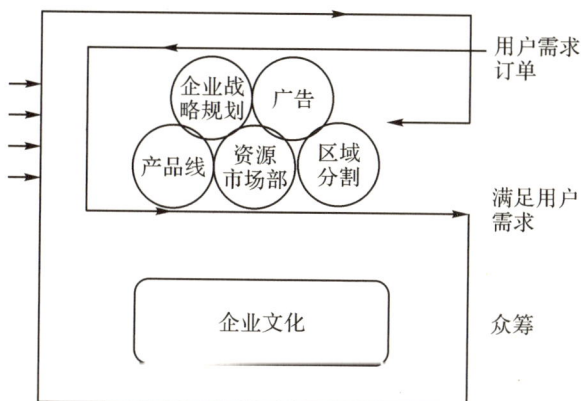

图 5-12　海尔集团网络化组织示意图

资料来源:贾长松. 企业组织系统[M]. 北京:北京大学出版社,2014.

　　需要强调的是,契约关系是海尔集团网络化组织正常运行的关键,由于集团以满足顾客个性化需求为目标,集团内部各职能部门间以订单为纽带,有效降低集团内部交易成本。海尔集团通过扁平化组织的网络化,打破各职能部门间的界限,人事调动更加灵活,集团员工积极性得以充分发挥,集团生产运营能更精准地适应市场需求变化,顾客满意度提升,推动集团全球化品牌战略实施,增强集团国际竞争力。[①]

---

① 张瑞敏:《海尔的国际化战略》,《中国经贸导刊》2001 年第 10 期,第 8—9 页。

二、外部网络化组织

互联网的诞生,为工业企业转型升级指明方向,成为不同业态跨界融合的重要平台。根据生态学理论与资源依附学说,企业间组织类似于演进中的经营生态系统。在该系统内,信息、资源等生产要素持续流动,超越工业企业自身、工业产业边界,企业间相互作用,形成复杂的关联网络,包括战略联盟网络化组织、集群网络化组织、模块网络化组织、虚拟网络化组织四种具体形态。[①] 企业间网络化组织协调度主要通过有效规模效率、结构洞、中心度、密度、中心/边缘、自我中心衡量。[②]

PDA(Personal Digital Assistant)集计算、通信、传真与网络功能于一体,具有计算、通信、网络、存储、娱乐、电子商务等多重功能。主营家电产品的松下电器抓住契机,加入 PDA 行业联盟网络化组织,借助网络化平台优势,先后推出松下 Viera P905i 手机、松下 P-06C Snoopy 手机,实现企业间网络化组织优势最大化。通过完善契约协调机制、沟通协调机制、信任协调机制、指令协调机制,PDA 行业联盟网络化组织得以巩固。工业企业价值链通过裂变、分解,形成具备兼容性、可重复利用、标准化的内部网络化组织。不同网络化组织通过战略合作,彼此连接,在企业间形成相互影响、动态平衡的价值网络。工业企业内部与外部的网络化结构相互作用,为企业扩大再生产提供制度保障。

自第一次工业革命开始以来,工业企业顺应社会化大生产的需要,适时调整组织结构,为提升企业全要素生产率提供制度保障。虽然不同工业企业因自身具体情况的差异,组织结构变革的具体环节各不相同,但总体上看,扁平化、网络化已成为工业 4.0 时代不可阻挡的时代潮流。工业企业必须顺时而动,才能增强综合竞争实力,屹立于行业潮头。

---

① 季成:《企业网络化组织结构研究》,东北财经大学硕士学位论文,2006 年。
② 石建中:《网络组织对企业规模与绩效影响的实证研究》,中国海洋大学硕士学位论文,2015 年。

第四节　互联网工业企业组织变革趋势与障碍

"互联网＋"环境下,传统的组织结构早已不能够适应当前的环境,为了应对当前的机遇和挑战,互联网工业企业正发生深刻的组织变革,呈现出扁平化、网络化、虚拟化、团队化、柔性化和边界模糊化的趋势。

一、互联网工业企业组织变革的整体趋势

(一)扁平化

工业企业可分为传统工业企业与互联网工业企业两类,其中,互联网工业企业属于典型的知识密集型企业。当工业企业发展到一定阶段后,其经营管理模式亟须进一步技术化,在此背景下,扁平化成为组织演化进程中不可阻挡的趋势。[①]

从根本上讲,扁平化组织能对市场环境变化做出更为迅速的反应,为顾客提供优质的产品与服务。互联网工业企业扁平化组织的特点可归结为以下几点:

第一,知识团队成为组织平稳运行的前提。与传统工业企业不同,互联网工业企业竞争优势在于:通过对信息的整合、创造与管理,更加直接地面向市场个性化需求。在互联网工业企业内部,并非以职能为单位,而是形成动态的知识团队,推动构建完整统一的市场知识与转化机制。第二,授权现象更加普遍。随着互联网工业企业组织趋于扁平化,企业内部各种资源与权力向基层流动,员工被赋予更多的直线职权、参谋职权,能够主动参与到企业决策管理之中,工作积极性得到充分发挥。第三,直线管理者综合素质明显提升。由于互联网工业企业扁平化程度提高,直线管理需要具备更强的战略决策与统筹协调能力,不再仅限于了解某一部门的运作模式,需要从总体上把

---

① 李海婴、余功文:《基于信息时代的企业组织结构变革》,《现代管理科学》2004 年第 9 期,第3—5 页。

握整个企业的日程运作流程。

扁平化对互联网工业企业的影响主要体现在以下几方面：

第一，增进组织间的协调合作。扁平化组织的最大特点在于等级型组织与机动的计划小组并存，工作小组内的成员具有共同目标，知识、信息、技术完全共享，有利于相互学习激励，共同进步。灵活机动的合作小组，一定程度上克服了协调不力、合作缺乏等问题，可缓和组织间冲突。第二，降低组织运营成本。与传统科层组织不同，扁平化组织基于生产流程设计组织结构，有效避免因职能划分过细而产生的机构臃肿、部门林立、开支庞大等弊端，为组织节约了大量的运营与管理成本。第三，调动员工积极性。马斯洛需求层次理论认为，人的需求分为生理、安全、情感、受人尊重、自我实现五个层次。在扁平化组织中，企业管理人员与一线员工都能根据工作中的具体情况自行做出决策，直接参与企业决策管理，使企业成员能更加积极主动地推进组织变革，认同感、归属感提升，积极性能够充分发挥。

(二)网络化

在当今复杂的全球化商业环境下，产品更新速率加快，工业企业只有依托互联网平台，提高生产效率与对市场环境的适应性，才能有效参与全球竞争，在此背景下，工业企业内部运营及企业间合作呈现网络化发展态势。

在经济全球化与信息技术普及化的宏观环境下，互联网工业企业充分利用大数据、物联网、云计算等前沿技术，为企业内信息、劳动力、资金等生产要素的自由流动提供技术保障，价值链上的研发、采购、生产、营销等环节相互渗透、相互作用，企业内部运营趋于网络化。与内部运营趋于网络化相适应，工业企业间的竞合关系发生深刻变化，广泛地同其他企业建立联盟网络关系，通过资源的有机整合助力企业发展。

工业企业网络化的影响主要体现在以下两方面：

第一，有效降低互联网工业企业运行风险，强化企业成长愿望。一方面，企业内部网络化组织为工业企业各部门提供丰富的信息与资源，最大程度避免信息不完全、不对称问题，降低企业面临的系统性风险。另一方面，从原则上讲，网络组织内的成员地位平等，但不同成员在网络组织内的具体位置存在差异，通常来说，核心竞争力强的工业企业往往居于网络组织的中心。通过加入网络组织,工业企业能更加客观地认识自身能力,为选择恰当的网络位置提供依据,削弱企业运营风险。第二,推动互联网工业企业技术创新,获取更多成长机会。一方面,企业内部网络化组织打破各职能部门间的隔阂,增强职能部门间的协调性,职能部门间的交流更加充分,对市场环境变化做出更为迅速的反应,开拓新的成长空间。另一方面,随着企业间网络化组织不断趋于完善,网络组织内新的技术发明容易被其他企业发现,通过技术转让、模仿,实现新技术在集群内的迅速扩散,增强网络化组织整体创新能力。

(三)虚拟化

工业企业作为实体经济的微观细胞,虽然离不开机器、厂房、设备、土地、劳动力等传统生产要素的支持,但传统生产要素的存在方式正发生深刻变化,集中体现为管理信息系统、决策支持系统、在线信息网络的普及,工业企业虚拟化程度不断加深,逐渐取代工业企业传统生产运作模式。互联网工业企业组织的虚拟化趋势,主要体现在以下三方面:

第一,生产开发虚拟化。工业企业以信息网络技术为依托,跨越空间界限,以特定产品为中心,构建具有共同利益的临时组织,合作开发高科技产品,构建靠电子手段联系的经营实体。在此基础上,有针对性地选择并利用信誉优良、技术成熟且有强烈合作意愿的工业企业,将生产功能以外包加工的形式转移给此类企业完成,自身强化对相关企业的组织管理。第二,营销虚拟化。在互联网环境下,工业企业销售方式、技术基础、市场边界均发生深刻调整,传统营销理论根基被动摇。互联网工业企业为取得更高的市场份额,建立销售网络机构,利用彼此间的销售网络,创造竞争优势。第三,管理虚拟化。传统工业企业信息管理主要依靠笔、纸、各类报表以及个人电脑,存在孤立、分散等内生性缺陷。随着互联网工业企业管理信息系统趋于完善,统一的财务系统、营销系统、客户服务系统发生深刻调整,原来束缚在笔、纸、各类报表以及个人电脑内的碎片化信息趋于集成化,企业管理者与一线员工均能在第一时间获知最新资讯。企业员工即使置身于世界各地,在电子手段的帮助下,也同置身于同一办公场所类似,从而提高生产率、增加利润。

(四)团队化

在网络经济时代,人力资源成为互联网工业企业获得竞争优势的关键。

人力资源的优势在于个体能力,突破点在于团队合作。大型互联网工业企业的人员结构较复杂,存在实干者、协调者、推进者、创新者、信息者、监督者、凝聚者、完美者等多重角色,需要管理者根据个人优势,将人格特质、个人偏好与角色要求适当匹配,打造高效能团队,保证团队目标最终实现。

互联网工业企业通过团队化建设,使企业员工自觉要求进步,向团队中最优秀的员工看齐,期望赢得团队中其他员工的尊敬,发挥比物质激励更强大的作用。此外,互联网工业企业团队化建设具有控制功能,通过营造软环境,潜移默化地约束、规范、控制员工个体行为,由传统的硬性控制转变为内化控制,团队精神得到强化,产生巨大的团队凝聚力。具体而言,团队培训分为交叉培训与协调培训两种形式。其中,交叉培训是让企业员工了解并学习其他成员的技能,以备不时之需,防止发生人力资源周转困难的情况;协调培训是指企业员工通过信息共享、共同决策等方式,尽可能提升团队绩效。

(五)柔性化

随着信息网络技术的广泛运用,信息传递成本明显下降,信息传递方式发生变化,与此相适应,互联网工业企业组织柔性化程度提升。柔性化组织以项目为支撑,作为组织内具有共同愿望的个人或群体的联系纽带,形成组织内具有活力的战略节点。组织内各节点之间既有竞争,又有合作,通过节点间的相互管理与联结竞争,适时调整各节点的组织形式,实现组织内资源的有效配置,创造更大价值。此外,在柔性化组织内,权威的树立不再来自成员在组织内的层级或地位,而是成员的知识、能力以及对组织的贡献,员工真正成为企业的主人翁,同企业命运紧紧联系在一起。

互联网工业企业组织柔性化还体现在组织文化方面。互联网的普及加深经济全球化进程,由于企业跨国经营更加普遍,文化差异成为国际化发展过程中必须面对的问题,柔性组织为文化认同提供良好制度环境,强化企业的团队精神、创新精神,塑造开放、包容的企业文化环境,最大限度降低文化差异对企业日常运营管理的不良影响,增强企业员工的归属感、集体荣誉感。

(六)边界模糊化

随着国民经济信息化程度不断加深,工业与互联网的界限日益模糊,跨界融合成为互联网工业企业发展的重要特征,大平台、大融合、大联盟、大整合、大视频、大植入、大市值、大研发、大创新、大创业成为互联网工业企业组织变革的必然趋势。据统计,截至 2017 年底,我国工业增加值达 3.4 万亿美元,占到全世界工业总产值的 19.8%;我国网民人数高达 6.88 亿,普及率超过 50%。[①] 作为工业大国、互联网大国,我国工业与互联网产业的深度融合正逐步实现,产生显著的叠加效应、聚合效应与倍增效应。在此背景下,工业企业与互联网结合得更加紧密[②]。工业企业与互联网的融合主要有以下三条路径:第一,扬长避短。工业企业信息资源与互联网平台的深度对接,实现生产能力的在线发布、交易。第二,优势互补。互联网工业企业与传统工业企业各有所长,通过战略投资、品牌塑造、线上营销等方式,有机整合线上线下资源,打造集研发、采购、生产、营销于一体的新业态。第三,强强联合。互联网工业企业通过合资、并购、重组等形式,在落实主体业务的同时,开展广泛的对外经营。

互联网工业企业组织变革的六大趋势并非截然孤立,而是相互影响、相互渗透的有机体,共同昭示着互联网工业企业的未来。

二、互联网工业企业组织变革面临的障碍

与历史上重大改革一样,互联网工业企业组织变革具有彻底性、根本性,在变革过程中势必会遭遇各种各样的阻力。本节将逐一说明互联网工业企业在组织变革过程中可能面临的障碍。

(一)利益障碍

互联网工业企业组织变革中的利益障碍包括企业利益障碍、个人利益障碍两方面。一方面,工业企业起步较早,传统科层组织模式运作较成熟,在组织变革过程中容易产生路径依赖,受既得利益的牵制,具有一定的制度惯性。另一方面,工业企业在利益分配时会不自觉地向互联网部门倾斜,不免会对

---

① 国家统计局:《中华人民共和国 2017 年国民经济和社会发展统计公报》,2018 年 2 月 28 日,http://www.xinhuanet.com//fortune/2018-02/28/c_1122467973.htm。

② 王建伟:《互联网与工业融合创新》,《中国信息化》2014 年第 9 期,第 31—34 页。

流水线作业的产业工人造成冲击,抹杀产业工人的积极性,使其产生抵触情绪[①]。

随着互联网技术的进步,工业企业最终将实现智能化生产,不再需要大量的一线产业工人。然而,人工智能在工业企业生产中广泛普及仍需时日,对于现阶段大多数工业企业而言,产业工人依然是企业扩大再生产的主力军,其积极性的丧失会阻碍互联网工业企业组织变革的顺利实施。因此,需要在维护产业工人合法权益与推动互联网工业企业组织变革间找到战略平衡点,统筹协调企业内部各方利益。

(二)知识障碍

互联网工业企业属于典型的知识密集型企业,要求企业内部员工具备较高素养。综观我国互联网工业企业发展现状,不难发现企业管理者、执行者具备的能力均显不足,主要体现在以下两方面:

一方面,产业工人只能胜任简单劳动,无法适应互联网工业企业组织变革的需要;在组织结构趋于扁平化、网络化的今天,工业企业的管理者与员工直接交流的机会增多,但由于成长环境、教育背景的差异,交流障碍依旧存在,科层组织体制下的显性交流障碍隐性化。移动互联网将工业企业带入全新的市场环境,而工业企业中往往缺乏一套系统时效的知识体系,成为互联网工业企业组织变革的最大障碍。另一方面,高素质职业经理人匮乏。与西方相比,我国互联网工业企业职业经理人队伍建设缓慢。在现代工业企业管理架构下,职业经理人能力不足直接影响到管理协调效果,甚至出现管理失控等后果,使组织变革效果大打折扣。此外,企业内职业经理人与一线产业工人存在代际差异,对新生事物的认知存在差异,在组织变革重大问题上可能存在分歧。

(三)制度障碍

实现互联网工业企业组织变革需要产权明晰、权责明确、分工明确、管理科学的制度设计作为保障。反观我国互联网工业企业发展现状,许多企业内

---

① 麻兴斌、蒋衔武、尹燕霞:《企业组织变革管理中的矛盾分析与对策》,《山东社会科学》2002年第4期,第56—59页。

部制度缺失,现行制度执行力不够,管理职责无法有效落实,出现纵向决策效率低下、横向业务中断等问题。

此外,我国互联网工业企业中普遍存在信息沟通不畅的问题,关键性信息只被少数人掌握,缺乏有效的信息沟通制度设计。企业管理人员通常将有效信息有选择性地向执行人员传递,执行人员也是有保留地向上级汇报信息,企业信息沟通、交流存在不完全对称的问题,缺乏有效的信息沟通渠道,对企业正确决策造成影响,更谈不上实现组织有效变革。

(四)文化环境障碍

互联网工业企业组织变革不仅需要合理的利益分配、有效的制度设计、深厚的知识素养,还需要创新型文化环境的滋养。然而,无论是国有性质还是民营性质的互联网工业企业,组织变革都缺少创新型文化环境的支撑。

创新是企业可持续发展的不竭动力,能够实现企业生产要素的有效重组,即"创造性破坏",为深化企业组织变革提供契机。但事与愿违的是,无论是"官文化"色彩浓厚的国有企业,还是"江湖文化"盛行的民营企业,在组织变革的过程中往往面临多重阻碍,一个重要原因在于缺乏开放、创新的文化软环境支撑。在保守、封闭的企业文化氛围下,企业员工即使对组织变革存在认同感,也会因实施过程中的失误遭到管理者的批评与打压,挫伤其继续推动组织变革的积极性。

利益障碍、知识障碍、制度障碍、文化环境障碍看似相互独立,实则相互联系。互联网工业企业应当顺应组织变革的趋势而动,采用各个击破的方式,从相对容易应对的障碍入手,带动其他障碍的消解。

第六章 互联网工业企业的运营流程和运营模式

凭借与互联网的深度融合,近十几年,传媒、娱乐、金融等看起来较"虚"的产业也正在发生巨大的变化。对于传统工业企业这类实体经济而言,互联网的作用往往局限于生产线的改造和升级,将互联网融入全生产过程的实践正在向纵深推进。大数据、云计算、物联网、人工智能等技术兴起,传统的实体经济与虚拟经济间的界限正一步步模糊和淡化,互联网工业企业正在逐步探索未来实体经济的新走向。结合互联网工业企业组织变革趋势,本章着重对互联网工业企业的特征、运营流程和运营模式等进行深入分析。

第一节 互联网工业企业的内涵和特征

一、互联网工业企业

"工业 4.0"时代,智能技术影响了信息传播的路径或方式,改变了企业的运营思路,引发了组织变革。从本质而言,互联网工业企业的实质就是提质增效、降本减存。以互联的方式实现厂区和厂区之间、供应商和生产商之间、企业和用户之间互通有无。"互联网+交通"就是车联网,"互联网+医疗"可以实现智能看病,"互联网+农业"是无人耕种,互联网工业企业,不是"互联网+工业企业",而是互联网化工业企业。

互联网工业企业作为利用具有互联互通功能的工业控制系统辅助开展

生产经营的工业经济组织,它是传统的工业商品生产经营业务与现代信息技术深度融合的产物。从制度层面看,互联网工业企业是打破资本内外边界的企业,资本的专用性构成了企业的边界,但是互联网企业则打破资本的自给自足,在新产权制度中,资本的归属性和使用权相分离,借助无形资本可以实现复制,实现资本的分享(免费)和资本使用上的付费(如使用付费),传统工业企业承担的是自己全部的固定成本,互联网工业企业则与产业内诸多企业分享资本,共担成本,从边际投入中获得收益,多方进行分成。

从企业竞争层面看,工业化企业采取的基本竞争战略是成本领先(降价竞争)和差异化(提价竞争),但是两者不能同时采用,互联网化工业企业则可以将农业社会里的差异化和工业社会里的低成本这相反的两极连接到一起,充分展现互联网的特点——"极低的成本+极致的品质",采取低成本差异化的竞争战略。

从组织层面看,互联网工业企业是依靠无组织的组织力量的智慧化企业,在互联网时代,对企业的最大挑战是以最高的速度去把握用户的需求,对工业企业而言,就是要去中心化组织建设,人人都是CEO,自组织,自协调,自激励,形成快速应对复杂多变的市场的智慧型企业。

从市场层面看,传统工业企业发挥市场在资源配置中的基础性作用,互联网工业企业则发挥网络在资源配置中的指导性作用。工业企业通过市场进行定量配置资源,交易费用高,定价多为固定列表形式,随着市场的复杂化,灵活性降低。企业在利用网络培养关系和信任,以及降低交易费用的同时快速扩张用户,结合大数据等手段分析个性化偏好,进行定性配置资源,情境定价。

二、自动化、智能化与学习化

构建互联网工业企业存在三种具体路径:一是通过智能工厂的建设,打通机器设备、研发设计、产线和运营系统,实现数据驱动的企业内部智能生产能力;二是以企业外部的价值链延伸,以智能产品、服务和网络化协同,提高数据驱动的业务创新能力;三是打造工业互联网平台整合产品、企业、供应商、用户等产业链资源,以开放生态的平台运营,提高数据驱动的生态运营能力。

结合上述内涵分析,可以对互联网工业企业进行进一步结构化细分:

第一类是由传统的工业企业向互联网化转型而来,以海尔为例,其经历了五次大的战略调整:1984—1991 年,实施的是名牌战略;1992—1998 年,采取的是多元化战略;1999—2005 年,制订了国际化战略;2006—2012 年,制订了全球化战略;2012 年起,海尔公司实施网络化战略。五次战略调整使海尔逐步从一个传统工业企业走向互联网工业企业。

第二类是带有互联网基因的工业企业,如苹果、小米、乐视等,典型的互联网制造业,拥有品牌优势与忠实用户群,由于纯互联网的商业模式无法再做突破,频频瞄准线下多个垂直行业开发新产品。

第三类是由互联网平台企业线下延伸而来,如树根互联,它是首个中国本土化工业互联网企业打造的工业互联网平台,诞生于多年工业互联网平台探索积淀的丰富资源和经验基础之上[1],面向工业企业提供从硬件接入、数据分析到金融服务的端对端的解决方案。

蒸汽机为代表的"工业 1.0"是机器解放了人力,流水线为代表的"工业 2.0"以流水化生产提高了生产率,电脑为代表的"工业 3.0"以程序操控代替手动操作,中国的工业制造正在走向"工业 4.0",互联网工业企业正在"走新型工业化道路",互联网工业企业得益于三次工业革命的发展,总体特征是自动化、智能化与学习化。自动化这个比较好理解,就是工业生产过程中的各种参数为控制目的,不依赖人力参与或依赖机器设备进行的自动生产。提高了效率,解放了人力。工业革命带来了生产的自动化,发展至今,区别在于自动化水平和控制水平的不断提升。目前,PLC、工业 PC 和 DCS 是使用得较为普遍的工业自动化控制产品及系统。[2] 智能化则是应用智能制造系统对产品的生产加工开展定量、定性分析,同时把综合分析数据交给计算机,借用先进的科技系统来整合各种信息,赋予产品的制造决策以透明、继承、开放性等特点。开放性为信息修改和更新提供重要的支持,为用户对系统的应用操作提

---

① 陈超:《解决企业痛点,根云平台贯通工业互联网应用最后一公里》,环球网,2017 年 2 月 22 日,http://finance.huanqiu.comroll2017-02/10180956.html.

② 李磊、彭超:《浅谈我国工业自动化控制的现状及发展趋势》,《山东工业技术》2018 年第 1 期,第 46 页。

供便利支持;继承性可提升研发人员对智能制造系统软件的开发率;集成性能够提高对一些复杂问题的解决处理效率①,从而提高工业自动化发展效率。学习化又可以说是个性化,随着生产的推进,数据源源不断地产生和流动,通过采集、对比分析、传输和处理,将杂乱无章的原始数据变为最有价值的决策信息。大数据的积累,通过结果反馈和过程纠正,不断优化决策模型,提升每个数据的模型构建准确度,从而实现大规模个性化定制。

总而言之,大数据贯通起互联网工业企业,机器、数据及人充分融合其中。基于网络的制造生态系统,为企业提供了要素和资源的信息交互和数据集成,有效驱动了技术研发、生产制造、组织管理、市场营销等方面的全方位创新。

第二节　互联网工业企业的运营流程

一般而言,材料采购、零部件外协生产、部件组装、产品质检、成品入库及代理商销售为传统的工业企业普遍采用的运营流程。标准化流程体系由主要流程、管控流程和辅助流程组成。如以研发、采购、生产、销售和客服为代表的主要流程,以审批和决策为代表的管控流程,以及以质控、技术、财务、人事和综合为代表的辅助流程。运营流程是企业为达成既定的战略目标而选择的到达路径和实施计划,也就是如何做正确的事。

一、产品运营

在分析互联网工业企业的运营流程前,先来看一下近几年火热的产品运营,推动产品从概念到落地的过程就是产品运营。如果将产品运营具体细分,可以进一步划分为内容运营、用户运营、社区运营、商务运营几大类。

---

① 夏瑞武:《智能制造技术在工业自动化中的应用研究》,《机械设计与制造》2018 年第 2 期,第 207 页。

(一)产品运营的层次

1.内容运营

新闻媒体、视频网站等行业依赖优质内容的生产,通常表现为对 UGC 的有效运营为核心竞争优势,整合好用户产生的高质量内容并辅以加工优化。互联网工业企业的内容运营往往以自生产为主,以自身的产品为核心进行内容创作,更便于用户理解产品,感受到产品背后传递的企业文化。

2.用户运营

这是一种以人为中心的运营手段,通常发生在产品的早期阶段,毕竟每一款新产品的出现,第一拨用户的获取都是破冰之旅。通过用户运营,促进用户活跃度并通过互动获取用户的产品反馈,为改进优化做准备。

3.社区运营

社区运营与用户运营既有联系,又有区别。用户基于兴趣集聚形成社区,社区运营是面向社区消费者群体而展开的干预与引导活动。通过在社区内发内容、搞活动等,创建热点话题,维持讨论热度,活跃整个社区。

4.商务运营

前有团购的价格大战、外卖的补贴大战,后有共享单车的烧钱大战,互联网企业的花式烧钱模式屡见不鲜,资本在前期会不计收益地给予一轮又一轮风投,扶持企业成长起来,但单靠资本的补贴非长久之计,企业如何发展壮大需要依靠自身产品的盈利水平,也就是说产品还是需要走向市场,有着自己的盈利模式,商务运营就是产品销售和推广,也就是通常 BD 经理、客户经理干的事情。对互联网工业企业而言,产品运营不仅涉及创造的有形产品,更为重要的是对于无形价值的创造。对于企业提供的有形产品,附着于有形产品上的用户体验如便捷性及归属性感受在消费者时代显得尤为重要。

(二)产品运营的流程

1.产品决策

最开始,需要进行产品决策。以用户价值创造(或者说解决用户问题)为主要考虑因素,结合市场规模的获取,挑选合适的产品,淘汰糟糕的主意,在此阶段,不需要进行具体方案的考虑。

2.产品设计

有了决策后,就必须进行产品的具体摸索了。首先,定义正确的产品,验证市场需求并提出解决方案。其次,确立产品原则,指导团队做出正确的决策和取舍,基于此,重新理解目标的优先级。再次,选择一部分用户(种子用户)提前试用产品,洞察目标用户需求,构思产品创意,降低试错成本,降低市场前期推广难度。

这当中,伴随着大量的市场调研,作为研发产品的依据和参考,修补产品不足之处。在产品开发中,不去定义最终产品,不断调整视觉设计及交互设计,开发出待完善的不同版本,并邀请开发人员评估可行性和成本,邀请真实用户测试原型,比如灰度测试,即让一部分用户(A组)继续使用原产品,筛选出一部分用户(B组)进行新产品的试用,发现被忽略的需求及满意功能的具体实现方式。

3.市场投放

决策将产品想出来,技术将产品弄出来,如何将产品用起来就涉及市场投放问题了。这部分工作大致拆分为四个核心环节:一是找到理解产品的市场用户;二是以较低的成本让用户使用产品;三是让用户持续使用产品;四是与用户保持一定的联系,对应着拉新、留存、促活三大关键步骤。

4.改进优化

下一步的改进则取决于产品在多大程度上实现了关键性指标,如页面访问量、注册活跃用户量、复购率等,多大比例上满足了市场上的用户需求。

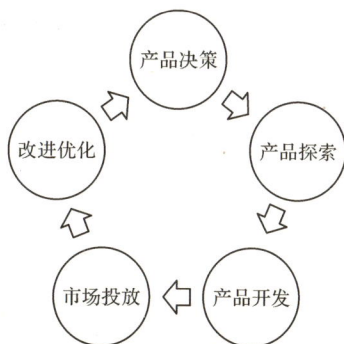

图 6-1　互联网产品运营过程

二、运营流程

互联网工业企业的运营流程将传统标准化流程体系中的主要流程、管控流程与辅助流程贯通起来,人力、财力、物力、技术等资源参与流程的每一环节,解决的是任务的责任人、输入、输出、指标及价值获取问题。

(一)运营流程的内涵

顺着互联网企业推崇的产品运营思路,互联网工业企业的运营流程大致可见,整个流程是以用户价值创造为最终目标的组织活动的集合,在传统的信息系统基础上建立一个贯穿决策、设计、采购和生产等多环节的开放式信息平台,通过平台信息流通快速调整生产计划,加快资源及信息的循环流转,把生产模式从大规模批量生产转向按单生产、个性化定制,实现零库存,减少资金积压,提升企业的运营效率。

(二)流程要素

互联网工业企业的运营流程包含下面六大要素:流程的目的、输入资源、组织活动、活动间结构、输出结果、结果反馈与迭代优化。具体而言,首先是战略层的项目决策,进行资源与能力分析,综合采用各种经济模型和决策模型,确定企业定位,提供信息系统支持的是知识管理及决策支持系统;接着,进行计划层的资源能力调配和预算,开展产品策划,确立产品或服务标准,以优化理论为指导,企业资源计划提供信息系统支持;再接着,展开设计开发,进行运作层的制作执行流程管理,不断动态调整,以车间调度系统、制造执行系统等信息系统提供支持。然后,进入操作层,包含采购管理和生产管理,确认物料来源,进行产品呈现与管理,数据处理系统在其中发挥重要作用。最后,产品或服务的提供,需要连接物与物、物与人、人与人,意味着需要扩散和传导,也就是营销管理,大致分为产品运营管理及用户运营管理。其中,不可忽视的是售后服务,也可以说是效果评估与问题反馈,这又为最开始的项目决策提供了决策数据。整个流程是一个需求分析、发现问题、提出解决方案、推动方案实施、效果回归分析、优化迭代解决方案的循环过程。

基于用户需求
的消费定位

产品或服务
的标准确立

| 项目决策 | → 基于用户需求的消费定位 → | 产品策划 | → 产品或服务的标准确立 → | 设计开发 |

效果评估 售后服务 | 营销管理 | ← 扩散与传导 ← | 生产管理 | ← 呈现与管理 ← | 采购管理 | ← 来源确认 ← 设计开发

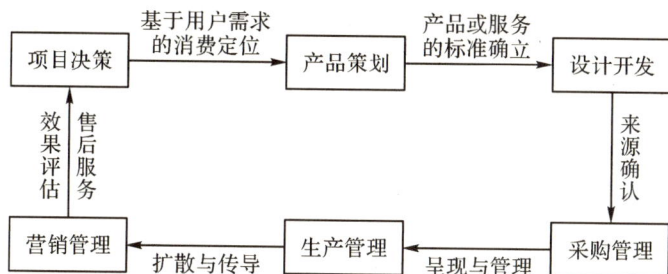

图 6-2　互联网工业企业的运营流程

(三)运营流程的作用

以往,工业企业的信息化系统建设较低,即使有,也只是单独的割裂式的系统,如办公自动化系统、事务处理系统等,这些常见的企业信息系统都没有与运营流程系统结合,解决的是部分作业问题。面对快速变化的市场需求,由于品种增加、交货期缩短,这些企业的上游供应商、企业内部生产部门及下游的销售商都面临不少难题。

从生产的角度来看,频繁变化的需求无疑会降低设备的利用率和效率,延长加工时间,导致生产周期延长,市场反应速度慢。

从产品质量来看,一方面,生产部门为了加快生产速度,往往不得不在加工工艺、来料检验、过程检验、完工复核等方面放宽要求,从而埋下质量隐患。另一方面,在质量统计、分析方面由于赶工而不能及时完成,影响质量决策,最终导致问题产品流向市场,次品率提升,退货率增加,库存随之增加。

从产品成本来看,工人加班产生的人工费用增加,大量的问题产品引发仓储费增加;不良的材料、不规范的加工方式,废品的增加直接导致材料成本增加,各方面因素直接抬高制造成本,利润空间缩小。

运营系统通过产销协调机制的构建,加强了市场和生产之间的沟通,以决策层和执行层的定性及定量分析模型为基础,为生产计划、材料采购、销售预测等提供决策依据。以信息系统为支撑,灵活配置资源,对车间及仓库的原材料实施精细化管理控制,根据生产准备和能力负荷的实时进度,在任务和工序上及时做调整,以此来减少浪费和防止低效率。在产成品管理方面,有质量问题直接报废或者在车间重新调整再出库,质检管理确保到位。

第三节 互联网工业企业的运营模式

互联网工业企业表象是数据化和智慧化,其核心内容其实就是互联网行业强调的连接问题——人与物的连接及人与人的连接。企业的内部资源如何连接外部商业活动则关系到企业的运营方法,这类实现企业价值的运营方法的总结归纳,就形成了运营模式。

STAR 法则(S 代表情境,T 代表任务,A 代表行动,R 代表结果)在面试中经常为面试官采用,用来收集和评判面试者与职位相匹配的信息和能力,与传统面试方法相比,可更精确地预测面试者未来的工作表现。那么企业是不是也可以借鉴 STAR 法则来更好地创造企业价值呢?答案是肯定的。前者是以事情模块来推销个人,后者是以运营模块来推销企业。借鉴 STAR 法则的设计思路,本研究尝试构建互联网工业企业的商业运营模型,即价值定位—价值主张—价值实现。

一、价值定位

(一)如何定位

企业的定位影响着企业的战略规划,组织目标、各阶段及各小组的任务分解都需要依据战略规划来展开,如何定位这种战略决策层面的规划虽然说无具体法则,但准确的市场定位离不开内部能力的评估及外部需求的分析。首先,需要明确企业在行业中的地位和相对影响力。其次,通过已经获得的和有可能获得的能力评价自我,确定企业核心优势,核心优势影响定位的侧重,比如说企业占据着技术优势,则可以向多元化的定位方向扩展。再次,采用 PEST 分析模型对企业外部市场展开详细分析,关键是通过竞品分析,思考相比于竞争对手,如何形成企业本身的核心竞争优势。

(二)价值链定位

在波特看来,企业通过一系列活动创造价值,这些活动构成一个价值链,企业之间的竞争不仅是价值链上某个环节的竞争,而是整个价值链的竞争。实际上,并非企业的所有活动都会真正创造价值,那些真正创造价值的经营活动便是价值链上的"战略环节",企业的竞争优势便是通过比竞争对手更低成本或更出色地完成这些战略环节来获取,从本质上来看,将价值链作为重要工具来分析竞争优势,体现的是传统工业经济下的竞争战略思维。

网络组织具备外部经济性、资源共享性及组织灵活性,在开放、互利、共享、协作的合作伙伴关系中,价值链的整体价值取决于网络组织中的每个企业的价值创造。找准企业发展定位,不再局限于单一的产业链环节,从产业链中某一环节往上下游走。比如以前负责面向市场寻找消费者的渠道商也可以结合市场需求直接兼职供应商身份,来源于市场又作用于市场;对于来单生产的企业,一般根据客户的订单进行加工生产,也可以过渡到上游的产品设计,将具体的销售进行外包,如招商加盟、经销代理。有些企业在产业链的产、供、销环节都具备一定的能力,则可以提供"设计+生产+销售"一体化服务,快速响应市场消费者的需求。(见图6-5)

另外,有些企业虽然不涉及具体的工业生产,但其提供的服务与工业企业的发展密切相关,如信息服务和决策咨询,这一类工作其实也是扁平化组织变革后服务外包的产物。

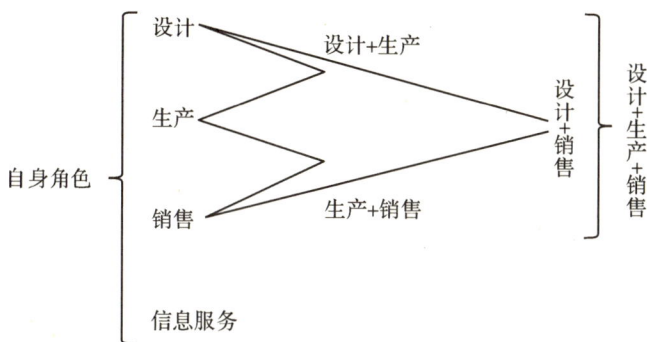

图 6-3 价值链定位

(三)从价值链到价值网络

互联网时代,在市场与企业机制之外,价值网络机制提供了价值创造、实现与传递的合作模式。从价值链到价值网络体现的是一种竞争到竞争与合作,交易成本最小化到系统价值最大化的运营思维转变。

整合是网络组织最为典型的一种运营模式,企业对来自不同层次、不同结构、不同来源的资源或能力进行有效识别、自由流动与高效配置,在协同、共赢的契约规则下,最终实现有机融合的价值共同体。整合是一种系统化思维,联结企业内外部相互关联但有着独立利益的个体或群体形成一个柔性化的价值共创系统。

二、价值主张

(一)用户分层

由企业产品去找用户到以用户需求去找产品,转变产品运营思维:

第一步,以产品为导向首先确定一个个合适的目标用户标准,再根据这些标准去寻找目标用户。

第二步,分析企业的产品满足的是用户的什么需求,探寻非企业用户但有类似需求的用户的存在。

第三步,思考企业所提供的产品和服务如何做才能进一步吸引不同的用户。

(二)业务外包

业务外包是一种聚焦化发展策略,企业根据自身的发展实际,将业务活动中非核心业务外包出去,委托专业的组织或者机构实施运行,以企业外部的资源来进行资源弥补和绩效改善,企业得以将有限的资源集中支持核心业务的发展。提供专业化业务支持的企业也可以提高资源的使用率,降低企业运营成本,实现组织结构的柔性化构建、环境的敏捷性反应与生产的灵活化。业务外包可以使网络组织中的每个单元处于自己价值链上的"核心环节",追求企业核心价值的实现,有利于每一个网络组织企业形成自己的品牌特质,提供高端增值服务。

(三)共享服务

共享服务指互联网工业企业范围内原本分散的职能/功能集中化,通过整合原本分散在企业组织内各业务单元的事务性工作和专业服务工作(如维修支持、投诉管理、物流配送、法律事务、行政后勤等)建立共享服务中心,为核心业务和各项经营活动提供标准化、专业化及低成本的服务。企业内部基于人员、技术及流程实现内部服务的准市场化交易,为企业个性化定制提供公共流程的标准化服务支持,各业务部门更快更好地从要素驱动到创新驱动转变。

三、价值实现方式

(一)聚合

聚合指产品、内容、数据在某一空间聚集形成的外部经济性或成本降低的模式。一个网络的价值取决于联结到这个网络中的所有组织的数量及质量,正反馈的作用机制产生了网络效应。大型商场、农贸市场通过汇聚众多产品,节约了客户搜索的成本,带来人流的集聚,产生规模经济。工业用品属于易耗品,但由于工业用品供应商往往只专注于某几类产品,企业需要通过多个销售商的采购才能完成系列采购,原料质量、价格及配套服务便是一大痛点。震坤行工业超市有限公司通过全品类在线工业品超市的建设,解决工业企业的一站式购物需求及一体化的售后服务。

(二)众包

众包是以开放的平台,聚合供应商、生产商、员工与用户的智慧来共同创造价值的一种间接外部性经济活动。外包相对而言是专业知识的集中,而众包是一种大众智慧的结合,两者最大的区别在于共同价值的创造与否。众包模式下全世界都是企业的人才库,承认每个人独特的才华和价值。以猪八戒网为例,作为一个专注于在线服务交易的平台,与阿里巴巴、京东等电子商务平台不同的是,猪八戒网不是有形商品销售的平台,提供的是某一行业某一方面的知识、技术及人才与需要相关服务的公司或个人之间的对接平台,服务需求方发布需求,众多知识工作者竞标,猪八戒网进行担保交易。

从流水化生产到大规模定制再发展到个性化定制,众包作为一种网络社会的社会生产方式,突出特点便是产销合一,即消费者不再与生产相隔离,不断参与到产品的价值创造环节,与生产的关系越来越紧密。比如麦当劳召集消费者参与广告设计、宜家举办设计大赛并将获奖作品生产出来、海尔个性化定制洗衣机的下线入户等,众多企业通过打造透明化的制造体系,从产品设计、功能定制及下单签收等环节实现用户的全过程参与。

(三)平台

平台模式反映的是一种多边市场思维,联结网络组织中的多个群体,通过互动机制的设立,有效激励多方群体之间的协作。在平台模式中,多个群体之间的利益往往是休戚与共的,一方的需求增大时,另一边的需求也会随之增长,也就是说整个平台价值会因为其中一方的价值创造而多倍增长,具体体现在同一群体之间产生的直接网络效应,以及不同群体之间产生的间接网络效应。比如在起点中文网,每个读者将自己的阅读感受发到网上,会影响其他读者的阅读点击量,随着点击或分享的数量增加,又会产生更多的阅读感受;作者群方面,随着阅读者的增加,自然会刺激作者不断进行创作,发表更多的作品,丰富的作品又进一步吸引更多的读者;以阅读及转发等经营数据为考量,广告商作为第三方也会跟进,给优质内容提供赞助,如此,一个完善的良性生态循环机制便得以确立。平台企业作为网络组织的核心单元,充当多边市场的联结者,围绕用户需求进行资源整合和规则制订,是整个商业生态系统的主导者。

第七章　互联网工业企业的组织变革路径

随着我国经济步入新常态和人口红利的衰减,传统工业企业需要思考如何以信息技术的发展推动两化(工业化及信息化)建设,提升工业制造水平,实现实体经济的提质增效。对于每个企业而言,除了产品及设备的物联外,工业企业互联网化的重点是不断调整组织以适应快速变化的市场,高度弹性、高度流动性、高度分权的柔性组织结构是互联网络的基础和前提。本章主要在第六章对互联网工业企业的运营流程和运营模式等分析基础上,具体探讨互联网工业企业的组织变革路径。

第一节　互联网工业企业组织变革的路径架构

一、组织变革的依据

从约翰·科特的八步骤模型可以看出,影响组织变革的因素大概有愿景、领导力、过程和活力、变革障碍、变革自主权及变革文化,组织变革不是一蹴而就的过程,而是一系列调整措施的综合作用。首先需要借鉴一种逻辑清晰且简单易懂的变革模型——约翰·科特变革模型[①]:第一步是制造强烈的紧迫感(认清市场现状、存在的危机和机遇);第二步是建立强大的同盟(召集

---

① [英]威利茨:《数字经济大趋势:正在到来的商业机遇》,徐俊杰、裴文斌译,人民邮电出版社2013年版,第233页。

有足够影响力的人组成一支领导团队,担任变革过程中的领导工作);第三步是确立变革愿景(明确变革目标及相关战略);第四步是广泛地沟通愿景(通过一切可能的渠道,以案例方式展示愿景和战略);第五步是充分授权(扫除变革障碍,鼓励新颖大胆的想法和行动);第六步是系统规划并取得短期成效(设法取得短期成效并奖励相关人员,以稳固变革的信心);第七步是杜绝松懈(在初期成功的基础上继续推进变革,向最终目标努力);第八步是将变革融入企业文化中(建立一定的企业文化来巩固变革成果,推进变革活动的深入)。

(一)组织变革的需要

我们熟悉的手机行业,从摩托罗拉到诺基亚再到苹果,凡是跟不上时代的企业就会被淘汰。没有成功的企业,只有时代的企业。有学者用"浴缸曲线"分析了西方从 20 世纪到现在经济模式的变迁[①]:1900 年以前是前工业时代,也称为手工业时代,价值创造的主体是手工艺人,市场特点是分散且高度动态;1900—1980 年是泰勒工业时代,大规模的机器制造及低成本是主要特点,市场竞争小;1990 年至今,是后工业化时代,处于经济全球化的背景,注重知识及创造,市场高度动态,新兴行业对传统行业的冲击力大,快速响应市场需求是这个时代中企业取得成功的关键。

后工业化时代用户消费呈现多样化、个性化及差异化的特点,对组织的灵活性和适用性提出了更高的要求。信息技术改变了信息获取及传播的方式,进而对企业的内部结构、生产效率、管理层级产生新的要求。传统的科层制组织结构与集中的领导指挥越来越不能适应信息时代以满足客户差异化需求为导向的生产模式,信息时代新一轮组织变革呼之欲出[②]。

(二)消费者需求分析

单点极致曾经是互联网的方法论,也就是只要把一点做到极致,就会有机会,但如果找不准需求,把一个点做好也许会越做越死。这一点,正面案例是美图秀秀,反面案例则可以参考可牛影像,前者让照片不清晰,大眼睛,白

---

① 王博:《信息时代企业组织变革发展方向》,《现代管理科学》2017 年第 2 期,第 105 页。
② 王博:《信息时代企业组织变革发展方向》,《现代管理科学》2017 年第 2 期,第 106 页。

皮肤,各种美妆,后者则让照片更清晰,还原最真实的样子。结果现在消费市场只见美图的身影,原因就在于可牛影像没有了解清楚用户的真正需求。

了解全部的消费者,而不仅仅是企业的消费者,了解目前的消费者和潜在的消费者的需求是什么,弄清这一点有助于理解竞争的本质,识别现实的消费者和未来的消费者。第二个问题是由谁及目前是如何服务于消费者这些消费需求的,这一点有利于明白市场竞争格局,发现改革创新空间。第三个问题是企业的消费者目前最关心的是什么,这一点有利于竞争战略的确定。

二、组织变革的步骤

(一)边界调整

企业内部的等级层次、头衔、身份和地位把组织成员隔开来,形成垂直边界;职能、业务单元、生产群体或部门把组织成员隔开,形成水平边界;企业同供应商、顾客等其他外部支持者隔开,形成外部边界;市场、文化将不同地域的企业分隔开,形成地理边界。

互联网企业间整体呈现无边界竞争的特点,也就是说上述这些边界,每一种都需要适当的渗透性和灵活性,以便创意、资源和信息能够穿透组织自由地流进流出、流上流下。无边界竞争不是说完全可渗透或者组织的"分崩离析",更确切的理解是,组织具备足够的渗透性,能够迅速而富有创造性地适应环境的变化。"大而全"的传统组织模式也就失去了存在的必然性,让企业非核心业务或者价值增值较少的业务市场化,集中精力发展核心业务,采取归核化战略来实现组织边界的柔性化与组织规模的精简化。通过互联网,完善企业外部的生产要素、技术资源、人才资源等网络体系,构建利益共享合作机制,建立与外部组织合作的联盟式、柔性化的虚拟网络化组织体系,用新的经营战略指导企业的发展。

张瑞敏推行"人单合一"双赢管理模式的核心就是要把海尔变革成一个"无边界的组织",用户零距离与协同无距离是两个重要衡量标准。具体而言,用户零距离就是迅速对用户需求做出反应,"创新的速度要跟上用户点击鼠标的速度",推翻海尔与用户之间的"围墙"。协同无距离即用"契约关系"代替"上下级关系",开放各环节,使各部门"连线",让信息及资源在不同层级和不同部门间自由流动。

(二)内部架构重构

内部架构上,从发展战略出发,实施业务流程的扁平化改造。它表现为两个方面:一是以功能为中心转变为以运营为中心的部门重建,二是压缩组织层级,建立快速响应项目发展需要的临时跨职能团队,项目完成后,该团队可自行解散。目前这类团队还是较多以领导层集中观察市场,制订共享的目标和约束为主。相较于泰勒型的命令控制型,这类组织在市场响应及应对复杂性上有了极大的提升。更进一步的发展则是复杂的自适应架构,没有集中式目标设定,拥有多个职能岗位的团队组织直接和市场对接,快速灵活响应市场变化。

面膜销售品牌御泥坊,拥有几百名员工,但是组织架构只有两层。第一层是以 CEO 为首的核心管理团队,第二层是由所有员工组成的三十多个学院。每个学院都是一个基础的作战单元,好比一支特种部队,平常独立作战,但是遇到特殊情况时,每一个小分队会根据需要迅速重组为一个新的大部门,完成任务后再解散回归到自己原来的编制队伍中,御泥坊的每个学院就是特种部队的每一个小分队。

(三)整合资源

资源整合是一个不断调整的动态过程,贯穿于企业的日常工作中。资源整合是对企业不同来源、不同性质、不同层次、不同内容的资源进行有目的、有计划、有方法的优化配置的决策,实现组织制度安排和管理运作协调下的资源配置与用户需求的最佳结合,从而提升企业的竞争优势。资源丰富的企业不一定是行业翘楚,核心是如何真正做好资源融合和产品落地。综观苹果产品线,苹果的产品往往不是采用最先进的技术,但是在技术快要达到高峰前,通过技术资源的融合,使其产品化:微电子和计算机技术的融合,音乐和随身设备的融合,移动上网、智能化和手机的融合。而现在的 iOS 系统本质上而言,也只是将 MAC 上面的 OS 系统植入到移动设备上。

与其他企业一样,互联网工业企业的资源整合也经过识别与选择、吸取与配置、激活与融合三大环节①。首先，从产业定位、市场定位及产品定位三个战略层面上以及上述必要性及可行性结合的战术层面上选择资源；其次，传统企业以内部的人、财、物、技术等类型资源作为基础开展经营活动，互联网工业企业更重视开发和利用外部资源，包括交换、联盟、并购等方式，从外部市场或者其他企业那获得需要的资源，使这些资源适应企业的资源体系。阿里巴巴没有自建物流，但通过对各家物流公司（如百世快递、日日顺、点我达、芝麻开门）的投资，逐渐建立涵盖跨境、仓配、农村的全网物流链条。这些经过选择和吸取的资源要想与原有的企业资源产生 $1+1>2$ 的效果，关键在于激活的方式及融合的手段，需要配套机制的设置，如进行管理协同，招募有经验的管理者、减少内外资源的互斥，或者利用社会分工降低企业的管理成本，将部分管理职能外包。财务协同，以并购、联盟等方式减少外部竞争者，同类型企业则可以降低因竞争而导致的交易费用，差异较大的企业则可以丰富企业的投资选择，创造新的发展机会。生产协同利用规模经济，通过联合生产确保参与主体花费最小，收益最大。技术上也采取归核化战略，将不具有相对优势的研发步骤外包给合作企业，基于资源置换的方式，充分提高自身优势技术的使用价值，与形成战略联盟的企业交流研发成果，互通有无，实现共利。

（四）网络协同

实施组织网络化战略。企业组织网络化战略的本质是全方位的沟通与合作。企业的网络化协同分为对内的网络化与对外的网络化。在公司内部建立了以 ERP 系统、SCM 系统、CRM 系统为代表的全球一体化资源管理、供应链管理、客户关系管理。打通企业内部各部门边界，加强内部资源的共享。比如北京洛可可科技有限公司，通过采用微软的 Surface Studio 工业设计解决方案，设计师将创作的草稿同步上传到云端，其他设计师可以协同创作，高层人员直接在设计师完成界面上审核和提出修改意见，设计师同步修改。借助网络化战略大大减少了审批流程，缩短产品交付周期，充分释放设计师的创作潜力。

---

① 饶扬德：《企业资源整合过程与能力分析》，《工业技术经济》2006 年第 9 期，第 72 页。

企业外部的网络化。借助大数据、供应链、资本市场等,寻求和应用最优资源构建虚实结合的组织网络。企业成为工业互联网中的组成部分,实现企业间跨行业的组织联合。"虚"是指企业通过生产外包、销售外包、研发外包、战略联盟、网络营销等方式与其他行业企业形成业务关系,增强企业的系统生存能力。"实"是指企业通过自身的品牌运作能力、管理组织能力等优势,打破传统企业间明确的组织界限,形成跨时空的、以客户为导向的虚拟企业,提高资源的利用效率及对市场的响应速度。[①] 例如,菜鸟连接了所有的物流公司,所有的快递人员,所有的仓库、干线物流,使商业信息多方多角度沟通,相较于传统的供应链管理,实现了消费场景里各个主体的网状协同。

(五)学习型组织

1990 年圣吉在《第五项修炼》中提出学习型组织理论,强调营造弥漫整个组织的学习气氛,发挥员工的创造性,建立有机的、柔性的、能持续发展的组织。信息时代的企业在构建学习型组织时,不同部门的人员以网络为导向建立任务团队,可以消除部门间沟通难、分工细、灵活性差、决策慢等缺点,营造自主、创新、灵活、互动的合作氛围。因此,团队已成为许多大公司(特别是高科技企业)首选的内部组织形式。团队建设不仅有利于综合素质人才的培养,还可以促进知识的转移、共享,有利于创建学习型的组织。

具体的实现步骤可以分为三步:首先,建立学习承诺。将持续的学习融入企业的精神建设中,加大对建立学习策略、开展学习活动和分享实践的培训计划的时间和金钱投入。其次,促进并丰富组织学习的类型。如通过企业内小组对比学习或者实验尝试,获得持续改善与提高。通过企业外购买能力(人才或创意)或联盟合作来进一步提高竞争力。最后,营造创意得以推广的文化。如设立问题研讨和反馈机制,按照能力决定位置,在绩效评价时能够评价员工学习的行动和成果,发展跨职能的临时团队等。

(六)人力资源管理

Jackson 和 Schuler(1998)认为,人力资源管理活动的研究重点,应放在研

---

① 徐自田:《电子商务环境下的企业组织结构变革路径探讨》,《商业时代》2010 年第 16 期,第 42 页。

究人力资源管理如何与企业的战略目标相适应上,同时进一步揭示双方是通过何种机制相互影响和作用的。互联网时代,信息的开放性、碎片化冲击着传统的官僚组织权力结构,企业的组织层次正朝扁平化方向转变,人就是最小的组织。传统的雇佣制无法体现人才本来的价值,优秀的人才需要合作制来匹配企业的战略目标。如果说层级制管理依赖的是劳动法和公司制度,那么在分权的语境下,人管人将过渡为自我管理,约束机制是用户需求创造的价值契约。

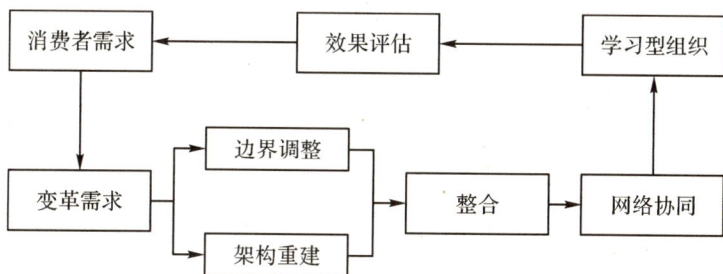

图 7-1 互联网工业企业的组织变革路径

第二节 从科层管理到流程管理的变革

传统企业的组织机构是一种自上而下的金字塔式的管理模式。组织边界在企业组织图上有明确的划定,各部门有各部门的名称,尽管业务流程在企业的发展中联系起各部门开展经营活动,但对于流程管理,认识还停留在经营活动集合层面。为什么流程管理如此重要?不仅是因为通过流程才能完成产出目标,企业间的差别有时候不在于资源及人才的多寡,流程管理影响投入的产出形式及效果,是确立竞争优势的重要来源。

一、科层管理

（一）有效的管理模式

20 世纪是工业化时代，在管理理论和科学技术变革式发展的背景下，以科层制和官僚制为理论基础，直线职能制组织、事业部制组织、矩阵式组织等一系列组织形式应运而出。[①] 这些组织形式通过组织目标的细分进行劳动专业化分工，严格的等级划分，建立合法的权威控制与监督。科学管理带来了生产效率的惊人提升。如福特汽车公司，通过建立汽车生产线，大幅提高生产效率，可以每十秒生产出一辆汽车。此外，科学思维反对组织内部的任人唯亲，带来腐败的减少。

总体而言，通过明确权责，设定规章制度，科层制能够很好地适应相对稳定、可预测的环境，进而组织生产，满足大规模生产的需要，管理的发展又可以保证大型组织的稳定性、连续性及公平性，是一种曾经有效的管理模式。

（二）不合时宜的表现

就像管理大师德鲁克所言："组织不良最常见的病症，也就是最严重的病症，便是管理层次太多，组织结构上一项基本原则是，尽量减少管理层次，尽量形成一条最短的指挥链。"在科层制的发展过程中，产生的形式主义、本位主义等消极思想有损组织管理，降低组织效率。

1. 响应迟缓

传统工业企业追求大规模的批量生产，这也是运用科学管理的优势。随着企业做大做强，组织庞大、机构臃肿带来的首要问题便是层级制的垂直指挥及上传下达存在信息壁垒、推诿扯皮及重复建设等问题。决策从指定到批准实施，中间有太多审批程序。而资源和权利的过度集中，导致一个组织对外界的变化很难做出快速的反应。

---

① 王博：《信息时代企业组织变革发展方向》，《现代管理科学》2017 年第 2 期，第 105—106 页。

2. 内部沟通阻隔

在企业内部,出于各部门利益聚焦点的不同,各部门之间的部门目标经常存在冲突,比如销售部门与财务部门在存货控制上的冲突,销售部门希望仓库里存有充足的货品,以备市场变化的不时之需,而财务部门以成本控制为关注点,希望库存最小。当业务在不同部门进行流转时,不同部门基于自己价值创造的特点进行运作,保护和捍卫本部门的权利和资源则是常态,而协作则是可有可无的备选项。

3. 员工积极性不足

正三角形组织结构中,金字塔尖象征着最高领导人,最底下是一线员工,中间是不同层次的管理者,层次越高,拥有的资源和权利越多。企业的驱动机制是自上而下的,最底层的员工只是汇报者和执行者,组织行为的被动参与者。干得好,成果归于领导的领导有方,而与自我的价值认同与发展空间并无太大关联。即使领导不称职,也不得不接受不合理的发号施令,并承担决策失误的实际后果。

二、流程管理

职能筒仓是依据职责的不同,各部门为自己划出"自留地",各部门负责人以组织赋予的权限作为合理依据,合法地把自己的地盘圈起来,不许其他部门侵犯。各部门成员也对应把持自己筒仓的权利,形成一个个小团体,信息被分割、资源被分散、权利被肢解,最终危害整体利益。20世纪90年代初期兴起的"流程再造"就是要打破各部门之间的隔阂,通过"端对端"的流程设计取消职能筒仓。[①]

如果将企业视为一个由共享的资源组成的整体时,以部门掌握的资源异同来决定的科层管理便不复存在,而以产品和服务所需要的资源流转及价值如何增值的流程管理便应运而生。根据流程的影响力及运行情况,确定流程的优先级,核心流程可以将资源和知识投入转换为满足用户需求的产品或服务,如研发、设计、生产等程序。支持流程指在企业运作的过程中,通过支持

---

① 曹仰锋:《海尔转型:人人都是 CEO》,中信出版社 2017 年版,第 373 页。

核心流程而间接为用户创造价值的相关程序,如人资管理、财务管理及质量管理等。

(一)流程设计步骤

1.考虑因素

流程的设计要考虑企业发展的需要,适用市场的竞争。在具体的设计上,考虑用户、市场、竞争及合作四个方面。了解用户的需求,满足用户的需要。根据外部市场环境的变化,增减流程。基于外部网络关系不断对流程进行调整,持续改进。

2.流程设计的程序

进行流程设计时,企业应该先对自己提出一系列问题,识别流程的对应用户和用户需求。其次在设计中明确不同流程的作用,价值增值的手段及支持的方式可以有哪些?各自的价值增值有哪些?哪些程序可有可无?可以进一步简化和整理,最后形成合理和科学的流程。流程设计的大致阶段如图7-2所示。

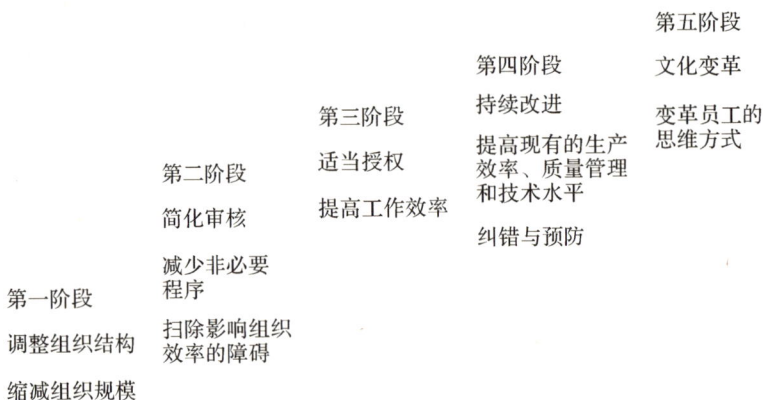

第一阶段
调整组织结构
缩减组织规模

第二阶段
简化审核
减少非必要程序
扫除影响组织效率的障碍

第三阶段
适当授权
提高工作效率

第四阶段
持续改进
提高现有的生产效率、质量管理和技术水平
纠错与预防

第五阶段
文化变革
变革员工的思维方式

图 7-2　流程设计的程序

3.流程设计的步骤

流程设计的步骤主要从企业的经营目标出发,对所有的业务领域进行设计。业务活动的启动是从最基本的问题开始的:确定目标—明确企业定位。借此机会理一理业务活动本身与辅助活动的关系。确定可能开展的项目,进行初步的影响分析,明确各流程的任务,理清相互关系,给模型输入定量内容,最终形成现有流程的详细模型。

图 7-3　流程步骤示意

(二)流程的配套设计

业务流程设计完后,仅仅完成流程管理的初始工作,要想使设计后的流程能够顺利、正常地运行,还需要进行相关的配套设计,落实好信息流动、权利共享、能力发挥、报酬激励四方面垂直因素。也就是说业务流程的运作需要与这四方面结合。

首先,了解上述四方面的相关问题及发展要点,在初步设计业务流程时,应积极弄清对上述四方面的要求,在对初步流程进行诊断分析及优化时,明确目标流程对上述四方面提出的要求。

具体而言,可从以下几方面进行考虑:第一,信息流动。建立跨职能的小组,通过内部网共享数据库,鼓励不同部门建立团队一起工作,举办跨职能的会议,协同定位相关的职能。第二,权利共享。赋予团队就各种流程做出决策的权利,使决策点落在工作执行的地方,在业务流程中基于信息技术处理信息,借助专家系统扩展员工知识,一线工作者可以自行决策,在工作中实施有效控制。第三,能力传递。轮岗计划营造实践和发展的公平机会,建立跨职能的指导委员会。第四,报酬激励。个人和团队回报结合起来,团队和团队之间互相竞赛,团队内各成员也相互比拼,争取最优的绩效、最大的回报。

(三)流程的优化方法

整体方法是针对每一流程步骤提出四项问题:为什么要干及能否不干?有无机会与其他组织及流程合并?现有结构安排是否合理?结构、操作及动作是否还有简化的空间?对应四项技巧,即 Elimination(取消)、Combination(合并)、Rearrangement(重排)和 Simplification(简化)。通过"取消—合并—

重排—简化"四个步骤对现有组织、工作流程、操作程序及工作办法进行动态调整,不断发现更佳的作业方法和作业流程。如针对重复的和非增值的部分,进行消重和停止;对非时序作业流程步骤进行并行操作以减少流程处理时间;为保证信息的及时录入和有效流通,可实行全面质量管理及网络化协同战略。

第三节　从垂直指挥系统到自组织系统的变革

垂直指挥系统的弊端,在 20 世纪初便已表现明显,一些公司,如杜邦、通用汽车、松下电器等,提出新的组织架构——多事业部制。每一个事业部配备齐全的专业技能人员,根据具体的产品线和地理区域来管理。每一个事业部都设有一名总经理,并配备一个涵盖所有职能性主管的团队。这样,每一个产品线或区域性的事业部就相当于原公司的一个复制品,拥有完整的职能集中型组织,事业部总经理作为中层管理者需要向公司总部的高层管理者汇报。公司总部的高层管理者不再直接介入业务运营,他们的角色是评估各运营事业部的绩效,并为事业部制订战略规划,以及配置资金、设施、人员等资源。显然,这已经具备自组织系统的雏形。

一、自组织结构

自组织理论作为一种复杂性科学理论,源于 20 世纪 60 年代末,概念产生于系统科学,即整个生物界可以被视为一个系统存在着的有机整体。1969年,普利高津提出耗散结构理论,指出地球上的生命体和组织体都是非平衡状态下的不平衡的开放系统,它们与外部环境不断进行物质和能量交换,在非平衡状态下,系统的交换处于无序状态,但都处于组织之中。当一些非线性变量发生突变,达到一定的阈值时,组织可能发生突变即非平衡相变,由原来的无序状态走向一种在时间上、空间上或功能上的有序结构。哈肯(1988)指出:"如果系统在获得空间的、时间的或功能的结构过程中没有外界的干扰,则系统是自组织的。"他表明自组织的结构和功能并非外界的安排,而是以非特定方式作用于组织的。对自组织的进一步理论研究,可以参考赫尔曼·哈肯(H. Haken)提出的"协同学"(Synergetics)理论,协同理论认为由于多组织系统内各部分及各要素之间的非线性关系的相互作用,通过协同行动,系统在交互中通过协同价值进而导致结构有序演化。

　　无论是耗散结构还是系统结构理论,都是以复杂自组织系统(生命系统、社会系统)的形成与机制问题为研究对象,分析如何在一定条件下,系统从无序走向有序。互联网时代,信息在企业内部及外部间的传输和交换速度加快。这是质变的混沌时代,颠覆创新的时代。预先设定的组织秩序和结构完全匹配不了这个不确定性的时代,需要依靠自组织,灵敏地感知非线性变量的规律,通过网状触点引发爆点。

二、自组织的特点

　　通俗点来说,自组织就是指系统在不受外部指令的条件下,按照自主设定的某种规则,各尽其责又协调一致自动形成的有序结构。与自组织对应,他组织依赖外部指令来形成系统组织。

　　从企业管理的角度,可以将自组织的特点大致概括为四个方面:第一,共同的目标承诺与共享的价值。系统的协同是自组织产生的基础,从战略上而言,共同的目标提供了组织内各成员协同的发展方向,共享的价值起到战术上的管控和激励效果。第二,权威来源多元化、多层次。传统企业的层级制,是一种自上而下的权威,属于行政命令权威。自组织的权威一是流程权威,二是专业权威,取消中央集权,人人都可能成为中心,人人皆可以是权威。第三,高度的授权信任体系。在自组织里,每个个体被充分信任和授权,主动去负责、去创新、去协同。第四,多中心的网状结构。自组织强调去中心化,不是矩阵式或者直线式的结构,而是基于价值创造的纵横交错的网状结构。

　　自组织也符合热力学第二定律,即不可能把热从低温物体传到高温物体而不产生其他影响。具体而言,在自然发展过程中,一个孤立系统的总混乱度不会减少,从某种程度上来说,为抵消无序和混乱,自组织需要吸收更多的能量,提高自组织的自适用性。企业如何以信息和资源共享为基础,构建协同创新系统来提升企业的效率和活力,逐步从无序过渡到有序,拥有适用环境变化的自我调节能力及自我修复能力，自组织提供了一个答案。

三、自组织的实践

兵贵神速，信息时代，企业组织正从大规模生产的"福特主义"向"小型、高效、全能的模块化"组织形态"转变。[①] 这种组织形态以单位小组为核心展开自上而下与自下而上的整合，通过把被赋权的单位小组作为特种部队，冲锋商场前线，迅速占领每一块领地。以韩都衣舍为例，改变原本的总经理、总经理助理、各种总监及职能部门的组织结构，对层级制下各职能部门进行打散重组，以产品小组为核心构建组织结构，在企业公共服务平台上形成由设计师（选款师）、页面制作专业及货品管理专员组成的"自主经营体"。企业作为公共服务平台，提供采购、物流等资源支持。

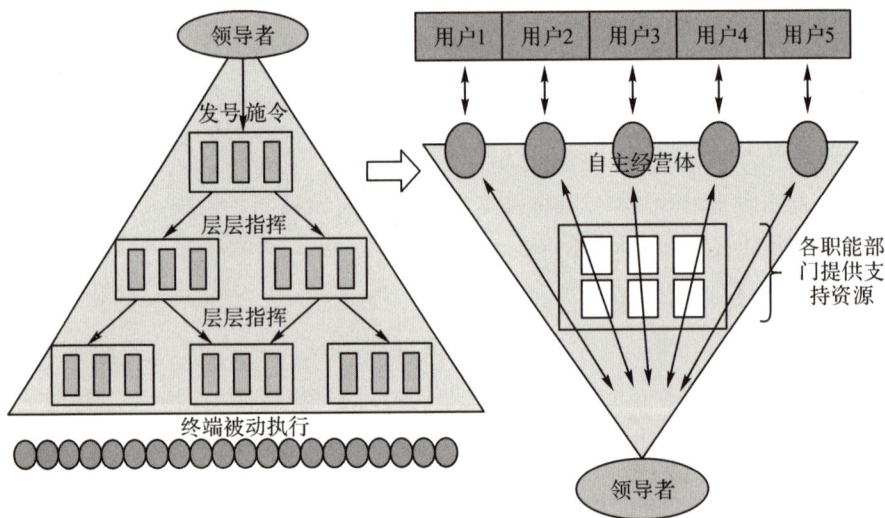

图 7-4　正金字塔结构与倒三角结构图

资料来源：王博.信息时代企业组织变革发展方向[J].现代管理科学,2017(2).

互联网时代，正金字塔式的管理结构作为控制型管理，层层指挥，对领导的要求是管理，强调决策力；对员工的要求是服从，强调执行力。在这种管理

---

① 曹仰锋：《海尔转型：人人都是 CEO》，中信出版社 2017 年版，第 373 页。

结构下,员工是没有思考的,企业主要依靠领导者的个人能力在发展前进,领导的高度决定了企业发展的"天花板"。韩都衣舍的产品小组是一种倒三角的管理模式,三人产品小组基于产品的研发、销售进行管理,自下而上确定销售任务指标(销售额、毛利率、库存周转),同时在公司规定的最低定价标准基础上自行决定具体产品的价格、数量、款式、促销策略,业绩则根据"销售额×毛利率×提成系数"进行计算,在最小业务单元上实现责、权、利的统一,其他的公务部门提供支持,整个企业就是一种服务型管理。倒三角的结构中,最上面是最接近用户的自组织,充分授权、自主经营,以经营需要要求企业的公共部门给它们提供支持,企业的领导者作为地基,支撑起企业发展的厚度。

第四节　从强部门到强岗位的变革

强部门、弱岗位下的模式,各部门各司其职,比如产品研发部门负责产品的研发,销售部门负责产品的销售。但从整个企业来看,一旦产品或业务市场反馈不佳,问题追究就显得比较困难,可以说产品设计有问题,也可以说成本控制不到位,或者说营销工作开展不力,等等。总之,最后的结果便是商品积压,出现不知道谁应该负责的局面。因此,互联网工业企业组织设置必须改变这种模式,由强部门向强岗位转变。

一、部门设置

(一)部门设置原则

1. 精简、高效原则。组织结构中设置的部门要以有效实现组织目标为前提,分类与整合,合并业务相近部门,删减可有可无的部门。

2. 均衡性原则。各部门在职责上不同,但是各部门职务的指标任务分派应做到平衡,避免部门之间任务的多寡不均。

3. 弹性原则。部门的划分不是一成不变的,应该随着业务的需要进行动态调整,增设和撤销完全视工作需求而定,当然,企业在某一特殊时期,比如大型活动期间也可以增设临时部门或者从不同部门抽调人员组成特别工作小组解决临时出现的问题。

4. 规模经济性原则。专业化分工使具备特定知识和技能的专业人员聚集在一起,形成一个个部门,分门别类地快速处理某一环节,有些相同的工作环节可以进行划分,这些平行业务,在管理上更易制订标准,产出也更为容易比较,起到同行合作和同行竞争的效果。

(二)部门设置方法

1. 按照职能划分

这是应用最为广泛的办法,根据专业化生产,以工作的性质或任务为基础划分各部门。企业的职能一般包括生产、销售、财务、人事、采购和行政,以这些组织职能为基础,便可以将组织划分为生产部门、销售部门、财务部门等。当然,由于企业的行业不同,同一职能在不同组织中的重要程度也不尽相同,在实际中,各部门具体的命名方式会产生一些差异。

这种办法的好处是充分考虑了专业化分工及生产效率的提高,有利于培养和发展专业人才,简化了培训工作。缺点是各职能部门出于利益和需要容易产生部门主义,忽视与其他部门的合作。

2. 按产品划分

这种方法较多为采用多元化经营战略的大企业所采用,根据企业生产的产品类型或系列组织生产运营活动,设立一级部门,这些大类部门再基于业务需要进行任务细分,建立从属的职能部门。整个部门聚焦在特定产品上,有利于产品的创新发展,便于明确各产品的负责人,但这种方法也导致各产品部门之间独立性较强而整体性较差,各产品分部内需要重复设置不同职能部门,造成资源重复配置。

3. 按顾客划分

这一点在互联网企业还比较常见,比如许多互联网企业的 TOC 和 TOB 端,按照自己服务的用户群体划分部门,将与这类顾客群体相关的各种活动结合起来,并委派对应的管理者分别管理。

按照顾客类型划分职能部门突出了用户导向,更好地迎合顾客的需要,采用这种办法,最大的好处是服务的专业化,针对不同市场消费人群形成针对性的解决方案,提高用户的满意度。缺点主要是,不同顾客群体的特殊性要求导致部门间协调成本加大,有时候,顾客的划分也是十分不易。

4.按照技术或设备划分

以产品开发技术或者生产设备为类别进行部门的划分。比如制造业企业中设立的电镀车间、焊接车间、冲压车间,互联网企业的研发部、设计部等。这种划分方法充分发挥了专业人员的技术特长及设备的专用性,不足之处是忽视整体目标。

为减少部门借口和协调成本,价值链管理主张将性质不同,但是互相间存在极其重要的协调关系的部门联系到一起,比如,有些服装企业,将一些衣服的采购和销售归为一个主管负责,依据消费者的需求及销售数据进行有重点的采购。市场急剧变化,部门划分的界限并不是泾渭分明,许多公司在实际中,根据战略定位及经营管理的需要,综合采用上述办法进行归纳或分解部门。

(三)部门职责划分

按照职能、产品、顾客或是技术或设备划分各部门,只是划分的角度不同,最终都是以产品的生产或者服务的供给为结果呈现,综合考虑,企业的部门职责可大致从研发、生产、销售及配套支持活动进行展开分析。

1.生产服务

生产主要的职能任务是根据产品技术、采购和加工生产要素,生成最终产品。具体而言,表现在生产要素管理、生产进度管控、生产质量管理、生产成本管控等方面。服务是在顾客获取、使用产品过程中提供支持和协助。

2.产品研发

通过研究分析及功能升级与完善,开发要素输入到产品输出的系统办法。具体而言,表现在:一是用户需求研究,二是产品功能开发,三是技术开发,四是产品外形迭代,五是产品测试。

3.人力资源

职能任务可以概括为招聘、维护和增强企业人力资源。主要职能一般有六大方面：一是人员招聘与配置，二是培训及开发，三是企业文化发展，四是绩效管理，五是薪资福利管理，六是劳动关系管理。

4. 资本财务

资本财务部门主要是对企业运营过程中的资金筹措、使用及利润分配活动的管理，主要职能是融资管理、财务管理及投资管理。

5. 综合行政

作为一个综合管理职能部门，综合行政部为其他各部门提供辅助支持，比如公关任务、法律事务、会议管理、办公物业、办公器具采购与管理、车辆管理等职能。

6. 市场营销

市场营销部门的职能任务为驱动消费者认知企业与产品价值，进而购买产品，扩大产品的目标市场。主要职能：一是市场研究，二是价格调节，三是渠道建设，四是产品促销，五是品牌推广。

二、岗位管理体系的构建

(一)岗位内涵与岗位管理流程

1. 岗位内涵

岗位是专业化分工的产物，是在一定的组织中，由特定的人承担一系列工作职责的组织位置。在组织中，岗位是最小的组织单元，包含三方面内涵：一是岗位存在于组织中；二是岗位需要完成一定的组织任务；三是岗位上需要一定的人来作为行动主体。

2. 岗位管理

岗位管理需要结合环境的变化，对企业战略调整、员工能力素质、企业规模与技术因素统筹考虑，通过岗位设置、岗位分析、岗位评估、岗位约束等过程控制，实现人岗之间最佳的互动与配合，提高劳动效率。

3. 管理流程

岗位管理的流程：岗位设置—岗位分析—岗位评估—岗位分类。第一步,因事设岗;第二步,岗位内容、职责及性质描述;第三步,对岗位的工作内容、职责完成及贡献评估设置考核标准;最后依据岗位性质及工作内容等差异,横向上分为生产、销售、管理、服务等类别,纵向上依据贡献度及价值创造区分不同的薪酬等级。

(二)岗位管理体系

1. 岗位轮换制和岗位竞聘制

取消传统的岗位定员制和定额制,实行差额岗位设置,按照公平、公开与公正的原则择优招聘员工。支持企业员工竞争上岗,通过竞争识别人力、发现人才进而合理配置人才。员工可以通过轮岗发现适合自己的并且自己能够胜任的岗位,转化企业用人机制,保证员工流动性和工作内容丰富性,激发潜能,提升岗位和员工价值创造的可能性。

2. 岗位辅导制和岗位见习制

岗位辅导以岗位职责和岗位技能为依据,选贤任能,充分发挥企业内部人才资源的"传、帮、带"作用,强化辐射功能,从整体上提高全体员工综合素质。见习岗位的设置作为企业人才储备的手段,岗位见习制为企业发展输入新鲜血液,盘活岗位内外资源。

3. 岗位考核制和岗位退出制

岗位考核制是对岗位职责和岗位胜任力的评价,通过动态考核,激励富有绩效的员工,督促落后的员工,激发全员的工作活力。以考核结果为参照,全员享有同等的机会参与岗位竞聘,自主把握晋升机会。那些不能胜任工作的员工如若通过岗位调换或获得辅导还不能完成职责,企业可依法解雇。最终建立考核有办法、奖励有多样、淘汰有依据的用人机制,所有员工"能上也能下,能进也能出"。

第五节　从被管理到自我约束的变革

"在信息社会里,人再也不会承担生产的简单劳动,由电脑控制的机器将完成一切复杂的工作,泰勒式的管理已经失去了意义……除了自动化和合理化以外,'劳动能力的全面挖掘'和更为全面地运用人的能力变得越来越重要。"[1]新的互动式管理作为一种劳动能力的全面挖掘和更为全面地运用人的能力的组织形式,对传统他控式管理的冲击表现在如下一些方面:为控制物质资源而设立的职位让位于以信息和知识为基础设立的职位;从约束人的权力型组织转变为互动式的学习型组织;从等级森严的科层组织空间向信息共享的虚拟工作空间转变;从被动的受控式管理向员工自我管理与自我评估转变;从传统的制度性硬管理向现代虚拟化软管理转变;从传统的权威管理者向新型的知识管理者转变。[2]

一、管理理念的变革

(一)管理非控制

传统管理学认为,管理就是控制,通过外在的控制和惩罚,才能确保员工完成企业目标。然而外部的控制并不能充分发挥员工的潜能,见物不见人的管理,无法调动员工的积极性和创造性,结果反而有损组织目标的实现。随着企业的各个生产与流通过程不断被信息和网络所覆盖,金字塔组织逐步转变为扁平组织和网络化团队组织,人的作用越来越明显,成为技术和知识的载体。除了常见的外部控制因素外,Locke 等人(1988)提出,员工个人的需要、期望水平等也会对目标承诺产生巨大影响。[3] 只有对人力资本进行有效开发和管理,才能充分实现知识在企业发展中的转化。也就是由传统的以物为中心的管理转变为以人为中心的管理,前者强调客观事物的重要性,以物的要求来设置对人的要求,员工是隶属于组织目标的客体。后者则将各项活动建立在人的自觉性挖掘及工作积极性提高的基础上,注重发挥人的能动性及自主性,员工不再是被束缚的被动者,而是创新及创造的主体。

---

① 荆林波:《衍生品网络交易的冲击波》,《发展研究》1999 年第 3 期,第 42 页。

② 梁玉芬:《新经济时代"互动式管理"对传统"他控式管理"的六大冲击》,《管理科学文摘》2002 年第 11 期,第 23-25 页。

③ Locke, E. A. , Latham, G. P. and Erez, M. "The Determinants of Goal Commitment". *Academy of Management Review*, 1988(13), pp. 23-39.

（二）晋升非奖励

传统的等级体系里，薪酬等级对应垂直的职位，也就是对职位而不是对能力付薪，更高的管理层级拥有着更大的责任与权利范围，与普通员工相比，管理者的薪酬明显高出几倍甚至几十倍，企业内垂直体系下员工间薪酬差距明显。除了显性的工资收入，其他隐含报酬和福利也是不胜枚举，如高管出差可以坐飞机头等舱、公司配车、高规格办公室配备、优先获得股权等。报酬和优待都在透露出一个信息：在企业最重要的就是往上晋升。在岗位上做得再出色，也获得不了晋升带来的金钱和地位。企业往往也倾向于以升职作为员工的奖励，将在本岗位表现突出的员工提拔到更高级别的职位，而这些获得提拔的员工却往往不能胜任更高一级的岗位，原来的岗位也失去了能够充分展现才能的员工，一举多失。对员工的评价可以保留晋升机制，但设计一套更为科学合理的考核制度更为重要，客观而全面地评价员工的能力和贡献，可以采取多元化奖励方式，比如绩效薪酬、带薪休假等方式。

二、管理方式的变革

（一）由管到理

传统工业企业中，管理职能以分工和专业化为基础，管理职能被工作流程的专业化分工所分割，整个组织目标被划分为各职能部门的分散小目标，组织内各部门之间缺乏联系和统筹运作，组织运行以"管"为主，整合起碎片化的工作，上下级之间是一种单向的传递过程。在信息时代，工业互联网企业呈现自动化、智能化及学习化的特点，原本作为上传下达的中间管理层大大减少，功能弱化，企业组织从庞大的扁平型向灵活机动的虚拟组织过渡。"理"就是协调好组织目标和个人目标，企业提供一种良好的工作环境，和员工构建合作关系，将员工个人目标融合到组织目标中，重视人的内在需求及价值获取，理清企业和员工之间的关系。"礼贤下士"，将员工理解为企业最大的资产，通过内外"融智"，发挥人才的智慧和知识，为企业创造更大的价值。

(二)重视指导与激励

管理方式由"控制"转向"指导与激励",典型如韩都衣舍的"产品小组制"、海尔的"自主经营体",一个个平行团队拥有自主决策权、分配权及用人权;承接组织战略,自主承诺团队目标。员工可以根据自身情况选择进入不同的团体,团体内部进行民主选举,公平竞聘。组织间及团队内基于上述目标承诺和公平互选机制形成承诺和信任关系,充分授权并将其契约化,明确各成员权利、责任和收益,进行自驱动的运作。倒逼组织上下游辅助资源支持,市场化竞争,自负盈亏,并根据成员承诺完成情况实施成长与淘汰机制。

三、管理手段变革

(一)数字化管理

信息技术的发展促进了数字化、网络化及信息化管理工具的出现,管理手段实现现代化。以管理信息系统为例,企业的管理信息系统是由人及电子计算机组成的对所需要的信息进行收集、整理、处理、保存的数据处理系统,利用管理信息系统,每个员工不仅是一线操作者,在信息管理与数据控制的基础上可以更好地进行决策。采用了数据管理信息系统后,企业中各部门不是独立的信息处理机构,而是一个综合管理系统下的子单元,整个企业构成一个决策综合系统。

(二)信息化建设

管理信息系统可以分为三个等级:一是战略决策管理信息系统,提供企业最高管理层有关战略目标、方针、规划等方面的信息。二是管理控制信息系统。它为企业中的事业部、分公司这一级领导提供必要的信息。三是日常业务管理信息系统。它为企业中直接从事生产工作的管理人员提供日常业务的信息和情况。[①] 组织结构趋向扁平化后,管理信息系统的三个等级随之

---

① 李新家:《网络经济研究》,中国经济出版社 2004 年版,第 300 页。

也会边界模糊,相互交叉。比如说,传统的高层管理者也需要了解一线作业情况,根据实际发展不断进行战略布局调整。最低的一线作业管理者也需要及时准确了解最高管理层真实的想法,更好地贯彻执行,减少信息传达失真和效率损失。

企业内部网络的使用不但加强了信息传输的速度,还增加了信息相互组合而不断产生的价值。生产流程、财务控制、营销管理等计划和管理网络化,为员工提供各种必要的信息、数据及报告,以便他们做出即时决策。通过生产、销售等环节进行大数据数学建模来很好预测市场走势,有效提高人员和设备使用率。

四、管理模式变革

刘善仕将西方最佳人力资源管理模式归纳为承诺型、控制型、内部发展型、市场导向型、利诱型、投资型与参与型等不同形式。[①] Arthur 认为承诺型通过强化员工与组织之间的情感联系来达到员工自主行为与组织目标高度一致的目的。控制型要求员工遵守组织的规章制度,依据可测量的产出来奖励员工。[②] Delery 认为内部发展型就是以长期培育的观点来对待员工,Doty 认为市场导向型则以短期、交易的观点来对待雇佣关系。[③] Dyer 认为利诱型就是以利诱性工具作为激励员工的方式,员工与组织间的关系是直接、简单的利益交换关系。[④] 投资型则重视员工的创新,注重对员工的培训和激励,员工和组织建立长期的工作关系。参与型是组织下放决策权,员工参与决策。

上述管理模式可以分为控制和承诺两大类,控制型通常出现在等级森严的传统企业中,员工与企业之间是短期的,以企业利益最大化为目标导向的

---

① 刘善仕、刘辉健等:《西方最佳人力资源管理模式研究》,《外国经济与管理》2005 年第 3 期,第 34 页。

② Arthur,J. B. "Effects of Human Resource Systems on Manufacturing Performance and Turnover". *Academy of Management Journal*, 1994(37),pp. 670-687.

③ Delery,J. E.,Doty,D. H. "Modes of Theorizing in Strategic Human Resource Management:Tests of Universalistic,Contingency and Configurational Perspectives". *Academy of Management Journal*,1996(39),pp. 802-805.

④ Dyer,L. "A Strategic Perspective Human Resource Management:Evolving Role and Responsibility". *ASPA-BNA Series*,1988,pp. 20-21.

关系。承诺型强调员工与组织间的联系，以共同发展为导向的长期合作关系。显然，上述七种管理形式中，内部型、投资型及参与型是承诺型管理，市场导向型、利诱型为控制型管理。当然，企业可以采用组合使用或者交叉使用上述七种管理模式。

整体上看，互联网工业企业以承诺型管理为主，具体表现在如下几个方面：在招聘方面，强调应聘者的个人综合素质和发展潜能而非技能；在培训方面，应用范围广泛的知识和技巧；在绩效评估方面，以行动和结果为导向，关注员工发展；在薪酬待遇方面，对内公平、权变，以绩效为基础；在晋升机制上，广泛灵活，空间巨大；在工作保障上，福利制度完善；在工作组织上，自我管理团队，参与度高，工作定义宽泛。简言之，员工与企业不是短期的交易关系，也不是雇佣关系，而是命运共同体，企业是员工的企业。受企业绩效激励的刺激，员工有为自己奋斗的动力；组织提供一种支持和鼓励，如信任及授权，形成员工发挥能动性的支持力。鼓励价值创造和价值共享的文化氛围是员工创造力挖掘的内驱力。

五、案例：小米公司的用人之道

小米公司以互联网方式做手机的企业估值高达上千亿美元，成立八年来，会集各大领域顶尖人才，小米的精锐团队是其成功的一个因素，用人和激励是小米在移动互联网时代的两把利刃。

(一)人即企业，企业即人

最好的人才造就最好的竞争力，乔布斯甚至认为一个出色的人才能顶五十名平庸员工，其坦言大约把四分之一的时间用于招募人才，雷军在创业前半年80%的时间里都在寻找人才。最好的人才，需要具备两个条件：一是必须有强烈的创业心态，对所做的工作极为喜欢。二是必须最具专业素养。强调团队的重要性，团队第一，产品第二，有了好的团队，自然会有好的产品。

(二)合伙制

小米的组织架构是核心创始人——部门领导人及员工。在扁平组织架构下,每个合伙人掌管 2—3 项业务,各司其职,互不干涉,减少牵制。合伙人分权掌管公司,人尽其用,极大地提高了工作效率和产品创新速度。在小米的文化里,很重要的一条是做事的效率和成效比规矩和章程更重要,能不开会就不开会,把开会的时间用在产品研发上。

(三)激励手段

透明的利益分享机制,以员工为本,最大限度为员工谋取福利,通过发放手机、出资度假,以及全员持股等方式让员工在激励中不断燃烧自己的激情,自我约束,提高工作创新能力。公司共设立了三种可供员工选择的获取薪酬的方式。一是与跨国公司相同的报酬;二是 1/3 的报酬＋股权;三是 1/3 的股权＋报酬,且期权获取门槛不高,例如一个客服人员在入职半年以上的时间内如果表现优异便可获得期权。股权激励有利于充分调动员工热情,提升工作品质。

另外,基于成就感及荣誉感的激励也是一大法宝,小米点滴系统专门开发了手机端的 App,每位员工可在上面提出自己的想法,只要运营小组有三人点赞并评论便可将想法实施。小米鼓励产品各服务人员直接对接市场,用户通过手机可以评分,得到好评的员工会产生进一步努力的动力,而获得差评的员工则会据此改进,将用户不满意的地方全方位改正,直至用户满意为止。

(四)无硬性的人员管理制度

小米公司内部没有硬性的人员管理制度,公司的管理目标不是靠人员管理制度来实现,而是靠员工的良好责任感,硬性的管理制度不一定保证员工如期完成任务,反而会给员工带来一种心理压力,逼员工产生作假行为,为了创新而创新抑或是为了晋升而创新,对提高用户体验无任何作用。最好的考核指标从来不是 KPI,而是用户对每位员工的满意度,这才是对员工最真实的考核。

第六节　互联网工业企业组织变革路径的关注点

根据前文对组织变革体系的分析,本节将结合互联网工业企业组织变革路径,提炼其管理关注要点,为互联网工业企业组织变革提供可操作性思路。

一、制订有效战略

通过前文分析可知,企业战略决策在组织变革中发挥决定性作用。不同互联网工业企业面临的内外部环境各不相同,适用的战略存在差异。因此,互联网工业企业应从自身实际情况出发,制订有效战略,发挥对组织变革的正向促进作用。

互联网工业企业为制订有效战略,必须牢牢把握"互联网+"的时代发展动向,明确"工业4.0"时代的愿景与使命陈述,使用科学系统的战略分析方法(如图7-5所示)。在此基础上,企业应综合愿景、使命陈述以及战略环境分析结果,实施相应组织变革战略,实现公司层战略、竞争层战略与职能层战略的良性协调,推动工业企业组织网络化程度的提高,深化传统工业产品与新兴互联网技术的融合。

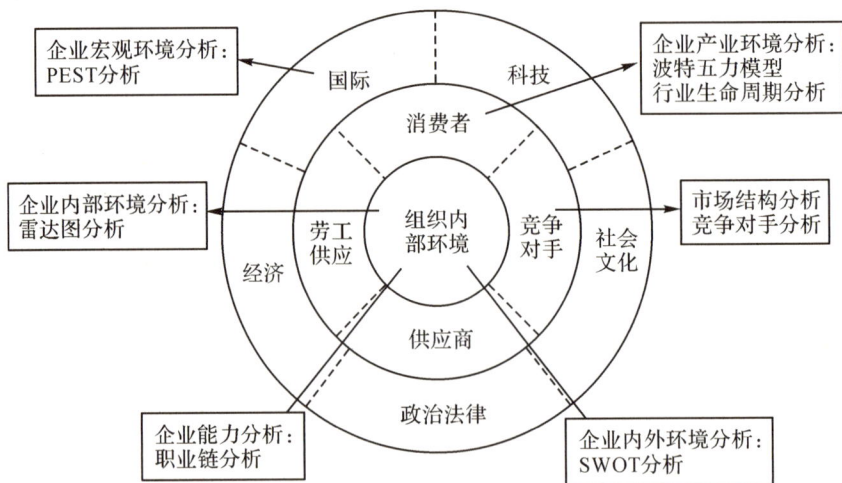

图 7-5　企业战略环境分析方法

二、实施激励政策

工业企业组织变革是一项复杂的系统工程,需要多方协调配合。在组织变革过程中,由于变革本身的不确定性,会损害权益层、经营层、操作层的既得利益,从而使他们对组织变革产生抵触情绪。尤其是在互联网工业企业中,传统一线产业工人对新兴互联网技术较为陌生,在工业企业互联网化过程中,难免会产生抵触情绪。在此背景下,互联网工业企业必须实施合理的激励政策,消除互联网工业企业成员的心理恐慌。具体而言,企业的激励政策可分为经营层激励与操作层激励。经营层的激励手段主要有年薪激励、股票期权激励、管理层收购、经营者持股、虚拟股票、业绩股票;操作层的激励手段主要有物质激励、参与激励、目标激励、荣誉激励、成就激励、工作本身激励、情感激励、文化激励、知识激励。

企业对经营层、操作层的激励手段存在多种形式,总体上看,可将激励政策分为物质激励、精神激励两种。互联网工业企业在实施激励政策时,应当注意不同类型员工存在的差异,尊重员工自我选择,为企业员工提供差异化的激励政策。此外,互联网工业企业必须充分认识到精神激励能帮助企业树立良好的信誉与品牌形象,维护员工合法权益,从而提升企业凝聚力。

三、重视文化建设

企业文化为组织变革提供重要的软环境支撑。企业文化对组织变革的作用具有两面性,当企业文化与互联网环境下的组织变革不相适应时,必须对企业文化实施变革。

企业文化变革的策略包括以下四方面:第一,对企业精神层、制度层、行为层、物质层文化进行由表及里、由浅入深的剖析,确定亟须变革的企业文化要素。第二,通过多种媒介渠道,向员工系统说明实施企业文化变革的必要性,不失时机地通过真实案例加速新理念的传播。在此过程中,尤其要重视新媒体的作用,例如,通过微信推送等形式提升企业新文化理念在企业员工中的知晓程度。第三,任命具有新观念的领导,加强领导力建设,必要时实施企业重组。第四,调整人事制度,为新型文化价值观提供人力支撑。

四、运用现代科技

互联网工业企业与传统工业企业的最大区别在于对现代信息技术的广泛利用。随着产业结构调整升级进入深水区,互联网工业企业在进一步深化组织变革过程中必须更加充分地与现代信息技术结合。为此,需主要做好以下几方面工作:

第一,加大技术研发投入,对新兴市场进行前瞻性规划。互联网工业企业应加大在大数据、云计算、物联网、人工智能与虚拟现实领域的投入,以无线芯片、处理芯片、存储芯片、物联网网关为重点技术突破口。第二,深化跨界合作。边界模糊化是当今互联网工业企业组织变革的重要趋势,互联网工业企业应当坚持系统优化思想,树立全局观念,有机整合半导体厂商、软件开发商、互联网公司的竞争优势,深化信息资源共享、业务协同,加强技术研发合作。第三,组建区域工业云创新服务中心。充分考虑到工业云资源结构性失衡的现状,对症下药,采用纵向工业云服务模式,集大规模计算平台、大规模工业设备、领域专家团队、主导产业创新服务于一体,打造区域工业云创新服务中心,为顾客提供关于产品的优化方案,作为互联网工业企业组织变革的引擎。

五、控制变革成本

由于组织变革对组织运行的连续性、组织业务的正常开展存在影响,加上变革存在失误风险,需要付出机会成本。"互联网+"作为工业企业转型升级的新型发展模式,运行机制尚未成熟。因此,在组织变革过程中必须严格控制变革成本,保证互联网工业企业发展壮大。[①] 互联网工业企业组织变革成本主要来自以下方面,如图 7-6 所示。

---

① 李云龙:《组织变革管理策略研究》,山西财经大学硕士学位论文,2006 年。

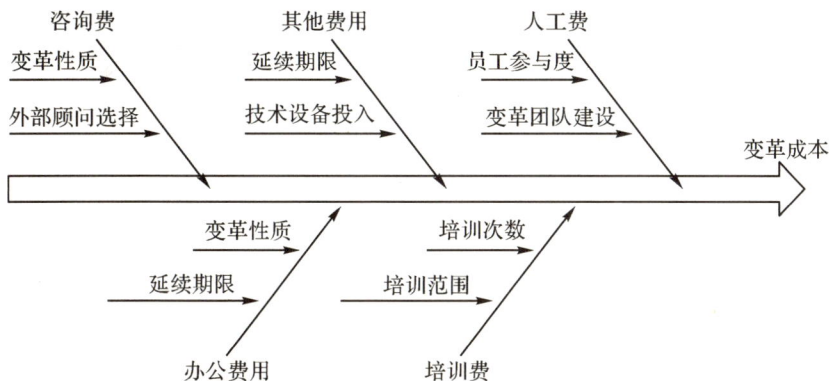

图 7-6 企业变革成本影响因素

资料来源:李云龙. 组织变革管理策略研究[D]. 山西财经大学,2006.

为最大限度降低组织变革成本,互联网工业企业应当做好以下两方面工作:一方面,建立高效变革团队。面对日益激烈的市场竞争环境,组织变革团队应当具备敏锐的洞察力、强烈的创新意识、长远的战略眼光。构建高效团队,不仅需要互联网工业企业在制度设计上予以支撑,还要发挥理念、价值观的引领作用,为成功实施组织变革保驾护航。另一方面,实施全面变革。互联网工业企业组织变革是一个系统工程,涉及企业战略决策、人力资源管理、组织文化建设、信息技术运用等方方面面的因素,并且每个企业价值链构成存在差异,组织变革均具有自身的特殊性。鉴于此,在实施组织变革过程中,需要做好以下两项工作:第一,必须明确组织变革阶段性工作的具体时限,在避免阶段性变革时间过长的同时,有效控制变革范围,精准定位组织变革中的重点问题;第二,在组织变革的每一阶段,严格开展成本收益核算,有效控制变革成本,在保证必要成本投入的同时,防止变革成本出现不合理的增长。

顺利实施互联网工业企业组织变革是一个系统工程,具有长期性、复杂性、艰巨性。各企业在统筹考虑企业战略、人力资源、企业文化、信息技术等要素支持作用,采用与之相对应的政策路径的同时,还要充分认识到自身所处内外部环境的特殊性,探索出一条最适合自身长远发展的组织变革路径。

第八章　互联网工业企业组织变革的目标模式

　　当今,互联网工业企业组织进化的基本走向呈现为"四化":一是去边界化,无边界组织,跨界是产业生态;二是去中介化,组织结构趋向扁平化及平台化;三是去中心化,鼓励自主创新;四是去权威化,组织与人的关系是合作伙伴关系。这个过程中,必然包含边界、组织、结构、层级、流程、权利、责任、关系、分工、协作等组织运作要素的创新。本章将在组织变革路径分析的基础上进一步具体探讨互联网工业企业组织变革的目标模式。

第一节　业务流程的直线组织咬合链的设计

　　互联网工业企业组织属于流程化组织。所谓流程化组织,是面向客户需求,沿着流程来分配权利、资源以及责任的组织,将流程与组织并联成为战略执行的载体,通过对组织结构、岗位职责的有效设计,使得职责清晰明确,确保战略在组织及个人层面获得有效承接。通过对流程与组织的有效整合,确保业务在组织间得到有效支撑和高效协作,最终实现面向客户的业务目标,有效提升组织竞争力,降低运营成本和风险。流程化组织三要素包括流程、组织和IT系统,其中组织是执行业务的主体,流程是执行业务的规则和路径,IT是执行业务的工具和载体。以此构建的组织运行方式,所有的方向都是指向客户需求,满足客户需求,才有价值回报。管理要为业务发展服务,为组织经营服务,通过以客户为中心,以生产为底线的流程责任管理体系,打造组织核心竞争实力。

一、业务流程的核心内容

基于客户需求与经营需求的获得性要素实现能力及赢得性要素的保障能力,从价值增值强度出发,企业的业务流程大致有客户类流程和保障类流程。

(一)客户类流程

1.计划类流程

分解总任务,以制订计划的形式串联起销售部、生管部、仓库、采购部、各生产单位的管理及运作,分阶段分目标明确并落实信息来源责任。比如销售部依据历史销售数据、市场预测信息编制"销售月计划"给生管部,生管部据此编制"安全库存计划"并结合物料设备判断生产能力,制订"周/月生产计划"。

2.研发类流程

此类流程提供产品立项分析到软硬件配套设计并在样品生产的后续中进行调试或测试的工程化的验证管理。以新药研发为例,发现新化学物质,实验室对物理化学性质及稳定性展开研究,筛选制剂处方及工艺研究。通过实验室研究后再进行动物实验,展开药理药效研究及毒理实验与安全性评价试验。最后进行几期人体临床试验后申请新药生产上市。

3.销售类流程

销售类流程是为订单评审、货物发运等紧要环节减压,将非正常销售业务的处理纳入规范管理。

(二)保障类流程

1.采购类流程

采购类流程包含询价、供方选择、合同管理等,以获取生产物料资源,保障企业生产。采购单元依据生产计划及物料需求发出采购信息,并公开招标选择供应商,通过评审、谈判与中标供应商签订采购合同。

2.生产及库存类流程

此类流程提供客户订单查询,负责生产进度安排、资源流转与分配、库存管理等。依据产品工艺及材料采购单进行生产作业,展开进度追踪和协调,质检部抽样检查产品质量,合格的产品入库销售,滞销产品或问题产品回流入库再处理。

3.财务类流程

财务类流程是为企业的运营管理提供资金核算、财务预算及财务审批的规范管理。

二、业务流程的再设计

消费者价值诉求不再是单一的功能性需求,由产品的功能性价值转变为一体化的体验和整体的价值诉求,这就要求企业打破传统组织严格按照功能实现进行分工的组织结构,重新对业务流程进行设计,形成过程导向型的管理模式。

(一)流程设计思路

流程设计遵循由外到内的设计思路,以客户导向为价值取向,活动之间同步流动,组织规则和资源提供配套支持,做好输入、活动、输出、价值与客户之间"端对端"的支持和协同。

(二)流程设计步骤

基于功能价值和比较价值的思考,流程设计步骤大致如下:

1.界定流程的范围,明确流程的起点和终点。

2.依据用户画像识别目标用户和潜在用户,分析对应的价值追求,确定流程各阶段的结构输出和绩效考核标准。

3.基于不同的用户需求,搭建产品的使用场景。

4.确定不同场景里的关键步骤、步骤顺序与执行主体、各步骤间的逻辑关系。

5.定义各流程的输入。

6.制订各活动的责任、指标、资源及规则等要素。

7.依据业务需求扩展一级流程,形成细分子流程。

三、业务流程评价办法

业务流程及配套设计完成之后,还需要继续完善已经产出的业务流程,实施业务流程评价。流程评价应基于产品开发周期、次品率、顾客满意度和降低成本四个方面,按照一定的步骤实施评价工作。[①] 首先,根据业务流程的目标确定主要测评指标,对业务流程进行初步评价,找出突出的特点;接着制订业务员流程处置的初步决策,识别和分析业务流程中的杠杆点;最后根据现有的流程进行评价,再对业务流程中的各个步骤进行评价,对所有评价结果进行归集、分析。而流程运行及维护中的问题诊断,可以采用定性和定量分析相结合的各种方法。采用鱼骨图法,可以发现问题的根本原因,透过现象看到问题的本质。让各流程小组辨识问题产生的所有原因,并从中找出根本原因,分享导致问题的各原因之间相互的关系,从而采取补救措施,正确行动。成本分析法通过对现有流程的花费成本和产出价值之间的关系进行分析评价,发现企业中的绩效优秀流程,并针对各种层次的流程提出合适的优化策略,从而提高企业的价值管控能力。标杆法顾名思义就是选择看齐的标杆企业进而根据标杆企业的做法选择衡量企业流程的绩效目标,依据标杆企业的经营成果确定本企业的目标,并可借鉴标杆企业在解决相应问题时的思路和工作办法。

第二节　职能管理系统与业务流程系统的融合

传统的业务管理注重职能层级机制,流程的概念打破职能划分的界限,以资源的输入到输出的系列价值创造活动,来模块化整合资源,取代行政协调。以项目管理为核心的业务流程,既可以是由某一个企业单独完成,也可

---

① 黄成日:《业务流程管理咨询工具箱》,人民邮电出版社 2010 年版,第 14 页。

以是基于战略合作的多企业联盟进行协作完成。

一、业务流程优化

信息时代,技术的革新及市场的多变使互联网工业企业的经营单元逐步走向项目化、团队化,从垂直指挥系统到自组织系统,从强部门到强岗位,业务流程优化体现在横向上各流程之间的"端对端"模式上,可以取消中间不必要的环节,追求效益,提升价值统一及合作增值;在纵向上对每个流程环节进行分析,降低环节之间的离散程度,企业各业务单元直接面向用户提供全面解决方案。

(一)双层次目标要求

1.最大化满足用户需求

用户需求包含对消费的产品或服务的能力要素和赢得要素。能力要素指的是产品服务立足市场的基本要求,赢得要素是指产品或服务在功能或服务组合上带来的比较优势。

2.合理满足企业运营需求

满足企业运营需求意味着整个业务流程不仅具备经济上的可行性,能提供所需要的产品或服务,还具备满足用户需求获得赢得要素的保障能力。

最大化满足用户需求旨在提高用户的满意度并获取最大的增值,合理满足企业运营需求旨在提升企业流程的核心竞争力,确保产品服务具备赢得要素。考虑将这两个需求与运作流程的各个环节的关系作为流程优化的切入点。

(二)业务流程优化的主要程序

1.市场需求识别

所谓以用户为中心,指的是以用户视角建设和优化流程,在流程各环节中培育产品服务获得赢得优势及竞争优势的能力,增强流程面对市场环境灵活应变的能力。

市场需求识别包括如下三个层次:第一,识别满足用户需求的能力要素,明确产品服务最基本的消费需要和市场立足点。第二,判别满足用户需求的赢得要素,明确产品服务带动用户增长、获取用户黏性的比较优势。第三,寻找价值增值空间,基于产品服务的全生命周期思考潜在的机会和遗漏的需求,并在业务流程的每个环节思考可协作的要素。

2.业务流程设计

简单来说,业务流程设计的目的就是以形成产品服务价值的最少资源投入来获得产品服务的最大增值,即损耗最低,效用最大。业务流程设计首先要以获得用户全方位的满意为出发点,以竞争战略为指导,坚持过程导向原则,全面把握和了解用户的需求,确定核心业务流程和核心价值要素。二要坚持过程导向原则,抛弃按照传统组织理论将职位和部门等实体作为流程基本构件的做法,以必需的可增值的业务、活动或事件作为流程的基本构件进行流程设计或重组集成,形成业务活动协调衔接、价值链增值、优势逐级保障的有机业务流程。[①]

图 8-1　融合的业务流程

3.组织结构调整

组织系统作为流程的支撑载体,业务流程系统的设计必须强化组织之间的网络协同效用,通过消除割裂、流程精简、优化设置,匹配用户需求和竞争战略双重要求,对组织系统提出功能要求。当组织内功能目标存在相互制约和互斥关系时,围绕企业核心能力、关键流程环节、优势保障能力、产品服务核心价值要素等重点,强化资源配置重点。依据设备、工艺流程的结构化设计,确定好其组合关系和形式后,还要匹配运营计划方法、运作程序、控制方式等非结构化要素,以结构化要素和非结构化要素作用于组织业务流程的前

---

①　张青山、吴国秋:《具有竞争优势期望的服务型制造业务流程优化研究》,《预测》2014 年第 2 期,第 62 页。

端、中期及后端各个环节,构建业务活动间协调衔接的价值网络。

二、海尔案例:"市场链"同步流程

哈默提出"只有把鸡蛋打碎才能做鸡蛋饼"的理念,而海尔则将这一理念具体化为以市场链为纽带展开业务流程再造,即强调以资源的整合来优化业务流程的设计,以整合性的流程来替代原本被职能瓜分的功能性流程,实现组织结构的扁平化、信息化和网络化。

(一)流程再造手段

索薪、索赔、跳闸的制度是海尔"市场链"流程再造的手段,简称 SST。具体的内容是在企业内部,每道工序都是下道工序的供应商,下道工序是上道工序的客户,企业内部建立基于工序流转的准市场交易机制,工序工作完成的好坏影响其报酬收入,当本道工序工作受到上道工序工作的质量影响时,可以向上道工序索赔。在彼此订单履行的过程当中既不出现索薪又不出现索赔时,利益相关的第三方便会出来制约并解决问题。通过订单获取和业务流程顺序分解,组织中不同部门之间的上下级关系变为客户订单关系。以人人都是市场的内部交易机制的建立,激活员工的责任心和主动性。

(二)以顾客需求最大化满足为目标

海尔"市场链"流程再造通过 SST 形式,并辅以 IT 框架的数据支撑,使每一个流程都有自己的直接顾客,每一个员工都有自己负责的工作,责权一体的小微组织可以快速响应顾客的个性化需求。传统的职能型部门结构没有直接对终端消费者负责的部门,海尔的业务流程咬合链将用户满意度分层次地传递给每一个业务流程和岗位,并以一系列内部流程"订单"的目标确立、基础目标的工作完成及正负激励挂钩带动企业物流、资金流的高效运行,在最低的能耗"三个零"(零距离、零库存、零营运资本)基础上实现最大的价值输出。

(三)以 OEC 管理为平台

OEC 来源于 Overall Every Control and Clear 的首字母,即全方位、每人、

每事、每天,控制、清理,可以理解为:每天的工作每天完成,每天的工作每天清理并提高。海尔"市场链"流程再造的实施离不开平台的支持,OEC 作为业务流程再造的管理平台,由目标体系、日清体系和激励机制共同组成,在内部市场链的订单流转与订单履行过程中提供目标的层层分解,量化到人,落实到位,日清的结果还要与薪酬激励水平挂钩,并且,纵向与自己的过去相比,横向与行业相比,找出差距,修正原计划或寻找新目标,将市场链的每项工作落到实处。

第三节　员工行为的设计与控制

将铁屑撒在纸上,它们会随意散落。但把一块磁铁放在纸下面,铁屑立刻便会有序地排列在一起,原因是磁铁产生了磁场。对企业而言,要使员工自由而有序地跟随企业磁场行动,需要通过一种有效的方法来重组组织结构引导员工行为。组织结构的变革需要匹配未来的年轻人,如果说 70 后、80 后甘愿服从制度安排当一个螺丝钉,任劳任怨,那现在的 90 后及 00 后一代则更为重视自我实现,传统的"重组织、轻员工"的管理理念已明显不合时宜。

一、新契约模式

互联网平台思维使工业企业不断整合内外资源,企业变为一个由自由职业者和全职员工组成的混合体。在新的契约时代,管理者与员工不存在正式的层级关系。如海尔的自主经营体通过组织授权,实现自主决策、自主创新与自我驱动管理。企业最好能与员工构建相互投资型雇佣关系,当员工成为与企业祸福相关的入股者时,由于能够享受到企业发展带来的利益,必然会提升幸福感。[①] 对应的,人力资源管理的思维方式需要发生彻底的转变,从最初的组织、控制等职能转变为与企业战略互依互存的高度,人即企业,企业即人。

---

① 赵宜萱、赵曙明等:《逆全球化风险下的企业家精神、组织变革与雇佣关系》,《经济管理》2017年第 11 期,第 192 页。

（一）目标融合

组织目标是作为经营实体的企业，希望可以通过一定的方法或过程实现的一种理想结果。狭义上讲，企业的组织目标是经济效益最大化，随着经济的发展及社会的进步，企业不仅肩负经济责任，还需要突破以盈利为目标的传统理念，注重对社会的贡献，对人的价值的尊重。组织向下授权的过程中，每个员工都可以获得整个组织资源的支持，自我属性得到极大提升，主动性发挥的过程中，行为导向趋向企业目标还是个人目标也就有了自由偏向的空间。组织结构的设计需要考虑个人目标和组织目标的融合，鼓励员工发现问题并尝试自己解决，并根据绩效进行薪酬考核，以组织目标的实现带动个人目标的完成，最终更好地完成组织目标。员工不再只是为企业而奋斗，也在为自己而努力。

（二）契约关系

劳动关系法中，企业与员工之间具有平等地位，但员工是企业的员工，两者是管理与被管理的隶属关系，领导者下达命令后，管理者负责指挥，以权威的层层等级秩序对员工行为进行控制，致力于企业目标的实现。个人目标与组织目标很好地融合不一定保证价值的实现，当员工与企业之间的关系变为利益共同体或者说命运共同体，组织内契约关系的建立是对信任与合作关系的强化，包括员工与自组织建立契约、自组织之间建立契约、自组织和企业建立契约。双方的地位相等，各自拥有不同的权利和责任，以双方间的约定来进行合作，既可能存在特殊的从属关系，关系持续、稳定且长期，也可能不受对方太多约束限制，契约关系以任务或项目的终结为解除标志。

（三）自我管理

自我管理意味着将运营管理的责任传递给一线员工或团队，员工最大限度参与企业的生产流通全过程管理，显著提高组织绩效，组织系统通过决策层级的减少大大提升了对外部市场的回应能力。从被管理到自我约束，员工不仅可以自主竞岗，还可以自主安排工作内容，在对自组织进行目标承诺后，在人事的计划、安排、控制与协调方面承担责任。海尔的自组织经营体不仅可以倒逼其他组织配给资源支持，在团队内部，自主经营体有权利自由安排人员，分配团队经营成果，员工基于个人情况自主调整工作进度，修改工作计划。

自我管理的好处是对存在的问题无须上报便可自查原因，对快速变化的市场也能不用上报便快速做出反应，大量的等待时间被用来想方设法提高运营成效。在完成组织目标的过程中，员工或自组织系统主动根据工作需要，要求上级领导提供支持，提出修改意见，自主性需要得到满足的同时，感受到自己对企业的价值，自主分配目标实现的成果，又进一步强化了这种自我认同。

（四）支持体系

正如组织的无边界并不是真正的一点边界都没有，只是强调组织内外信息及资源如细胞间液体的渗透般自由流动。企业在实现组织目标创造价值的过程中，需要多方资源投入，多个自组织系统之间的通力合作，所以说，在组织内部建立有效的支持体系对于组织目标的实现至关重要。比如，韩都衣舍的企划中心作为数据平台，通过对产品的数据分析与预测，制订整体目标，并将目标分解为各产品小组的小组目标，产品小组据此制订分阶段目标和考核标准。

企业组织结构扁平化后，组织结构大致由高层管理者、自组织团队及提供支持资源的各职能部门组成，各自组织团队自负盈亏，自主经营，自组织之间围绕着组织目标相互给予支持，从关联的角度统筹协调又不失独立地开展工作。战略管理、行政、人力、财会等运营支持活动构成整个组织的支持体系，基于各自组织的产品设计、生产、销售提供全流程的资源支持。

（五）动态竞争

竞争选岗，允许员工自主选择工作内容与工作岗位。传统的工作安排是以个人的技能及素质是否符合岗位的需求为出发点，更多的是从组织角度来匹配职位和员工，对员工的自我意愿和特点考虑较少，从而造成岗不合人、人浮于事的现象。竞争选岗，结合了岗位的需求与员工的期待，当员工可以选择岗位时，人们为了能够找到一个既需要自己，自己也很有发挥空间的职位，会不懈地自我提升，不断成长。

对于绩效表现,考虑柔性"淘汰机制",也就是表面上无淘汰机制,但依据销售额、日活、回购率、投诉率等数据进行绩效考核评分,小组排名自动化更新,各小组可以实时了解各小组数据。奖金设置上,依据动态排名获取对应奖金,数额不等,小组奖金由各小组自行分配。小组人员可以自由进出各小组,分裂和重组反而会激发组织的活力。

站在动力机制及能力提升两个大的角度,目标融合、契约关系、自我管理、支持体系及动态竞争为员工行为的设计提供了思路,并有效指导员工在个人目标和组织目标上做到最大的融合,每一个设计步骤都侧重对应着最佳人力资源管理模式基本原则:信息共享、知识开发、绩效与薪酬挂钩和平等的工作环境中的不同项,具体见表 8-1。

表 8-1　新契约关系下人力资源管理模式

	动力	能力		
	信息共享	平等的工作环境	知识开发	绩效与薪酬挂钩
目标融合	√	√		
新雇佣关系	√	√	√	
自我管理		√	√	
支持体系	√	√	√	
动态竞争	√	√	√	√

二、激励机制

前面提到控制型和承诺型的人力资源管理模式,控制型的人力资源管理模式往往采用固定薪酬,以职位确定薪酬,是一种着眼于外部的公平。承诺型的人力资源管理模式较多采用权变薪酬计算方法,以个人或组织的绩效进行差别计算。

(一)晋升即奖励

通常情况下,企业都会制订一些制度或采取一些方法对员工实施激励,促进员工更加努力地为企业创造更大的价值。企业制订的激励方法常见的有金钱激励(资金奖励)、关爱奖励(给予员工生活工作及家属的关爱与关怀,激励员工的工作积极性与创造性)、尊重激励(尊重并采纳下属的意见与建议)、情绪激励(团队内部建立和谐、亲密的气氛)、行为激励(能够在员工生活、工作、态度上身先士卒,表现为有福同享有难同当)、目标激励(让执行者感到完成目标对于自身的重要性)等。[①] 比起其他几种,比较直观的激励方式当数晋升,员工在当前的职位上表现优异便以提拔晋升作为奖励,这似乎无可厚非,毕竟更高的职位拥有更大的权利范围与更高的薪资报酬,满足了员工物质需求与尊重需求。但与层级制一样,在一定的企业组织及企业发展过程中是能起到激励员工的作用的,当组织结构发生改变,员工价值追求发生改变时,其局限性不言而喻。

这种晋升实质上不仅是对员工才能的错误匹配,也是对企业人力资源的浪费。但同时,这种晋升在强调薪酬和职位相挂钩的组织体系中又是不可避免的。造成的结果便是,所有的职位都由不能胜任该职位的员工担任,所有的任务都被不能胜任该职位的员工所完成,企业的组织运行效率自然低下。

(二)固定底薪+能力底薪+绩效薪酬

下放权力,管理者角色从控制者变为辅导者,实施者成为行为结果的负责者,在传统的指挥链条下,员工只是管理层发号施令下的执行者,是行为导向,而不是结果导向,如同家长保护下的儿童,习惯去做,但是对于为什么去做,做的效果如何,交由家长去负责,自己不关心。

报酬根据职位来确定,实质上就是对过去成就的回报,而不与现在的工作表现相关联,加上越高的管理层级,对应越高的薪资报酬,晋升无望的员工必然产生失落及不公平的情绪。把报酬与能力和绩效联系起来,以岗定酬、以能力加薪打破位高权重、名利双收的固有职场现象,营造公平及奋进的企业氛围。转变薪酬体系,关键是设置报酬层次,基础底薪给予生活保障,满足低层次的物质需求;能力底薪作为附加报酬给予发展保障,促使员工不断学习进步;绩效薪酬为组织目标提供实施保障,提高工作效率。

(1)固定底薪:由过去的贡献决定,可以依据市场情况每年调整一次,给予基本的保障。

[①] 周高华、咸玺:《互联网+小米:如何站在风口之上》,人民邮电出版社 2016 年版,第 132 页。

（2）能力底薪：由对组织发展具有价值的且与工作相关的并可实际发挥作用的能力决定，鼓励个人学习。

（3）绩效薪酬：基于企业及小组对个人绩效的评估，减少工作懈怠。

三个薪酬各自所占比例需要根据市场、行业及职位的不同而改变，但是一般的原则是底薪不超过全部薪酬的 60%。这可以迫使人们重视成绩和能力发展，以提高自己的薪酬。[①] 例如韩都衣舍，企业会对小组的业绩进行每日排名，小组的提成根据毛利润以及库存周转率计算，小组内提成分配，由组长决定，报部门经理和分管总经理批准。对部门主管和经理的考核，部门销售额占 50%，后进小组或者新成立小组的成长速度占 50%。

固定底薪＋能力底薪＋绩效薪酬的薪酬设计既考虑了生存和发展的需求，将薪酬建立在员工创造的价值上，同时满足了员工的自我实现需求，物质激励基础上充分融合了精神及情感激励。这种良好的激励机制以人力规划分析为基础，关心员工并与员工共同成长，以创造企业价值和员工价值为目标，设计出一套发展可评估、绩效可评价的人力激励模式，留住员工并留好员工。

第四节　直线水平化网络组织的协调机制

直线水平化网络组织中，外部边界模糊化，每个企业都是一个网络节点，新的组织形式不断出现，比如企业间的战略同盟、虚拟企业及产业集群，网络组织是介于传统组织形式和市场运作模式之间的新型组织形态，是具有参与活动能力的行为主体在交换资源、传递信息过程中发生联系时所建立的各种正式和非正式关系的总和。[②] 网络组织的最大优势是各组成单元基于信息共享和知识扩散的合作形成较为紧密的关系，整个系统能够科学有效地配置整个网络组织的资源，最大限度地节约交易费用。

---

① ［美］阿什肯纳斯、［美］尤里奇等：《无边界组织》，姜文波、刘丽君等译，机械工业出版社 2016 年版，第 92 页。

② 李晓辉：《网络组织视角下大型钢铁企业横向协调机制设计》，《技术经济与管理研究》2016 年第 12 期，第 63 页。

一、协调机制

在传统企业里,组织在专业化分工的基础上,依据工作流程对组织目标进行层层分解,在分解的过程中,必然涉及资源、任务及人员安排之间的分配协调关系,这时候就需要诸如工作标准化、产品标准化等协调机制来处理这些关系。从协调产生的原因来看,要素或者活动之间的依赖关系决定了对应的协调机制,大致存在两种基本协调形式:一是程序化协调机制,主要采用标准、规则和计划等预先可以做出设计的制度或安排来协调和控制组织的各种依赖关系;二是人际关系协调,主要通过相互学习、知识共享和相互调整来处理组织中的依赖关系。

Fenema 进一步将组织协调机制分为四种:一是基于工作的协调,主要包括计划、标准和专业化机制;二是基于组织设计的协调,主要包括层级制、横向契约关系及跨职能团队机制;三是人际关系协调,主要包括相互调整、知识共享和工作关系建立;四是基于技术的协调,主要包括通过媒介、数据库和工作流程技术等进行协调。

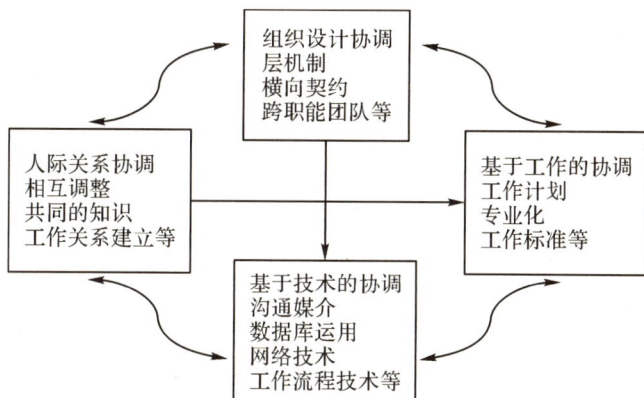

图 8-2　组织协调机制的综合分析框架(Fenema,2002)

资料来源:Fenema,Paul C. Van.. *Coordination and Control of Globally Distributed Software Projects*. Rotterdam:PH. D thesis of Erasmus Research Institute of Management, Erasmus University,2002.

上述协调模型中,每种协调机制其实也是针对特定组织结构类型而言,有其适用的场景,比如简单的组织较多采用直接监督机制,无须太多的组织协调设计；层级森严的组织通常采用业务流程标准化进行协调；专业化组织之间采用技术标准化机制；学习型组织之间通常采用动态调整机制。

由此可知，传统工业企业大批量流水化作业流程下，企业通常是以标准化及成熟技术来协调组织运行，协调机制是正式的、机械式的；互联网工业企业生产以小批量及多样化为特征，往往采用信息沟通或者关系协调等机制解决复杂的组织协调问题，协调机制是有机的互相调整。

二、协调手段

组织或活动要素的依赖水平及组织结构类型是影响组织协调机制的重要因素。依据 Crowston and Malone 提出的协调理论模型（Model of Coordination Theory），在完成组织目标的过程中，资源或活动会产生各种依赖关系，比如任务—资源关系、资源—资源关系等。依据完成任务的方式及资源与任务之间的关系可以将依赖关系大致分为三类：一是匹配（Fit）关系；二是流动（Flow）关系；三是共享（Sharing）关系。匹配关系就是为支持某种活动，多种活动在此过程中共同投入形成的依赖关系。流动关系是指一种活动的产出为另一种活动提供投入的支持时形成的活动依赖关系。共享关系是多种活动共同享有某一活动的投入而形成的依赖关系。

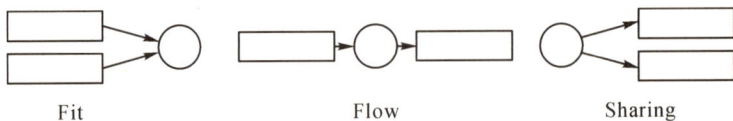

图 8-3　活动间的基本依赖关系模式（Crowston & Malone，1991）

资料来源：Crowston，Kevin G.. *Towards a coordination cookbook：Recipes for multi-agent action*. Ph. D. Dissertation，Cambridge，MA：MIT Sloan School of management，1991.

网络内的协调手段可以大致分为契约型与信任型。通过契约关系，企业间达成交易，互相交换中获得权力并承担义务。信任型发生在能很好平衡竞争与合作关系的组织边界内，基于合作带来的资源共享，个体与整体的绩效是高度统一的。可以看出，网络组织协调优势主要来源于两个方面：首先，资源的共享，各组织单元存在紧密联系，资源的共享填补了企业发展的空缺，增强了企业参与与配合的动机。其次，各组织单元的协调，不是基于市场价格机制,也不是传统科层领导,而是以信誉、承诺和信任为合作基础,极大地降低了层层指挥下科层的运行成本与复杂多变的市场机制的交易成本,网络组织内自主性提高的同时,整个网络朝着柔性化与灵活化发展。

从网络组织协调优势的来源来看,促进网络组织成员间的有效协调,一要认清成员间的资源能力特征,二要基于资源能力特征匹配灵活的协调机制。从资源相关性的视角可以大致了解网络组织各节点资源特征,资源相关性指网络组织成员资源的相互作用与相互影响程度,每一个企业都拥有自己的独特资源,这些资源与其他企业的资源可能存在互补、相互激发或相互制约的关系。通常而言,产业链上下游节点之间的资源相关性最强,互相依赖。以出版业为例,广义上来讲,出版、印刷及发行构成出版行业的产业链,作者作为出版环节的上游环节,为出版企业提供内容来源。造纸业在印刷环节中成本占比最大,纸张价格影响出版行业的利润。通过与下游批发零售商的合作,出版企业才能不断扩展出版物的发行渠道,使出版物到达更多的读者手中,出版物被读者消费才意味着获得市场认可,广告客户基于市场认可程度选择性投放广告,出版企业获得重要的收入来源。

非相关业务单元之间的资源相关性较弱,但是组织成员间影响和能力输出的渠道还是存在的,在这种情况下,组织成员间的直接联系较少,但成员间的能力还是具有互通性的,比如企业文化建设、业务流程管理等。企业需要积极开发学习通道,鼓励各组织单元之间相互学习,整体提高。资源相关性在客观程度上决定了组织单元之间合作关系的紧密与否。能力可以通过资源的运用成效来体现,同样的资源,不同的企业,通过不同的运营,其结果可能有天壤之别。资源的可获得性是合作的前提条件,成员间能力的差异则会影响合作的效果。当合作双方差距悬殊时,能力突出的一方在合作中处于主导地位,其影响对方的意愿强烈;而弱方也有强烈的学习愿望,获取强者管理、技术及运营方面的成熟经验,双方形成紧密的协作关系。不过需要注意的是当一方占有绝对优势时,比如拥有对方不可或缺的资源或无法模仿的技术时,这种协作往往内含大量不平等条件。

共赢的结果,只存在于双方能力相容的情况下,有时候,能力也可能成为阻力,组织成员只认同自身经营及管理,坚持自身认定的合作方式而给合作带来障碍。为使合作不陷入僵局,外部干预措施如沟通合作渠道的搭建、政策建议的引导可以为双方做出沟通和协商找到突破口,避免合作中出现负面行为。甚至可以通过正式的规章制度及集权方式实现最终裁定,为组织成员的高效合作保驾护航。这种情况在企业内部会有所不同,尽管组织成员内存在资源和能力的差异,但由于一体化的整体整合会削弱合作方之间的不平等性,双方更容易建立信任关系。正式的组织设计中的权责约束及授权自治可以让组织成员自行磨合形成有效的合作机制。

第五节　直线水平化网络组织的结构模型

在企业做大做强的过程中,效率低下和沟通成本加大的问题往往十分困扰大型组织,基于流程重组的扁平化改造则通过压缩组织层级打造柔性化、虚拟化的直线水平结构。在企业内部,实现各部门及各员工之间信息无障碍流通和传递。企业之间,通过开展网络化战略共享资源,如研发外包、生产外包等,与上下游企业或者横向关联企业形成战略同盟,形成跨越地理边界与企业边界的虚拟企业。

一、企业内部网络组织结构

一个完整的工作需要跨越多个职能部门,一个优秀的企业不只是把组织中独立的部分拼接在一起,而是通过精心的设计将这些独立的部分组成一个相互依赖的系统,建立多维度的网络组织,知识、能力、资源及权力分散在不同的组织单元之中,每个组织单元作为一个相对独立体,与此对应享有决策权及分配权。网络组织中,企业组织与企业内各单元组织都属于网络上的节点,知识及能力的差异使各组织单元需要合作。信息技术减少节点通信成本,增强信息共享,融合了组织单元。

(一)内部网络结构

组织的内部网络结构是在既有的组织框架内分解等级体系层级,由核心决策层及相互独立的组织单元在信息联结下转型而来的管理结构。在等级组织中,内部结构是正金字塔,最高权力属于处于塔尖的最高领导者,自上而下,逐层扩张,每一层级的管理者分管一定数量的下属,沟通沿着等级秩序来上下传递。

网络组织结构中,整个网络结构图由核心结点和众多其他结点组成,最高决策层作为核心结点,由董事会、总经理及辅助部门组成。比起等级组织,网络组织结构的核心节点在权利支配上已大为削弱,只保留对其他节点一定的影响力与控制力,来修正各组织单元的行为,确保战略目标的实现。组织单元作为围绕核心结点的联系结点,由职能团队、项目团队、子公司等组成,拥有极大的自主权,可以自我设计、自我运行与自我优化,可能是在一定的时期内持续存在,也可能随着项目的完成而立即解散回归或重组团队。

如图 8-4 所示,最高决策层通过组织内部的行政协调系统与组织单元产生直接联系(实线表示),通过信息共享及沟通系统与组织单元产生间接的合作关系(虚线表示)。组织单元之间共同服务于组织目标,形成双向伙伴关系(虚线表示)。

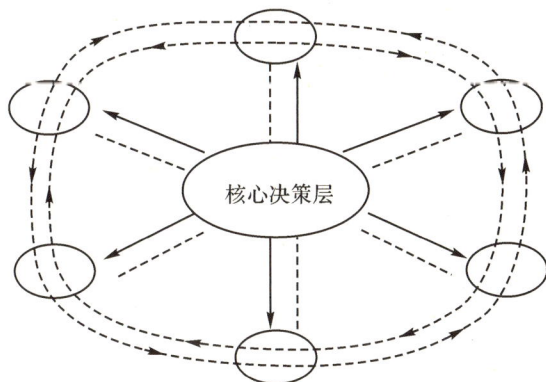

图 8-4　内部网络结构

单纯的分散并不能形成整体的合力,核心决策层作为内部网络组织的中心核,为各组织单元提供资源支持和必要协助,整个组织的竞争能力取决于中心核的集成能力和创新能力。信息流通过核心决策层集成并向各方向传递,同时,产品的竞争能力通过核心性的中央系统进一步集成。分散的单元结构作为网络组织中的自治团队,一般情况下是相对独立的存在,以信息交换实现互相间的联结,在特定的任务需要或流程整合时相互交织。不同于等级组织内部,资源的流动依靠行政指令来进行调度,网络组织内部的资源配置更倾向于一种协商性的准市场交易机制,内部交易机制围绕中央机构搭建交易场所,为组织单元之间的资源流动提供拟市场化的交易途径,提高资源配置弹性和资源流动效率。

(二)内部网络组织的作用

1.打破水平与垂直边界,加强组织沟通

传统的组织机构下,组织的沟通必须遵循既定的等级结构,逐层指挥与逐层上报。此外,不同的等级组织占据着不同层次的信息,较高的层级所掌握的信息远远多于较低层级,组织上下存在信息不对称,而纵向一体化使企业内部信息传递渠道较少且反应滞后,较长的指挥链隔离了市场和战略,信息失真往往带来决策的不切实际,从而导致管理失灵。

通过取消大量的中间管理层,以共享信息平台为基础,网络化的结构可以避免中间层的信息传递阻隔,压缩信息反馈时间。去中心化的分权机制授予每个组织单元内部在其所属权限内自主决策的机会,减少等级制下封闭体系在内部决策的冗长路径。内部组织网络以直线水平化的联系网络并联起各组织单元,在组织内部形成信息流,丰富了相互间的联系通道,组织的正常运转成本自然降低。

2.增强组织弹性,适应外部竞争

组织弹性是指企业有能力运用内外资源并集成内外能力支持,自动调节并迅速组织结构、资源和能力,从而有效或高效地应对环境的不确定性。

传统企业按照事先的计划,以权力架构和组织结构决定了资源分配,在信息不对称及管理效率低下的制约下,企业组织不可避免地会产生有的部门资源溢出,有的部门资源不足的现象。网络组织灵活权变的结构设计,使自负盈亏的独立经营个体可以依据自身发展需要主动寻求资源配置,内部信息的流通为资源传递和互换提供了契机。

权变理论认为没有普遍适用的组织模式,不同于传统的刚性组织,网络化组织在管理环节上保持充分的可调节性,内部网络以业务为导向,将权利和责任分散在网络的每一个节点上,组织单元可以自由进入展开竞争,又或者在需要支持时自行重组,每个组织单元拥有充分的授权,这是权利弹性的

表现。企业核心决策层负责战略控制及必要的方向校准,各组织单元负责具体的运营及管理。

3.发展团队合作,完善组织管理

戈文达拉扬提出"创立小型跨职能创业组织"推广逆向创新,工业企业的互联网化对所有要素(如资源、业务和组织)的要求是互相协同,网络组织将组织结构分为一个个单元,通过信息化协同,组成知识共享的组织结构,不同单元、不同层次的信息得到充分的交流和碰撞,依赖组织成员之间的充分沟通,减少内部的摩擦和损耗。以团队合作为表现的网络组织的治理模式体现了一种以人为本的治理理念,它以目标承诺为基础,依赖共同的价值观和企业文化,强调合作、协调与创新。与之相对应,鼓励学习的氛围促进了各成员积极奋斗,共同致力于组织目标的实现。

等级组织以合法的权威来决定支配关系,如军队般强调命令和服从,是一种权力导向机制。内部网络组织强调行为和决策的合理性,由对权力的迷信到对职能和项目的专注,也就产生了相互间的合作。各组织单元以信息流的传递为基础,相互关联、融合,以沟通与协作的形式做出动态调整,实现整体的战略。

二、企业外部网络组织结构

新古典经济学认为只存在市场及企业两种形式的经济组织。市场以价格机制指导资源配置,参与交易的企业自动协调进行。当市场交易费用过高时,企业会将市场交易纳入内部,以一种直接的等级性资源配置手段来提高效率。无论是市场还是企业,这两种制度安排都显然忽视了合作的存在。

(一)外部网络组织结构

外部网络组织是企业间基于相互间的联系构建起的网络组织,在产权性质上不同于内部网络,更多以契约形式建立企业联盟或者虚拟化组织,比如通过生产外包、销售外包、人力资源外包等方式自由地穿越价值链,在企业间形成稳定的长期契约关系,以共建网络组织的形式增强企业的系统生存能力。

市场交易有临时性和分散性,各企业通过市场寻找需要的资源进而发生间断性的交易,每一次交易都被视为单次事件,不考虑以前的关系结构,因此,每次资源流动都需要特别谨慎,考虑所有的风险。而网络组织是相对于市场组织而存在的组织形式,网络组织中的交易频次较高,长期的合作机制有利于组织之间互相了解,通过契约和信任关系可以保障组织间合作的持续性。更为重要的是,长期合作机制在交易内容和功能上发生了本质变化,不再是纯市场交易里商品及其他要素的所有权转移。当企业间的重复交易发展到一定频次,其交易的内容便会产生质的变化,原本一些被认为无法进入交易而存在于科层企业中的管理、指挥、协调的内容,现在可以包含在市场交易中,即在实物交易的同时,企业间会附带知识的让渡[①]。

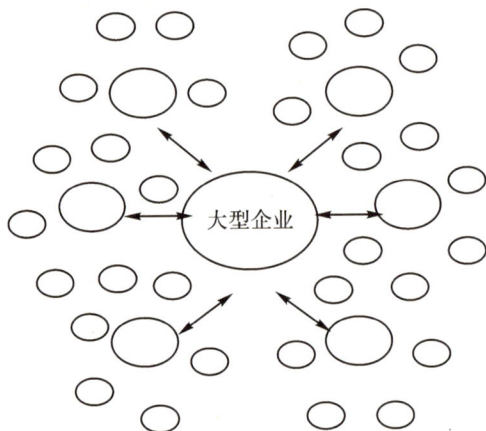

图 8-5 外部网络组织结构

外部网络分布在市场环境中,出于资源及能力的差异,网络组织核心单元通常是某一大型企业,与网络中其他组织成员相比,拥有资源、技术或者人力上的比较优势,但出于归核化的发展战略,企业专注于价值增值较大的业务板块,外购或分包非核心业务。其他专业的独立生产商或者服务提供商具备某一领域的生产能力,与大型企业相比,更加专业化与精细化,但出于资金和生产规模的制约,其发展壮大需要依附大型企业的业务维持。周边组织在整个网络组织中,又进一步转换为区域核心组织,有另外的组织单元服务于它们,如此重复分裂与自由组合,形成企业间一个个类模块化的区域网络组

---

① 喻卫斌:《试析网络组织的形成》,《经济问题》2009 年第 7 期,第 15—17 页。

织,共同编织起一整个共生性的外部网络组织。

(二)外部网络组织的作用

1.最大化利用外部资源,节约交易成本

科斯认为交易费用是企业为获取准确的市场信息所需要付出的费用,包含谈判和经常性契约的费用。传统企业以多元一体化的发展战略来实现自身内部的优势互补,进而实现协同效应和规模效益,但增加的管理难度又进而增加了新的组织成本。网络组织提供了一种市场与企业折中的结构,以外购和分包形式综合利用供应链、资本市场等企业外部资源,把市场的单次行为转变为组织间的重复多次交易,通过固定的长期契约,每次资源流动并不需要重复计算,减少交易的不确定性,降低谈判协商成本。

2.整合产业链,增强风险抵御能力

市场机制下,所有企业在价值链的不同链环上向最终用户提供产品或服务,这一链条的总体目标是通过创造出比竞争对手更高的价值来实现利润最大化,而价值链中的每一环节及其他实体,如政府管制机构、投资分析机构等都会影响其运作。网络化组织打造上下游产业联盟,进行竞争能力的补充,共生的网络结构树立彼此间的信任,避免机会主义及不确定风险的威胁,促进企业组织共同的生存和发展。在外部网络组织中,每个组织成员都旨在把整个价值链的价值最大化。

3.提高创新能力,增强产品竞争力

互补性和可协调性是外部网络组织存在的前提,核心组织和周边组织通过互补合作,搭建组织系统内技术资源、人力资源、生产要素资源、项目资源等网络体系,以知识的共享和信息的扩散形成紧密的突破价值链环节的经营形式,联合组织各方的技术优势,加速产品的技术创新与功能迭代,基于研发费用的共同承担,构建更具竞争力的产品结构。

第九章 互联网工业企业组织变革的支持体系

互联网工业企业组织变革是多重因素共同作用的结果,本章在前几章提出路径和方法的基础上重点探究互联网工业企业组织变革的支持体系,即分析互联网工业企业在组织变革过程中需要获取哪些支持,有利于保证互联网工业企业组织变革的过程可以顺利运行、组织变革目标得以较好实现。本章第一节将基于组织结构权变理论,尝试性构建支持体系,运用德尔菲法与层次分析法(AHP),评估各项因素的重要性。之后的几节将根据重要性评价结果,选取典型案例,分层次详细说明。需要特别说明的是,本章选取的互联网工业企业,均依托互联网平台广泛开展 B2B、B2C 业务,线上业务模式丰富,互联网交易额呈井喷式增长,属于典型的互联网工业企业。

第一节 支持体系构建

互联网工业企业组织变革受多方因素的作用,只有明晰各因素对互联网工业企业组织变革的作用机制,才能趋利避害,推动组织变革的顺利实施。本节将探索性地构建互联网环境下工业企业组织变革的支持体系,通过德尔菲法与层次分析法,确定各因素在互联网工业企业组织变革过程中的重要程度。

一、支持体系构建

互联网工业企业组织变革需要不同因素的支持，以提升企业绩效为最终目的。本节将尝试性地构建组织变革支持体系，在此基础上分析各因素对互联网工业企业组织变革的作用机制。

权变理论为研究二者间的关系提供理论支撑，其核心思想是：作为动态开放系统，组织与社会总系统各部分间相互影响、相互作用，与环境因素间存在函数关系，外生环境变量的改变会影响组织结构内部各要素，引发组织变革。[①] 基于此，本研究构建如表 9-1 所示的支持体系。在此基础上，运用德尔菲法，邀请中国海洋大学七位相关领域研究者，评价各指标相对重要性，通过层次分析法（AHP）确定指标权重，如表 9-1 所示。

表 9-1　互联网环境下工业企业组织变革支持体系

一级指标	优先级	二级指标	优先级	总优先级	权重排序
A1 战略决策	0.5748	B1 公司层战略	0.6522	0.3749	1
		B2 竞争层战略	0.2174	0.1250	2
		B3 职能层战略	0.1304	0.0750	4
A2 人力资源	0.1578	B4 战略规划	0.3747	0.0591	5
		B5 员工关系管理	0.1418	0.0224	10
		B6 工作分析	0.1230	0.0194	13
		B7 招聘与录用	0.1206	0.0190	14
		B8 培训与开发	0.1140	0.0180	16
		B9 薪酬与福利	0.1259	0.0199	11

① 谢戈：《权变理论视角下的企业管理与创新》，《中共乐山市委党校学报》2011 年第 5 期，第 66—69 页。

一级指标	优先级	二级指标	优先级	总优先级	权重排序
A3 企业文化	0.1609	B10 精神层文化	0.5336	0.0859	3
		B11 制度层文化	0.1660	0.0267	7
		B12 行为层文化	0.1436	0.0231	9
		B13 物质层文化	0.1567	0.0252	8
A4 信息技术	0.1065	B14 大数据	0.3992	0.0425	6
		B15 物联网	0.1164	0.0124	18
		B16 云计算	0.1863	0.0198	12
		B17 虚拟现实	0.1270	0.0135	17
		B18 人工智能	0.1711	0.0182	15

为保证层次排序的可信度,需要对判断矩阵进行一致性检验。经检验,各层指标的随机一致性比率 C.R. 均小于 0.1,上述排序结果可信。

二、实证结果分析

按照重要程度由高到低排列,四项一级指标依次为战略决策、企业文化、人力资源、信息技术。战略决策与互联网工业企业未来发展方向密切相关,对企业组织变革影响最大,权重达到 0.5748,远高于其他三项一级指标。人力资源、企业文化、信息技术三项一级指标权重差距不大,在互联网工业企业组织变革中的地位相当。下面分析二级指标对互联网工业企业组织变革的重要程度。

战略决策下属的二级指标包括公司层战略、竞争层战略、职能层战略三项,按照重要程度由高到低排列,依次为公司层战略、竞争层战略、职能层战略。作为互联网工业企业战略管理的关键,公司层战略为职能层战略、竞争层战略的制订和执行提供基本遵循,对互联网工业企业组织变革发挥指导作用,权重达到 0.6522,远高于其他两项二级指标。竞争层战略关系到公司层战略的落实效果,权重为 0.2174,居于第二位。职能层战略在公司层战略与竞争层战略的指导下实施,权重居于第三位,同竞争层战略权重间的差距较小。

人力资源下属二级指标包括战略规划、员工关系管理、工作分析、招聘与录用、培训与开发、薪酬与福利六项，按照重要程度由高到低排列，依次为战略规划、员工关系管理、薪酬与福利、工作分析、招聘与录用、培训与开发。前文分析已指出，互联网工业企业战略制订在组织变革中的作用至关重要，人力资源战略规划在六项指标中所占权重依然最大，达 0.3747，明显高于其他五项二级指标，说明其他五项职能的发挥需要在战略规划指导下进行。其他五项二级指标按照重要程度从高到低排列，依次为员工关系管理、薪酬与福利、工作分析、招聘与录用、培训与开发。

企业文化下属二级指标包括精神层文化、制度层文化、行为层文化、物质层文化四项，按照重要程度由高到低排列，依次为精神层文化、制度层文化、物质层文化、行为层文化。与人力资源二级指标权重排序结果类似，精神层文化权重达 0.5336，其他三项二级指标权重居于 0.14—0.17 间，说明精神层文化在互联网工业企业组织变革中居于领导核心地位。

信息技术下属二级指标包括大数据、物联网、云计算、虚拟现实、人工智能五项，按照重要程度由高到低排列，依次为大数据、云计算、人工智能、虚拟现实、物联网。其中，大数据权重达 0.3992，具有明显优势。其他四项技术均以大数据为核心技术支撑，权重小于大数据，但相互间的权重差距不大。

十七项二级指标的综合排序结果与前文分析相互印证。下面将结合互联网环境下互联网工业企业组织变革现状，选取典型互联网工业企业，逐一解读战略决策、人力资源、企业文化、信息技术对组织变革的作用机制。

第二节　企业战略决策支持

在动态的市场环境中，企业战略在组织变革中发挥引领作用。艾尔弗雷德·D.钱德勒在《战略与结构》一书中，以美国杜邦公司、通用公司、新泽西标准石油公司为例，提出"组织追随战略"的论断。在此基础上，Whittington、Pettigrew 和 Ruigrok(2002)构建 OESP 模型，说明战略决策、组织结构与企业绩效间的关系,论证了企业战略决策对组织变革的影响,如图 9-1 所示。[①]
本节将选取典型案例,逐一分析不同层级的企业战略对互联网工业企业组织
变革的作用机制。

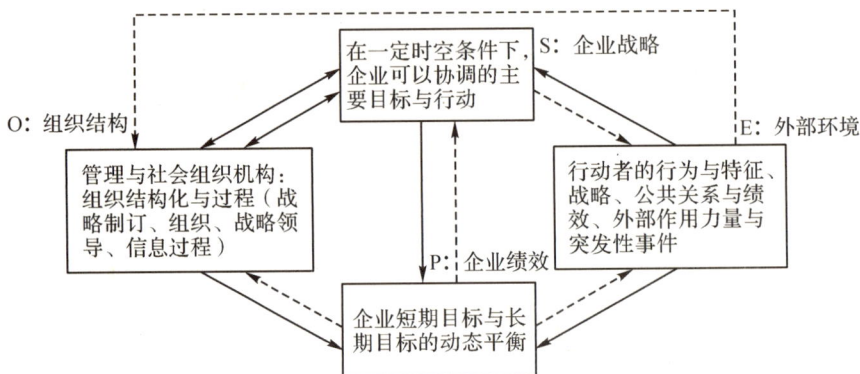

图 9-1　OESP 模型

注:→表示刚性关联,---→表示柔性关联。

资料来源:杨晓波. ORISC 公司战略管理研究[D]. 云南大学,2007.

一、企业战略决策构成

在第一节中,对公司层战略、竞争层战略、职能层战略在互联网工业企业
组织变革中的作用做了初步探究,本节将继续分析企业战略决策的支持作
用。从研究的切入口看,公司层战略、竞争层战略、职能层战略分属宏观、中
观、微观范畴,竞争层战略、职能层战略的实施应在公司层战略的指导下进
行。三项一级战略下,还包括若干二级战略,表 9-2 反映了企业战略圈层
结构。

---

① Ruigrok W,Pettigrew A,Peck S,et al. "Corporate Restructuring and New Forms of Organizing:
Evidence from Europe," *Mir Management International Review*,1999,39(2),pp. 41-64.

表 9-2　企业战略圈层结构

一级战略	二级战略	具体含义
公司层战略	加强型战略	企业在原有业务范围内,充分利用产品与市场上的潜力实现发展,包括产品开发、市场渗透、市场开发三种形式。
	多元化战略	企业同时涉足两个或两个以上相关或不相关的产业领域,包括同心多元化、横向多元化、混合多元化三种形式。
	一体化战略	企业充分利用优势,提高经营的广度与深度,包括前向一体化、后向一体化、横向一体化三种形式。
	防御型战略	企业在目前的经营战略领域紧缩经营,甚至退出目前业务或实施公司清算,包括合资经营、收割、剥离、清算四种形式。
竞争层战略	总成本领先战略	企业以最低的成本生产并提供为顾客所接受的产品和服务。
	差别化战略	企业在行业中具有独特性,形成行业壁垒,包括产品差别化、服务差别化、人事差别化、形象差别化四种形式。
	专一化战略	企业将产品或服务重点放在某一地区或某些特殊的顾客方面。
职能层战略	生产战略	确定如何通过生产运作活动,实现企业总体战略目标,包括成本战略、质量战略、时间战略三种形式。
	研发战略	围绕产品与市场战略,通过科学的调查与分析制订的产品开发战略,包括基础研究、应用研究、开发研究三种形式。
	营销战略	根据公司战略要求,制订市场营销的目标、途径与手段,支持并服务于公司战略,由产品战略、价格战略、促销战略、销售渠道战略组成。
	财务战略	分析企业内外部理财环境因素,对企业资本流动进行全局谋划,由融资战略、投资战略、资产管理战略、利润分配战略组成。

　　鉴于各项二级战略对互联网工业企业组织变革支持力度存在差异,参照上节采用的层次分析法(AHP),进一步评估战略支持体系内各指标的重要性,如表 9-3 所示。

表 9-3 互联网环境下工业企业组织变革战略支持体系

一级战略	优先级	二级战略	优先级	总优先级	权重排序
B1 公司层战略	0.6522	C1 加强型战略	0.4058	0.2647	1
		C2 多元化战略	0.2273	0.1482	3
		C3 一体化战略	0.2367	0.1544	2
		C4 防御型战略	0.1302	0.0849	5
B2 竞争层战略	0.1304	C5 差别化战略	0.5895	0.0769	6
		C6 专一化战略	0.2649	0.0345	8
		C7 总成本领先战略	0.1457	0.0190	11
B3 职能层战略	0.2174	C8 生产战略	0.1538	0.0334	9
		C9 研发战略	0.2486	0.0540	7
		C10 营销战略	0.4722	0.1027	4
		C11 财务战略	0.1254	0.0273	10

　　按照重要程度由高到低排列，三项一级战略依次为公司层战略、竞争层战略、职能层战略，前文已做出解释，不再赘述。下面分析二级战略对互联网工业企业组织变革的作用。

　　按照重要程度由高到低排列，公司层二级战略依次为加强型战略、一体化战略、多元化战略、防御型战略。加强型战略权重达 0.4058，远高于其他三项。在互联网时代，互联网工业企业生产能力明显增强，工业产品可替代性增强，企业通过产品开发、市场渗透、市场开发，才能在激烈的市场竞争中立于不败之地。一体化战略与多元化战略是截然相反的发展方向，互联网工业企业应根据自身实际，做出相应决策，两者权重几乎相同。互联网兴起使市场机制更完善，互联网工业企业应当主动出击，抢占市场先机，因此防御型战略权重最低。

　　按照重要程度由高到低排列，竞争层二级战略依次为差别化战略、专一化战略、总成本领先战略。大批量、可复制是工业的突出特点，这种理念不仅贯穿工业部门生产链，也对近代以来文化产业的发展造成影响，出现"文化工业"一说。大量可复制的产品，不仅抹杀了消费者的个性诉求，还使互联网工业企业陷入"红海"血拼。通过实施差别化战略，开拓"蓝海"，才是企业良性发展的必由之路,差别化战略权重最大。互联网经济具有显著的知识溢出效应,工业部门出现长尾效应,互联网工业企业在降低产品可替代性的同时,必须有的放矢,抓住关键产品的核心生产技术,才能在长期经营中实现规模报酬递增,专一化战略权重居中。自第三次技术革命拉开帷幕以来,社会必要劳动时间缩短,薄利多销的传统经营模式已不能适应社会经济发展的需要,总成本领先战略权重最低。

按照重要程度由高到低排列,职能层二级战略依次为营销战略、研发战略、生产战略、财务战略。互联网的繁荣催生新媒体产业的兴起,占据 PC 端、手机端的营销制高点,是在短时间内吸引大量消费者的捷径,营销战略权重为 0.4722,接近 0.5。2014 年,李克强总理在夏季达沃斯论坛上提出"大众创业,万众创新"的号召,并于 2015 年初正式写入政府工作报告,在此背景下,提升自主创新研发能力,是互联网工业企业生存发展的"王道",研发战略权重为 0.2486。实施生产战略应以研发战略为指导,生产战略权重为 0.1538,仅次于研发战略权重。财务战略是互联网工业企业营销、研发、生产活动的物质保障,权重为 0.1254。

十一项二级战略的排序结果与前文分析相互印证,下面将结合互联网工业企业典型案例,从三项一级战略入手,分析各项战略对企业组织变革的作用。

二、公司层战略

公司层战略决策对互联网工业企业组织变革具有引导作用。根据第一节中的实证结果可知,加强型战略处于绝对优势地位,决定企业组织变革走势。防御型战略权重最小,对企业组织变革的作用力最小。作为互联网工业企业截然不同的经营方向,多元化战略与一体化战略权重相当,在两种不同战略下,企业组织存在较大差异。鉴于此,本研究将重点分析多元化战略与一体化战略对互联网工业企业组织变革的影响。

(一)同心多元化战略

同心多元化是指企业增加新的但与原有业务相关的产品与服务,市场范围可变可不变。若互联网工业企业超过 70% 的收入来自某一项业务,所有业务共享产品、技术与分销渠道,则企业应当实施同心多元化战略。宝洁公司是成功实施同心多元化战略的代表。

宝洁公司成立于 1837 年,历经一百多年的发展,已成为世界上最大的日用品消费公司之一。公司的产品开发紧密围绕日化主题进行,产品间存在直接关联,属于典型的同心多元化战略。考虑到单一品牌的运营风险较高,宝洁公司在紧扣日化主题的同时,将产品细分为洗发、口腔、护肤三类,构建多元品牌。飘柔、海飞丝、潘婷、舒肤佳等耳熟能详的品牌,均出自宝洁公司旗下。在同心多元化战略下,宝洁公司为保证价值链上各环节同时对内对外进行产品经营,在发挥集权职能部门作用的基础上,成立产品事业部,形成保持活力与有效控制的混合结构①。具体而言,由于宝洁公司不同业务板块间的相关程度较高,属于典型的合作型多事业部结构,如图 9-2 所示。

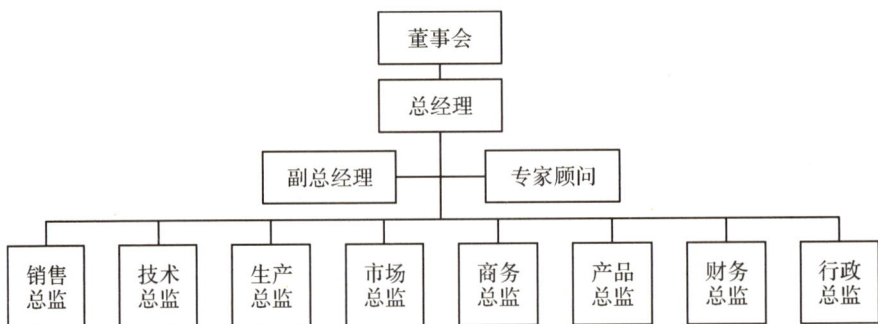

图 9-2 宝洁公司组织结构

合作型事业部结构能充分发挥各部门的灵活性与机动性,又能通过不同部门间的合作实现规模经济。在此基础上,由企业总负责人统筹协调,优化各事业部门间的沟通协调机制,保证各部门间能紧密配合。

(二)横向多元化战略

横向多元化是指企业向现有顾客提供新的、与原有业务不相关的产品或服务,市场范围不发生变化。若互联网工业企业超过 70% 的收入来自主导业

---

① 高云燕:《宝洁公司的市场细分策略》,《图书情报导刊》2007 年第 5 期,第 145—147 页。

务,各业务板块间关联有限,则企业应当实施横向多元化战略。海尔集团是成功实施横向多元化战略的典型代表。

海尔集团以家电制造为主体业务,截至目前,海尔集团已在世界 100 多个国家和地区建立 10 个研发中心、21 个工业园、66 个贸易公司、143330 个销售网点。如此卓越的成绩,得益于集团横向多元化战略的成功实施:1992 年,集团通过合资等手段,成功进驻冷柜、空调、洗衣机等白色家电领域;1997 年,海尔集团开始涉足数字电视生产,从白色家电领域进军黑色家电领域;次年,海尔集团又着手生产电脑,进驻米色家电领域。历经 30 多年的发展,海尔集团已成为中国家电行业的排头兵[①]。在横向多元化战略下,海尔集团建立起竞争型多事业部结构,如图 9-3 所示。

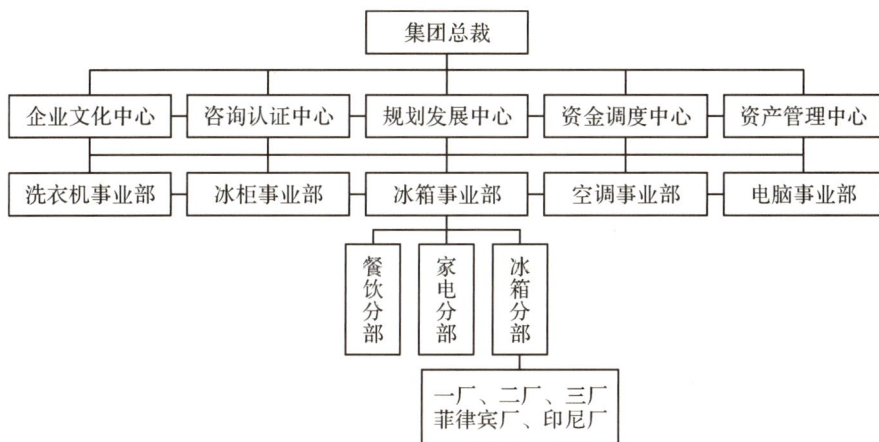

图 9-3　海尔集团组织结构

图 9-3 反映了海尔集团竞争型多事业部结构,限于篇幅,图中只描绘出冰箱事业部下属机构,冰柜事业部、冰箱事业部、空调事业部、电脑事业部下属机构与之类似。不同于合作型多事业部结构,海尔集团各事业部均代表具体业务板块,各业务板块间相对独立,存在一定竞争关系。若某部门利润额较高,海尔集团将重点发展该部门,抢占市场先机。

---

① 王俞现:《凭什么要学张瑞敏》,浙江大学出版社 2014 年版,第 12—15 页。

(三)混合多元化战略

混合多元化是同心多元化与横向多元化的结合体,指企业向新的市场提供与原有业务不相关的产品或服务,属于高层次的多元化战略。若互联网工业企业不到 70% 的收入来自主导业务,各业务板块间无相关性,则企业应当实施混合多元化战略。娃哈哈集团是成功实施混合多元化战略的典型代表。

娃哈哈集团于 1987 年在浙江杭州成立,先后开发含乳饮料、饮用水、碳酸饮料、果汁饮料、茶饮料、保健食品、罐头食品、休闲食品等 8 大类 100 多种产品,饮料生产粗具规模。1994 年,三峡库区移民工程开始实施,娃哈哈集团抓住机遇,组建娃哈哈涪陵分公司,支援移民工程建设,迅速跻身重庆市工业企业 50 强。1997 年,娃哈哈集团借西进涪陵的东风,先后在湖北宜昌、湖南长沙、四川广元、安徽巢湖等 26 个地级市建立 40 余家控股子公司,企业规模不断扩大。依托集团的雄厚实力,娃哈哈先后向童装、商业地产等领域进军。2002 年,集团秉承为广大中国少年儿童带去健康与快乐的愿景,将童装生产作为实施混合多元化战略的起点,广泛吸纳欧美地区服装设计人才,降低准入门槛,吸引全国各地经销商加盟,一举成为我国知名的童装品牌之一。2012 年,娃哈哈集团在混合多元化道路上又迈出坚实一步:在长沙、株洲开设商场的同时,集团购买并开工建设 20 家城市综合体,开始进军商业地产。2013 年 7 月,娃哈哈集团宣称,在未来三到五年内,集团将建成百余家购物中心和百货商店,努力成立商业地产领域的领军企业。

饮料、童装、商业地产,娃哈哈集团这些产品间并无直接关联,也未形成共享价值链,但从属于同一品牌——娃哈哈。[①] 在混合多元化战略下,娃哈哈组织机构采取了典型的母子公司式,避免企业总部对具体业务的过度干预,如图 9-4、图 9-5 所示。

图 9-4、图 9-5 分别表示了娃哈哈集团总部与分布组织结构。各分部需服从总部的统一调配,同时具有一定独立性,能根据所在区域实际情况,灵活调配下属的财务部、区域经理、人事部、跑单员,在组织设计方面适应了混合多元化战略的实施。

---

① 钟帆:《娃哈哈品牌发展战略分析》,浙江工业大学硕士学位论文,2013 年。

```
                        ┌─────────┐
                        │  总经理  │
                        └────┬────┘
            ┌─────────┐      │
            │  总经办  ├──────┤
            └─────────┘      │
    ┌───────┬───────┬───────┬───────┬───────┬───────┐
┌───┴───┐┌──┴───┐┌──┴────┐┌──┴────┐┌──┴────┐┌──┴────┐
│职能部门││各分部 ││销售公司││服饰公司││运输公司││其他部门│
└───────┘└──────┘└───────┘└───────┘└───────┘└───────┘
```

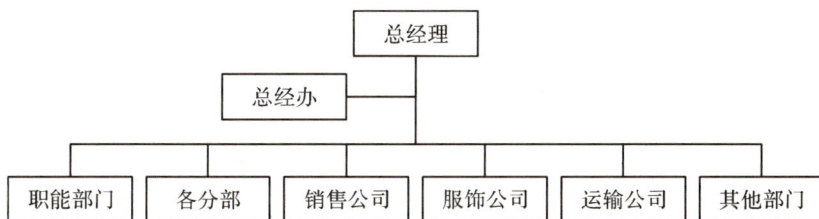

图 9-4　娃哈哈集团总部组织结构

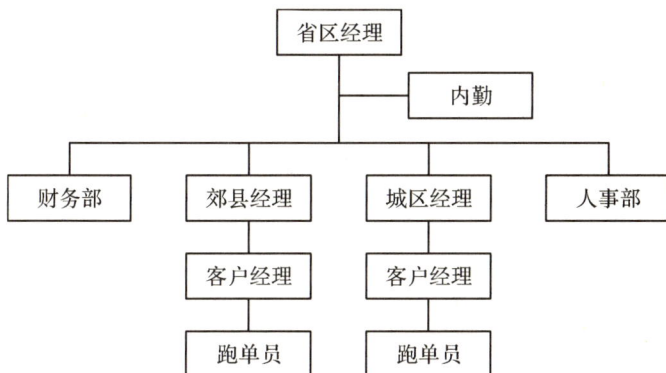

```
                   ┌─────────┐
                   │ 省区经理 │
                   └────┬────┘
                ┌──────┐│
                │ 内勤 ├┤
                └──────┘│
       ┌───────┬───────┬───────┬───────┐
   ┌───┴──┐┌───┴───┐┌──┴────┐┌──┴───┐
   │财务部 ││郊县经理││城区经理││人事部 │
   └──────┘└───┬───┘└───┬───┘└──────┘
          ┌────┴───┐┌───┴────┐
          │客户经理 ││客户经理 │
          └────┬───┘└───┬────┘
          ┌────┴───┐┌───┴────┐
          │跑单员  ││跑单员  │
          └────────┘└────────┘
```

图 9-5　娃哈哈集团分部组织结构

(四)一体化战略

一体化战略是企业为扩大经营规模、降低生产成本、巩固企业经营地位，与其他组织联合的做法,包括前向一体化、后向一体化、横向一体化三种形式。其中,前向一体化是指企业获得分销商或零售商的所有权或加强对他们的控制,后向一体化是指企业获得供应商的所有权或加强对他们的控制,横向一体化是指企业获得与自身生产同类产品的竞争对手的所有权或加强对他们的控制。三种形式中,前向一体化与后向一体化主要会改变企业生产组织形式,而横向一体化会影响企业组织结构。

在横向一体化战略下,企业往往采取多事业部结构。海尔集团为实施多元化战略,兼并了大量家电企业,也是横向一体化战略的典型代表,使其多事业部结构得到进一步巩固。

三、竞争层战略

竞争是市场经济环境下的永恒命题,互联网工业企业只有不断增强竞争实力,才能在激烈的市场竞争中立于不败之地。本部分将基于迈克尔·波特对企业竞争力的分析范式,从总成本领先战略、差别化与专一化战略两个角度入手,说明竞争层战略对互联网工业企业组织变革的支撑作用。

(一)总成本领先战略

迈克尔·波特的成本领先战略是指企业采取各种手段和措施控制成本,使得成本低于竞争对手,从而获得竞争优势。总成本领先战略属于典型的稳定型战略,不以寻求新的市场契机为定位。在总成本领先战略下,互联网工业企业往往采取科层组织结构,以高强度的集权、标准的流水线作业、严格的监督为突出特征。由于格兰仕集团以家电制造为核心业务,以全球微波炉制造中心、全球空调制造中心、全球小家电制造中心为主要支撑,由于家电产品的市场需求富有弹性,集团负责人采用薄利多销的方略,利用优惠的价格吸引顾客,如图 9-6 所示。[①] 与总成本领先战略相适应,集团形成典型的职能型结构,如图 9-7 所示。为保证合理的利润空间,集团下属的生产管理办公室、计划管理调度中心、物耗管理办公室协调配合,在保证产品质量的前提下,降低生产成本。格兰仕集团成立近四十年来,实现健康、持续、快速的发展,集团年销售额突破一百三十亿美元,出口创汇七亿美元。

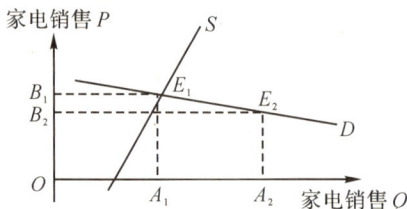

图 9-6　格兰仕集团的低成本战略

---

① 康荣平、柯银斌:《格兰仕集团的成长、战略与核心能力》,《管理世界》2001 年第 1 期,第 189-195 页。

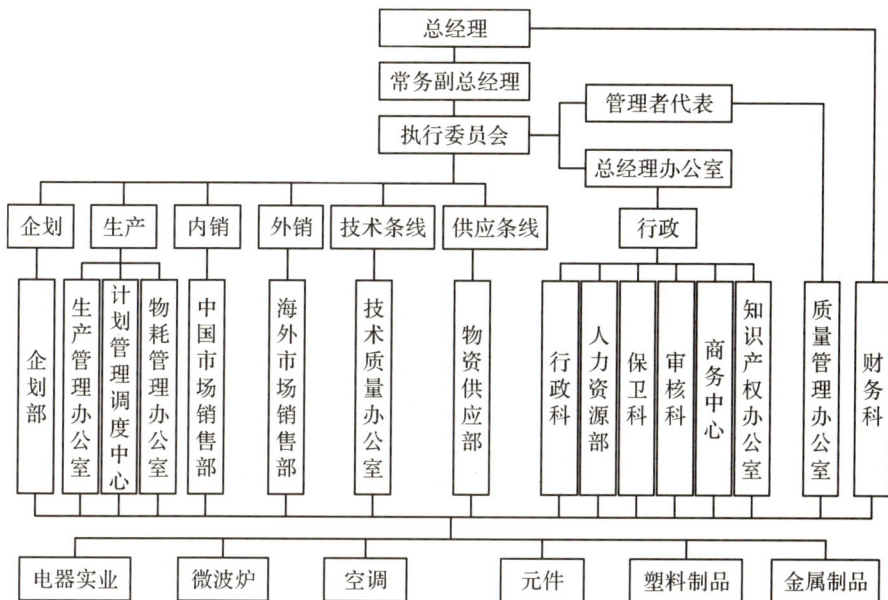

图 9-7　格兰仕集团组织结构

资料来源:于斌. 组织理论与设计[M]. 北京:清华大学出版社,2014.

(二)差别化与专一化

差别化战略是指企业通过为顾客提供与众不同的产品或服务来获得竞争优势,采取差别化战略的企业的目标顾客是那些认为企业产品与竞争对手不同的顾客群。在差别化战略下,互联网工业企业的组织具有灵活性与弹性,重视横向协调,鼓励员工学习再造,增进员工积极性与创新性。

专一化战略是指主攻每个特殊的顾客群、某产品线的一个细分区段或者某一地区市场,其出发点是企业利用其核心竞争力,满足某一特定行业细分市场需求。实施专一化战略的互联网工业企业服务于某一特定市场,要求高层指导与下属决策在特定战略目标上结合,加大员工与顾客接触的授权奖励,提升顾客忠诚度。

职能层战略以公司层战略与竞争层战略为指导,生产、研发、营销、财务等二级战略对互联网工业企业组织变革具有一定影响。但是,同公司层战略与竞争层战略相比,职能层战略对组织变革的影响有限,多为组织的体制内调整,需要通过公司层战略与竞争层战略发挥作用。鉴于本节已详细分析公司层战略与竞争层战略对组织变革的作用机制,不再展开说明职能层战略的作用机制。

第三节　企业人力资源支持

人力资源是任何生产活动的基础性资源,对互联网工业企业组织变革具有不可替代的作用。本节从企业人力资源管理的具体职能入手,结合具体案例,说明人力资源对互联网工业企业组织变革的支持作用。企业人力资源管理的基本职能包括战略规划、员工关系管理、工作分析、招募与录用、培训与开发、薪酬与激励等方面。人力资源战略规划属于企业战略决策的重要组成部分,本节不再展开论述,下面将详细说明权重排名第二的员工关系管理对互联网工业企业组织变革的作用机制,在此基础上,说明人力资源管理其他职能模块的影响。

一、员工关系管理

人力资源管理的最终目标是实现企业与员工间的供需匹配,在满足员工正当要求的基础上,调动员工积极性,帮助企业实现战略目标,赢得竞争优势。需要强调的是,人力资源管理者是企业或资方的代表,并非介于企业与员工间的第三方。换言之,人力资源管理职能是从企业角度出发,处理与员工间的关系,将这类关系称之为员工关系。企业为实现自身目标,确保公平对待每位员工,需要对员工关系进行管理,包括员工团队管理、员工流动管理、员工惩戒与隐私管理、员工安全与健康管理、员工参与管理等方面的内容。下面结合德尔福集团,说明员工关系管理对互联网工业企业组织变革的作用。

德尔福集团的前身是美国通用汽车公司下属的零部件集团。1999 年,德尔福集团与通用汽车公司正式分离,公开在纽约证券交易所上市,2004 年,德尔福集团已发展成为全世界规模最大的汽车零部件供应商。但好景不长,

2005 年,由于美国汽车市场持续萎缩,德尔福集团内部发生严重危机,通用公司也受到不小冲击。在紧要关头,德尔福集团与通用公司结成战略伙伴,实施组织变革,成功渡过难关。2009 年,德尔福集团重回世界企业 500 强榜单。

德尔福集团组织变革的成功实施离不开科学的员工关系管理,集中体现为成功构建跨功能团队,鼓励每一位企业员工自主参与到企业生产经营全过程中去,打破员工间的沟通障碍。跨功能员工团队的主要职能是发展并提供分析问题后的最佳建议,在完成既定目标后,现有团队分离,根据其他任务组合为新的功能团队,提升了组织变革的紧迫感①。在构建跨功能团队的基础上,德尔福集团进一步实施 EMAC 计划②,企业内各职能部门及时响应管理层号召,通过合作与开放式对话,实现专有知识与观点的共享,组织变革得以进一步深化。

除员工关系管理外,工作分析、招聘与录用、培训与开发、薪酬与福利均为人力资源管理不可或缺的职能模块,需要在人力资源战略规划与员工关系管理的指导下进行,相互影响,相互渗透。下面将围绕海信集团,系统说明上述四大职能板块的作用。

二、工作分析

工作分析是指运用一系列程序和方法,对工作职位需要承担的主要职责及与职责对应的具体工作任务、工作环境以及职位承担者必须具备的知识、经验与技能进行分析,并以一定的格式以及一种能够让其他人理解的方式将信息描述出来。

作为国家首批技术创新示范企业,海信集团成立之初就将"技术立企,稳健经营"作为企业愿景,加大研发投入,旗下拥有海信、科龙、容声等知名品牌,在家电制造、房地产、现代服务等领域成就卓著。海信集团为保证充分引才、恰当用才,围绕人才需求结构,开展系统化的工作分析,具体内容涵盖职位标识、职位目的、工作职责与任务、工作联系、绩效标准、职位权限、工作条

---

① 马喜芳:《德尔福组织变革研究》,上海交通大学硕士学位论文,2007 年。

② EMAC 计划,全称为 Enterprise Material Attack on Cost,即全公司范围内的成本节省大战。

件、任职资格条件等。由于集团涉足业务领域广,部门任职条件存在一定差异[①],为保证人才招募、录用、培训、开发工作顺利开展,促进横向多元化战略实施,海信集团形成典型的多事业部组织结构,如图 9-8 所示,便于根据各事业部的具体要求,将不同类型的人才安排到合适的岗位上。

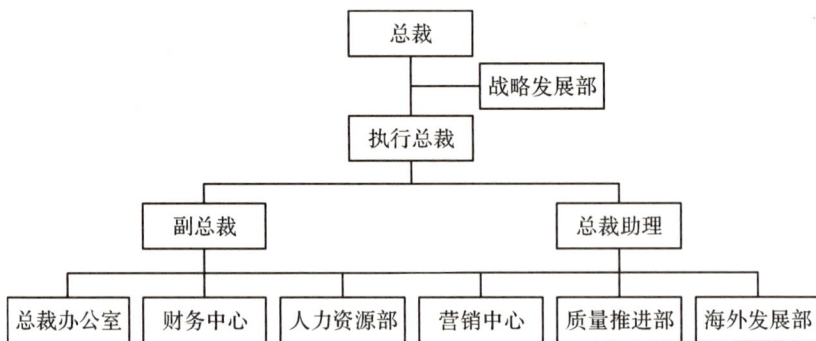

图 9-8　海信集团组织结构

三、招聘与录用

员工的招聘与录用,是根据工作分析相关要求,为吸收足够数量的具备相应能力与态度的员工,帮助企业实现战略目标而进行的一系列活动。企业员工招聘质量对组织变革的深度与广度具有直接影响:高层次的员工,往往具备更为全面的能力,更加开阔的视野,能及时发现企业现有组织形式存在的缺陷,并提出具有可行性的解决方案,为组织变革的顺利实施提供智力支持。

海信集团自成立以来,一直非常重视人力资源的作用,关心员工、爱护员工、理解员工、尊重员工已内化为海信集团的灵魂。截至 2015 年底,海信集团共招募大学本科及以上学历 3000 余人,已占到集团员工总数的 30% 以上,其中博士 42 人,硕士 273 人,员工学历层次居于企业前列。在广泛招募高层次人才的同时,集团深入开展校企合作,先后与山东大学、中国海洋大学等知名

①　武亚军、唐箭云:《海信扩张战略的竞争优势分析》,《中国工业经济》1999 年第 5 期,第 73—77 页。

院校签订人才联合培养协议,为海信集团组织变革储备 300 余名高端人才,确保集团招聘质量。

人才招募对组织变革的作用,集中体现在组织战略变革时期。20 世纪 90 年代中期,海信集团在彩电生产领域已粗具规模,为顺应互联网经济发展需要,实现进一步突破,海信集团于 1995 年成立通讯研究所,向数字电信领域进军。为推动组织变革的顺利实施,海信集团 1995—1999 年先后招募 8 名博士、28 名硕士,主攻 CDMA 技术,成为海信集团进驻智能手机领域的中坚力量,在组织业务板块扩展过程中发挥了不可替代的作用。与之类似,海信集团进军空调、冰箱领域,实现组织业务升级,都和广泛吸纳高层次人才密不可分。

四、培训与开发

员工的培训是指企业出于自身发展需要,为方便组织成员学习并掌握与工作相关的知识与技能而采取的有计划的培养与训练活动;员工开发是指根据员工与企业双方的发展需求,对员工潜力进行开发,同时对员工在企业中的职业发展过程进行系统性设计与规划。从广义上讲,培训与开发是一个问题的两个方面。海信集团向来重视学习型组织建设,采用多种渠道,不断提升企业员工综合素质,主要包括以下两条途径:

第一,建立海信大学,保证企业内每位员工继续学习的权利。从 2005 年起至今,海信集团已举办九届为期半年的脱产培训班,为海信集团发展储备 300 余名中层经理人才。在开办培训班的同时,海信集团鼓励员工深造,截至 2015 年底,集团已有 60 余名技术开发人才攻读工程硕士,40 余名管理人才攻读 MBA 硕士。与此同时,海信集团每年选派 100 余名优秀人才,赴国外开展技术交流活动,博采众长,为集团深化组织变革提供新思维、新方法。

第二,贯彻实施"干中学"。"干中学"理论认为,企业员工随着工作不断深入,边际生产力将不断提升。海信集团精准把握"干中学"内核,实施课题招标制、项目承包制,将研发人员与研发项目紧密联系在一起,激发员工创造热情,在实践中提升员工参与组织变革的能力。

海信集团从理论培养、亲身实践两个维度入手,提升员工综合素质,使企业员工以更为全面的能力、更加开阔的视野投身组织变革实践中。

五、薪酬与福利

从本质上讲,薪酬是企业为获取员工的劳动而提供的回报或报酬。在企业管理实践中,通常将薪酬与福利之和称为总薪酬,是各类物质激励与精神激励的总和,能调动员工投身组织变革的积极性、主动性。

海信集团博采众长,借鉴当今国际一流企业员工、岗位、业绩三位一体的激励原则,包括入门评估、绩效评估、晋升调岗评估与培训评估四方面内容,涵盖首创精神、创新意识、战略思维能力等八项素质以及团队建设、资源利用、风险预测、质量管理等十项知识技能等。海信集团以此为基础,建立以绩效、贡献度为核心的人才分配特区,将物质奖励细分为岗位工资、课题完成奖、销售收入提成三部分。此外,海信集团为专家与技术骨干提供股权、分房等福利,保证充分的国际技术交流机会。

具体而言,海信集团的薪酬与福利政策包括:为经营性人才提供最高50万元的年薪;为销售人才提供最高35万元的年薪;为拥有主任设计师职务的专业技术人才提供至少10万元的年薪,同时给予课题完成奖金、效益提成与股票分红;为拥有博士、硕士学历的员工分配三室一厅、两室一厅的住房。健全的激励政策,有效减少了高层次人才的流失。图9-9反映了海信集团员工入职时间的具体情况。

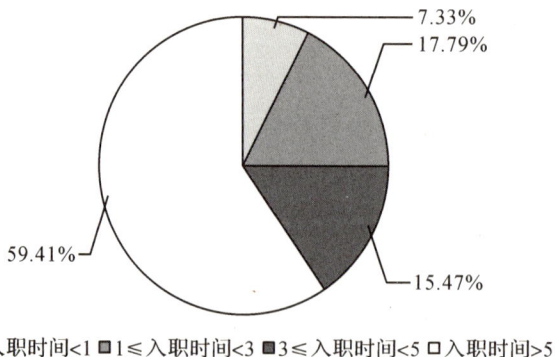

7.33%
17.79%
15.47%
59.41%

□入职时间<1 ■1≤入职时间<3 ■3≤入职时间<5 □入职时间>5

图9-9　海信集团员工入职时间分布图

资料来源:王怀浩. 海信集团企业文化建构案例研究[D]. 河北工业大学,2008.

由图 9-9 可知,在海信集团工作五年以上的员工占到 50％以上,人员结构稳定,有效低人员培训与开发的沉没成本,有利于在组织变革中凝聚共识,减少变革阻力。

第四节　企业文化体系支持

企业组织变革顺利实施需要有优质企业文化的精神支撑,因此,企业在组织变革过程中必须重视企业文化的力量。本节将围绕杜邦的企业文化,重点探讨如何发挥企业文化在组织变革过程中的积极作用。

一、企业文化功能分析

著名文化人类学家马林诺夫斯基将文化分为精神层、制度层、行为层、物质层,本研究参考上述分类,结合企业运营管理实际,解读企业文化体系,如表 9-4 所示。

表 9-4　企业文化圈层

层级	具体含义
精神层	企业在长期发展中形成并遵循的基本信念与行为准则,是评判组织与员工行为的标准。
制度层	企业领导体制、组织机构和管理制度的具体体现,为维持企业秩序提供基本遵循。
行为层	企业经营作风、精神面貌、人际关系的动态体现,以人的动态行为为存在方式。
物质层	企业的外在形象,包括企业名称、商标、产品、宣传手册、广告、办公环境、员工服饰等。

资料来源:刘昕. 人力资源管理[M]. 北京:中国人民大学出版社,2014.

在任何一场企业组织变革中,文化都充当了不可替代的角色。企业决策者应当趋利避害,充分发挥企业文化对组织变革的积极作用,避免企业文化对组织变革的消极作用。在一定程度上,文化类似于鱼缸中的水,其中的化学元素对水中生物产生不可忽视的影响。一个亟待实施组织变革的企业类似于水质受到藻类污染的鱼缸,需要在稳态环境中重新实现动态平衡①。对于企业决策者而言,必须充分认识到企业文化对组织变革的关键性作用。企业文化对互联网工业企业组织变革的功能主要体现在以下三方面:

第一,辐射功能。优质的企业文化不仅会对企业内部员工的价值观念、行为实践产生积极影响,还能塑造良好的信誉与品牌形象,使企业在劳动力市场、资本市场、产品市场竞争中获得竞争优势。尤其在互联网时代,社会公众能够通过 PC 端、手机端全面了解企业文化,企业文化的辐射功能不断延展。

第二,凝聚与激励功能。企业文化是企业员工情感的"黏合剂",提升员工对企业的认同感、归属感,从而产生强大的凝聚力、向心力。与此同时,企业文化还能激发成员更高层次的需求,提升员工在工作中的获得感,使员工能为企业做出更大贡献。

第三,引导与约束功能。企业组织变革是对既有制度设计的突破,不可避免会触碰到相关方的既得利益。通过企业文化建设,能帮助员工潜移默化地接受组织的价值观与使命,形成对企业员工价值取向、行为实践的隐性约束,自觉放弃与企业文化不相符合的行为与利益诉求。

二、案例:杜邦公司企业文化对组织变革的作用

杜邦公司成立于 1802 年,经营业务领域横跨石油、化工、材料等领域,是世界上最大的化学工业企业。两百多年来,尤其是 20 世纪以来,杜邦公司根据企业经营的新特点,不断深化组织变革。在此过程中,致力于安全、环境保护、恪守职业道德、尊重他人与待人公正的企业文化理念,为组织的深层变革提供精神支撑。以下从三方面入手,分述杜邦公司企业文化对组织变革的作用。

(一)安全文化

杜邦公司刚刚成立时,以火药生产为主营业务,考虑到火药生产与储运

---

① 卢美月、张文贤:《企业文化与组织绩效关系研究》,《南开管理评论》2006 年第 6 期,第 26—30 页。

的危险性,公司对员工人身安全给予重点关注,从精神层面贯彻至制度层面、行为层面与物质层面,成为杜邦企业文化的重要代名词①。表 9-5 反映了杜邦公司成立以来,确立并实施的安全措施。

表 9-5　杜邦公司安全措施

时间	安全措施
1811 年	制订员工安全计划,成为世界上最早制订安全条例的公司。
1907 年	向所有公司工作人员分发《急救手册》。
1911 年	成立世界上第一个企业安全委员会,研究并引进各类安全设施,起草企业安全管理规定。
1912 年	建立安全统计与分析系统。
1953 年	考察公司员工下班后的安全状况,及时反馈,采取针对性措施。
1986 年	制订并实施危害管理计划。

由表 9-5 可知,杜邦公司精神层文化中的安全理念,外化为一系列安全管理规章制度,为公司安全管理行为实践、安全设施建设提供指导。随着业务边界的扩展,火药生产不再是公司的核心业务,但安全文化一直被保留下来,成为公司的重要代名词,贯穿于杜邦公司企业文化圈层的方方面面。美国权威杂志《职业危害》2013 年发布的数据显示,杜邦公司的安全系数是同期其他互联网工业企业的三十多倍,杜邦公司的员工在工作时获得的安全感比在家还要多十倍。

安全文化历经上百年建设,臻于成熟,为杜邦公司组织变革提供稳定的内外部环境,减少各类工业事故对实施组织变革的干扰。

(二)环保理念

作为典型的化工企业,杜邦公司始终秉承"尽量不在地球上留下脚印"的环保理念,减少产品在加工、贮存、运输过程中有害物质的排放,形成典型的环保文化。表 9-6 反映了杜邦公司成立以来先后采取的环保措施。

---

① 蒲毅:《杜邦公司安全文化的借鉴》,《企业改革与管理》2016 年第 5 期,第 159—160 页。

表 9-6　杜邦公司环保措施

时间	环保措施
1972 年	杜邦公司下属的埃奇摩尔工厂投入 650 万美元,减少有害物排放。
1990 年	在公司内设立环保奖,鼓励公司员工投身环保事业。
20 世纪 90 年代初	投资 100 万美元,研究 15 种改善环境的方法。
1996 年以来	协办"杜邦杯环境好"新闻活动。
2003 年以来	每年出资 100 万美元,协助政府开展环境治理工作。

与安全文化类似,杜邦公司的环保理念由精神层向外拓展,逐步外化为制度层文化、行为层文化与物质层文化。从 20 世纪 90 年代初至今,杜邦公司致癌气体物质排放量同比降低 92%,远低于相关环保法律规定的标准,为公司组织变革提供宽松的外部环境①。此外,环保理念与安全文化相互呼应,1998 年以来,杜邦公司工艺流程事故率与环境事故率几乎为零,组织变革依托的内部环境趋于稳定。

(三)因时而变

杜邦公司在坚持安全文化、环保理念的同时,会根据企业特点、生产规模与市场情况等方面的需要,灵活实施组织变革。从成立之初至今,杜邦公司组织设计主要经历了单人决策、集团式经营、多事业部、三头马车四大发展阶段,如表 9-7 所示。

表 9-7　杜邦公司组织变革

时间	组织结构
19 世纪初—19 世纪 80 年代	单人决策
19 世纪 80 年代—20 世纪 20 年代	集团式经营
20 世纪 20 年代—20 世纪 60 年代	多事业部
20 世纪 60 年代—今	三头马车

资料来源:王雪莉,张力军.企业组织革命[M].北京:中国发展出版社,2005.

---

① 匡跃平:《独特的企业文化引领杜邦远航》,《化工管理》2007 年第 10 期,第 44—50 页。

其中,单人决策与集团式经营本质上属于科层组织,多事业部与三头马车则属于扁平化组织。不难发现,杜邦公司组织变革历程与互联网工业企业组织演化轨迹总体一致,因时而变的企业文化在此过程中发挥了引领作用。

杜邦公司企业文化的稳态与动态的有机组合,相互作用、相互渗透,为杜邦公司实力的壮大提供了必要的软环境。

第五节　现代信息技术支持

第三次科技革命给企业的发展带来了全新的机遇,为此互联网工业企业必须主动地适应环境,实施有效的组织变革。本节将从互联网思维、大数据、云计算、物联网、人工智能、虚拟现实六个方面入手,结合互联网工业企业具体案例,说明现代信息技术对互联网工业企业组织变革的作用机制。

一、互联网思维

互联网工业企业组织变革没有"完成时",只有"进行时",通过优化互联网技术组合,才能进一步深化互联网工业企业组织变革。在此过程中,互联网思维发挥引领作用①。所谓互联网思维,即精神思维模式、价值思维模式、技术思维模式的综合体,为统筹利用大数据、物联网、云计算技术提供方向指引。兵器工业集团负责人尹家绪认为:"跨界竞合是互联网经济的核心特征,看似不可能的事情,通过互联网就能实现。企业经营者不懂互联网技术不要紧,但要树立互联网思维。"

以硬件生产为主营业务的长虹集团以互联网思维为引领,突破传统的"硬件＋功能"模式,打造"软件＋"的全新价值链:2014 年,集团先后推出 CHiQ 电视、CHiQ 冰箱、CHiQ 空调,有机整合大数据、物联网、云计算、云图像识别等互联网前沿技术,成为工业企业互联网思维转型的典型代表。

要真正发挥现代信息技术对互联网工业企业组织变革的支撑作用,不仅

---

① 黄升民、刘珊:《"互联网思维"之思维》,《现代传播》2015 年第 2 期,第 1—6 页。

需要互联网思维,还需要大数据、云计算、物联网、人工智能、虚拟现实等技术的支撑,实现物质和意识的统一,保证互联网工业企业组织变革的顺利实施。

二、大数据

所谓大数据,是指所涉及的资料量规模巨大到无法通过目前主流的软件工具,在合理时间区段内选取、管理、处理并整理成为对企业经营决策更有意义的资讯。作为互联网信息处理的重大技术创新,大数据引发了工业企业价值链与商业模式的创新。

在"工业4.0"的带动下,工业企业不再一味研发产品,开始尝试性地将大数据技术运用于生产领域,并将相关成果在汉诺威工业博览会展示。2015年举办的博览会,为工业企业嫁接大数据,实现信息化、智能化、集成化的有效集成指明方向。表9-8梳理了博览会上工业企业实现互联网化的典型案例。

表9-8　2015年汉诺威博览会工业企业互联网化案例

工业企业名称	组织变革主要历程
微软公司	在新型机器人上加装感应设置,以微软大数据平台为依托,整合机器人运动数据以及在生产车间感应到的信息,上传云端。
菲尼克斯	打造智能设计生产网络,对电气产品生命周期内的全部数据实行标准化整合,推进跨部门、跨体系合作,使工业生产可视化。
阿博格	实现大数据技术与3D打印机的完美融合,寻求产品生产批量化与私人定制化间的平衡点。
沈阳机床	依托大数据智能终端,研发i5系统智能机床,实现智能补偿、智能诊断、智能控制一体化,传递并交换生产加工信息。

资料来源:曹磊,陈灿,郭勤贵. 互联网+:跨界与融合[M]. 北京:机械工业出版社,2015.

下面将围绕沈阳机床,详细说明大数据对互联网工业企业组织变革的作用。

2015年3月,国务院总理李克强在《政府工作报告》中首次提出"中国制造2025",为工业企业与互联网技术的深度融合指明方向,为沈阳机床打造智能工场提供良好的政策环境。沈阳机床对大数据技术的运用其实更早。2012年,沈阳机床开发出世界上首台以大数据平台为依托的i5数控系统,打造独特的WIS智能车间管理系统。

WIS 智能车间管理系统的运用,引发沈阳机床生产组织方式的变革:若生产车间内的计划员需要让一线工人在 A 机床上加工 B 零件,计划员只需要使用 WIS 系统发布指令即可;一线工人通过 WIS 系统接收到生产任务后,通过数据平台实现程序切换即可;终端管理人员运用 WIS 信息平台,实现对生产、设备、产品、物料、生产质量、生产材料的实时追踪。沈阳机床内部生产运营日趋智能化。沈阳机床以此为依托,逐步实现同全国各地 WIS 车间管理系统的有效对接,并衍生出金融、租赁、再制造等新型商业模式,将供应商、战略合作伙伴、顾客等利益相关方凝聚在一起。沈阳机床的智能工场,是中国"工业 4.0"时代的排头兵,为我国互联网工业企业组织变革指明方向。

三、云计算

云计算是基于互联网的全新计算方式,实现各类信息资源的灵活共享,融合了分布式计算、并行计算、效用计算、网络存储、虚拟化、负载均衡、热备份冗余等多元信息网络技术,为企业提供安全的商业环境、伸缩的基础资源、精密的数据同步、高效的信息集成。与一般云计算类似,工业云计算涉及领域较广,包括产品研制开发、生产仿真实验、产品加工生产等环节,已形成工业 SaaS、工业 IaaS、工业 PaaS 等模式,提供 CAD、CAM、CAPP、CAE、PLM 等软件管理服务,使工业设计与制造趋于大众化、简明化、便捷化,催生互联网工业企业组织变革①。

沈阳机床在利用大数据技术,推进组织信息化变革的同时,在云计算领域也有所涉足。2017 年 11 月,沈阳机床公开发布首个工业云操作系统 i5OS,实现同 iSESOL 工业云平台的有机整合,当之无愧成为工业企业界的安卓系统。沈阳机床在智能研发领域的实力与生产布局得到其他企业的广泛关注。借此东风,2018 年 1 月,沈阳机床同国银租赁、腾讯集团先后签订战略合作框架协议,优势互补,实现对工业产业链上下游资源的有效整合。沈阳机床通过与品牌效应显著的互联网公司跨界合作,加速新型经营模式的孵化,"云计算+"的企业生态系统初具框架。

---

① 曾宇:《工业云计算在中国的发展与趋势》,《中国工业评论》2016 年 Z1 版,第 44—50 页。

四、物联网

物联网综合了互联网、传统电信网等信息载体的优势，能够让所有被独立的寻址对象实现互联互通，打通了实体经济与虚拟经济间的界限，推动供应链商业模式创新[①]。物联网的主要特征包括：第一，全面感知。通过射频识别（RFID）、二维码、GPS 系统、摄像头、传感器等技术手段，随时随地获取有效信息。第二，可靠传递。通过各类通信网络，将物体连入信息网络，实现信息交互共享。第三，智能处理。通过智能计算技术，分析处理海量的跨地域、跨行业、跨部门的数据和信息，实现对社会经济智能化的决策与控制。

工业企业历经两百多年的发展，自动化生产已基本普及，实现智能化生产成为工业企业组织变革下一阶段的中心任务。针对当下全球智能制造的发展现状，包括西门子集团、通用电气公司在内的工业企业巨头，依托工业系统与 IT 系统，通过信息采集、传输、分析处理、共享，先后建立 MindSphere、Predix 物联网平台，实现全球工业设备共享。

发达国家工业物联网的成功实践为我国互联网工业企业提供有益借鉴，众多互联网工业企业开始尝试将物联网技术运用到供应链精细化管理、生产设备优化改良、能源数据系统管理等领域。以工程机械制造为主营业务的三一重工集团走在我国互联网工业企业前列，集团对物联网技术的运用主要可分为两大阶段，对集团组织生产模式产生深刻影响[②]。

第一，早期探索阶段。早在 2005 年，三一重工集团深刻意识到物联网工程的重要作用，成为第一个在工程机械行业使用 GPS 地理信息技术的企业，实现对全球电子信息设备的识别、定位、追踪与监督。2007 年，三一重工集团同中国移动长沙分公司共同开发 M2M 远程数据采集与监控平台，并于 2009年投入规模化运营，数据采集与反向控制子系统、智能通道子系统趋于成熟，为后续生产组织变革奠定坚实的技术基础。

第二，规模化运用阶段。2010 年，集团进一步优化 M2M 系统在信息收

[①] 徐耀：《中国互联网商业模式之殇》，《企业管理》2011 年第 1 期，第 46—47 页。

[②] 刘世磊：《三一重工：打造中国本土工业物联网开放平台》，《中国工业评论》2016 年第 8 期，第 84—88 页。

集、数据挖掘、解决方案设计等方面的运用，将 M2M 平台细分为设备远程监控技术支撑平台、机群智能服务系统、泵车远程监控与维护系统，形成集驱动、控制、人机对话、远程诊断于一体的生产布局，组织动态调整能力得到延展。

经过近十年的建设，三一重工集团 M2M 集成信息平台臻于成熟，物联网技术与大数据相交融，建成 ECC 信息服务平台，实现对市场环境、产品结构、设备故障的全方位立体式监控，如图 9-10 所示。

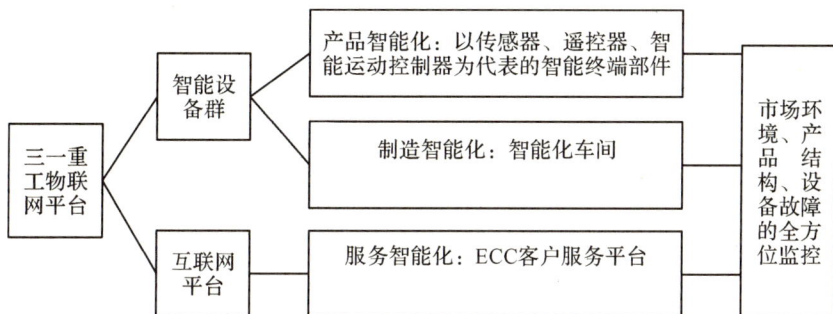

图 9-10 三一重工集团新型生产组织模式

资料来源：刘世磊. 三一重工：打造中国本土工业物联网开放平台[J]. 中国工业评论，2016(8).

五、人工智能

人工智能是计算机技术的重要分支，以延伸并拓展人的智能为主要任务，主要包括语言识别、图像识别、自然语言整理、机器人研发等领域。随着人工智能在互联网工业企业中的广泛运用，工业生产危险系数持续下降，工业产品性能不断提高，生产线智能化程度提升。虽然人工智能在互联网工业企业生产领域的广泛运用存在争议，但是通过有效引导，人工智能在互联网工业企业组织变革中能够最大限度地发挥积极作用①。

人工智能对互联网工业企业生产经营的影响，主要体现在产品设计、生

---

① 余来文、封智勇、林晓伟：《互联网思维：云计算、物联网、大数据》，经济管理出版社 2014 年版，第5—6 页。

产调度、物流控制、能源管理、设备诊断等方面。表 9-9 反映了人工智能机器人在日本钢铁工业中的应用情况。

表 9-9　人工智能机器人在日本钢铁工业中的应用

机器人名称	企业名称	机器人名称	企业名称
高炉炉前铁水取样	住友金属	高炉泥浆投入	住友金属
转炉副枪更换探头	各钢铁公司	转炉耐火砖筑砌	新日铁名古屋厂
电炉耐火材料热喷补	GODO 钢公司大阪厂	电炉炉衬拆卸	住友金属
钢包精炼炉除渣	大同特钢	发现和去除钢材缺陷	神户制钢
大口径钢管尺寸检测	新日铁君津厂	钢轧焊接	日本钢管

资料来源：马竹梧. 人工智能在日本钢铁工业中的应用[J]. 控制工程，1995(2).

六、虚拟现实

虚拟现实技术是通过计算机生成模拟环境，创造交互式的三维动态场景，为用户带来仿真体验，具有多感知性、存在感、交互性、自主性等特征。

随着图像传感、三维动画处理技术的成熟，虚拟现实技术逐渐向互联网工业企业研发、生产、管理、服务等价值链环节渗透，为互联网工业企业模拟生产过程、远程设备管理、产品立体展示、流水线虚拟装配、线上技术培训提供技术支撑，使互联网工业企业全要素生产率获得极大提升。与此同时，虚拟现实技术还同工业物联网相融合，使互联网工业企业强化设备管理，优化远程服务。2016 年 5 月 23 日，力士乐推出自主研发的 Insight Live 虚拟现实技术，为企业生产运营提供远程终端诊断支持，有效降低服务成本。

在"互联网＋"时代，互联网工业企业组织变革需要多种力量的支撑。其中，企业战略处于统领地位，协同人力资源、企业文化、信息技术等要素，为互联网工业企业组织变革的顺利实施保驾护航。互联网工业企业在实施组织变革的过程中，应当同企业愿景与使命陈述相对接，在把握互联网环境下工业企业组织变革大趋势的基础上，根据自身具体情况，相机而动，最大程度发挥企业战略、人力资源、企业文化、信息技术的作用，使互联网工业企业在激烈的市场竞争中立于不败之地。

第十章　基本结论与展望

　　基于前面九章对互联网工业企业组织变革的系列问题探讨及相关案例分析,本章将对互联网工业企业组织变革的基本结论进行简要归纳和总结,以便为互联网工业企业进行有效的组织变革以及管理设计提供理论框架或思路,同时,对互联网工业企业组织变革研究走向做简要展望和检点。

第一节　基本结论

　　"互联网+"的理念和实践,推动了移动互联网、云计算、大数据、物联网等向传统产业的渗透,刷新了工业企业和产业的运营过程,助推了工业企业的转型升级,催生了以互联网技术为依托的一系列新的管理模式和管理方法,由此引发了互联网工业企业深层次的组织变革。

　　第一,互联网工业企业组织变革的根本动力在于顾客的个性化需求。经济社会的发展、市场供需结构的调整等多种因素共同推动了顾客个性化需求的崛起:一方面,互联网提供了一个跨地域、跨时空、跨阶层的直接交互的平台,实现了低成本、高效率地快速响应顾客个性化生产服务的目标;另一方面信息技术的发展也在一定程度上解决了个性化需求与规模化生产的矛盾,信息化与工业化深度融合实现了数据化、标准化、程序化和自动化生产,使得从大规模生产到大规模定制的蝶变成为一种可能。企业必须通过智能化的信息服务和采集平台,去挖掘、发现和引导顾客的个性化需求;通过智能化的工业化手段,大规模地生产和制造顾客需求的个性化产品;通过数据驱动的智能化价值链运营体系,让每个员工实时同步地响应顾客的个性化需求;通过智能化的配送体系,将个性化的产品直接满足于顾客需求;通过智能化的客服平台,随时服务于顾客的个性化需求。这是一个信息驱动、全价值链协同、实时同步交互的全新运营体系,它基于顾客的个性化需求,又回归于顾客的个性化需求。

第二,借助互联网搭建的一体化平台,实现消费端与制造端的无缝对接。将客户需求变成数据模型,并以此为驱动的智能工厂解决方案,是互联网工业企业组织变革的重要突破点。客户需求的数据化使得协同研发及柔性生产成为可能;生产控制、流程管理、互联网有效推荐推动了智能制造的实现;将客户、供应商、物流及售后等多个主题集结于互联网工业企业互联网信息平台,推动了客户参与产品全价值链协同模式,有效解决了规模化与个性化的矛盾。

第三,互联网工业企业组织形态的管理,将从自上而下的科层化管理流程转变为智能驱动的标准化、精细化、水平化的管理流程。互联网工业企业管理模式从强领导转变为强组织,从强部门转变为强岗位,从被领导转变为自组织。智能化数据驱动,造就出一种具有自调节、自组织功能的全新的企业生命体。这种企业生命体不仅消除了中间商、代理商,而且通过智能化和全价值链驱动,实现了从个性化市场需求到个性化工业制造,再到个性化商业服务的全过程对接和一体化运营。互联网工业企业要想实现期望的运营状态,在组织变革过程中应该从个性化商业服务的全过程对接和一体化运营方面进行设计、组织实施、监督评价,以保证互联网企业组织变革可以成功完成。

第四,无边界是互联网工业企业组织形式变革的思维基点。组织形态是企业商业模式、经营管理模式、生产组织模式、服务模式等的承载与体现。从整体而言,传统企业的科层制组织结构已经难以满足"工业 4.0"时代企业对跨界融合、市场驱动、信息共享及业务协同等方面的要求。在"工业 4.0"时代,互联网在生产要素配置中的优化和集成作用日益凸显。信息的传播呈现去中心化的特征,互联网与制造业的快速融合发展倒逼企业加速组织形态的变革与转型。互联网工业企业的发展,面临如何匹配企业发展需求,调整、优化或重构传统的组织形态,合理定位企业员工、客户、供应商等之间的关系,以激发企业全员创新活力和发展潜力的重大挑战。而新的互联网商业模式其思维的基点就是无边界。在新的环境下,企业必须审慎考虑企业组织模式重构问题,如果一味死守传统模式,或将被快速淘汰。企业亟须引入新的信息技术手段,以各种经济性连接为纽带进行组织形态优化,基于新型分工协作进行跨企业边界的资源整合,构建以激发人的创造性为导向的无边界组织,使企业组织形态呈现出组织功能单元虚拟化、组织要素分散化、组织形式弹性化和网络化、企业之间以及企业与消费者之间边界模糊化等特征,从而有效应对新挑战。

第五,以自组织为特征的价值网络是互联网工业企业组织形态的重要变革方向。网状自组织是扁平式组织的进一步深化,突破了组织结构的有形界限,推动高度集中的决策中心组织转变为分散的多中心决策组织,有利于企业内部分工合作,也有利于借用外力和整合外部资源,从而快速响应市场动态变化,最大程度满足用户需求,更好地为用户创造价值,提高企业可持续发展的能力。近年来,以自组织为特征的企业组织形态正在形成,围绕自组织的实践和探索层出不穷,如海尔的"员工创客小组"、华为的"三人战斗小组"、百度的"小团队制"、韩都衣舍的"产品小组"等,这些通过激发员工活力、自主经营能力,促进企业全员成为面向客户的价值创新中心的积极探索,代表了互联网工业企业组织形态的重要发展方向。

第六,合理有效的运营流程和运营模式是互联网工业企业在生产经营过程中所遵循的过程范式,有利于为互联网工业企业如何运营以及如何转型发展提供借鉴参考。传统工业时代的公司,以 IT 技术为核心实现数字化,数据的流动以及在线化范围有限,数据应用场景主要局限在以自我为中心的小的生态圈之中。在"工业 4.0"时代,数据的流动与共享,推动着商业流程跨越企业边界,编织全新的生态网络与价值网络。因此,互联网工业企业通过组织变革可以有效提升组织的运营水平,从若干个主导问题出发分析提出最为理想化的目标模式,可以为企业组织变革提供终极目标和努力追求的方向。本研究梳理了传统工业企业向互联网工业企业的演化历程,合理有效的运营流程和运营模式有利于界定企业在转型升级过程中所处的阶段,便于认清企业实际,合理定位,在变革过程中做出正确选择。

第二节　展望

如今，"中国制造2025"在推动我国互联网工业发展方面已经显示了巨大能量。这场新一轮的工业革命的重心是利用信息化技术实现自动化生产的"工业3.0"之后的，以顾客需求为中心的大规模定制化生产。从发展趋势看，在"工业3.0"之后的"工业4.0"时代，商业不再主导未来，产业价值链的"微笑曲线"将被倒转和颠覆，顾客需求的个性化、营销渠道的电商化、企业研发的平台化，将凸显工业制造的核心价值。在以"创新为王"的新时代，顾客的需求被数字化了，再加上大数据技术的发展，可以帮助企业更好地为顾客画像以发现其真实需求，供需结构导致企业的强势地位以及产生的惯性思维必须彻底消解。互联网强调顾客主权，再加上竞争环境发生变化，迫使传统工业企业转变经营思维，而借助互联网、通过大规模定制满足消费者的个性化需求正是互联网工业企业组织变革的不竭动力。

"工业4.0"时代互联网工业企业组织变革的课题，确实是一个崭新的研究视角，也是一个极具开拓性的研究领域。由于受制于时空条件和个人能力，笔者在本课题研究过程中数据搜集和调研方面尚存在某些不足。一方面，对互联网工业企业过渡转型进程中相关案例的多维性剖析还不足，因而提出的一些观点尚待于实践验证；另一方面，对互联网工业企业组织变革与商业模式创新之间的互动关系还没深入探讨，致使对组织变革企业整体经营影响的分析略显薄弱。因此，今后有必要进一步深化在互联网工业企业过渡转型机制、互联网工业企业组织变革与商业模式创新之间的互动关系等方面上的研究，以期更加全面、更加立体地提出针对不同类型尤其是不同发展阶段的互联网工业企业组织变革的对策和思路。

参考文献

一、中文著作

[1]［美］尼葛洛庞帝.数字化生存［M］.胡泳,译,海口:海南出版社,1997.

[2]［日］三谷宏治.经营战略全史［M］.徐航,译,南京:江苏凤凰文艺出版社,2016.

[3]［英］维克托·迈尔·舍恩伯格,肯尼思·库克耶.大数据时代——生活、工作与思维的大变革［M］.盛杨燕,周涛,译,杭州:浙江人民出版社,2013.

[4]［韩］W·钱·金,［美］莫博涅.蓝海战略——超越产业竞争,开创全新市场［M］.吉宓,译,北京:商务印书馆,2010.

[5]［美］彼得·德鲁克.管理的实践［M］.齐若兰,译,北京:机械工业出版社,2006.

[6]［美］彼得·德鲁克.创新与企业家精神［M］.蔡文燕,译,北京:机械工业出版社,2007.

[7]［美］彼得·马什.新工业革命［M］.赛迪研究院专家组,译,北京:中信出版社,2013.

[8]［德］克劳斯·施瓦布.第四次工业革命——转型的力量［M］.北京:中信出版社,2016.

[9]［美］熊彼特.经济发展理论［M］.邹建平,译,北京:中国画报出版社,2012.

[10]［美］克里斯·安德森.创客:新工业革命［M］.萧潇,译,北京:中信出版社,2012.

[11]［美］威廉·大内.Z理论——美国企业界怎样迎接日本的挑战［M］.孙

耀君,王祖融,译,北京:中国社会科学出版社,1984.

[12] 余来文.互联网+:商业模式的颠覆与重塑[M].北京:经济管理出版社,2016.

[13] 许正.工业互联网:互联网+时代的产业转型[M].北京:机械工业出版社,2015.

[14] 符绍珊.企业组织结构模式创新研究[M].北京:中国经济出版社,2008.

[15] 王喜文.工业互联网:中美德制造业三国演义[M].北京:人民邮电出版社,2015.

[16] 石章强.企业互联网转型:传统企业线上触网和互联网企业线下落地实操十二章经[M].北京:机械工业出版社,2017.

[17] 韦康博.工业 4.0 时代的盈利模式[M].北京:电子工业出版社,2015.

[18] 喻晓马.互联网生态:重构商业规则[M].北京:中国人民大学出版社,2016.

[19] 刘益.数字时代下的出版产业管理研究[M].北京:中国政法大学出版社,2014.

[20] 陈虎东.场景时代:构建移动互联网新商业体系[M].北京:机械工业出版社,2016.

[21] 耿鸿武,张涛.新电商:做剩下的 3%[M].北京:新世界出版社,2016.

[22] 张建生.垂直,引领电商的下一场革命[M].北京:人民邮电出版社,2016.

[23] 石锦.传统企业电商突围之路[M].北京:电子工业出版社,2015.

[24] 曲翠玉,毕建涛.电子商务理论与案例分析[M].北京:清华大学出版社,2015.

[25] 阿里研究院.互联网+:从 IT 到 DT[M].北京:机械工业出版社,2015.

[26] 周鸿祎.我的互联网方法论[M].北京:中信出版社,2014.

[27] 胡世良.移动互联网商业模式创新与变革[M].北京:人民邮电出版社,2013.

[28] 徐子沛.大数据[M].桂林:广西师范大学出版社,2012.

[29] 徐子沛.数据之巅[M].北京:中信出版社,2014.

[30] 卢彦.互联网思维 2.0:传统企业互联网转型[M].北京:机械工业出版

社,2015.

二、中文论文

[1] 酉阳,刘犇.互联网企业管理中的员工激励策略分析[J].财经界,2014
(07):280.

[2] 张兴茂.成长期互联网企业的知识管理[J].通信企业管理,2014(08):
26-27.

[3] 王元丰.第四次工业革命就是"工业4.0"吗?[J].中国培训,2017(22):
35-36.

[4] 张有奎.唯物史观视域下的第四次工业革命及其文化意义[J].天津社会
科学,2017(02):11-18.

[5] 杜传忠,杜新建.第四次工业革命背景下全球价值链重构对我国的影响及
对策[J].经济纵横,2017(04):110-115.

[6] 张志学,鞠冬,马力.组织行为学研究的现状:意义与建议[J].心理学报,
2014,46(02):265-284.

[7] 王喜文.智能制造:新一轮工业革命的主攻方向[J].人民论坛·学术前
沿,2015(19):68-79.

[8] 杨帅.工业4.0与工业互联网:比较、启示与应对策略[J].当代财经,2015
(08):99-107.

[9] 中国制造强国之路——解析《中国制造2025》[J].机器人技术与应用,
2015(03):21-30.

[10] 王欣怡.美国工业互联网发展的新进展和新启示[J].电信网技术,2017
(11):37-39.

[11] 陈露露."互联网+"时代互联网企业管理进化历程的研究[J].现代经济
信息,2016(17):95.

[12] 陈思柔,商子楠.互联网企业推广产品期间的成本管理[J].经营与管理,
2015(06):34-36.

[13] 董丽娃,李增刚.无政府状态下的产权形成与保护——兼论中国海洋权
益维护[J].理论学刊,2011(12):48-52.

[14] 郭新玉.互联网企业的战略管理[J].中国高新技术企业,2014(16):
150-151.

[15] 何哲.行政体制改革中的管理问题与政治问题——基于组织变革和流程再造视角的分析[J].中国行政管理,2013(09):20-24.

[16] 胡斌.经济法视野下互联网企业管理的问题及对策研究[J].中国领导科学,2016(09):48-50.

[17] 刘钢,葛宝山,何丹薇.创业企业组织变革与人力资源管理实践——基于中国企业管理经验的实证分析[J].东北师范大学学报(哲学社会科学版),2010(04):30-33.

[18] 刘石兰.基于全面质量管理的组织变革:一个变革模型[J].科学学与科学技术管理,2006(05):114-120.

[19] 尚铁力.互联网企业如何履行信息安全管理责任[J].中国电信业,2011(06):54-56.

[20] 宋钦云.中国互联网企业风险及内控管理研究[J].财经界,2016(18):102+317.

[21] 王宇虹.我国互联网企业人力弹性管理研究——基于预防人才流失[J].经营管理者,2016(02):150-151.

[22] 马孟丽,邹白露.浅析我国互联网企业如何实现人本管理——以 Google 为例[J].中国集体经济,2011(19):129-130.

[23] 彭家钧.互联网时代组织变革与管理控制系统创新——海尔集团节点网状组织与人单合一双赢模式的设计运行[J].财务与会计,2013(12):19-21.

[24] 黄军生.互联网企业绩效管理现状与对策研究[J].教育现代化,2017(01):205-208.

[25] 黄麟.探析我国互联网企业风险管理模式及内控机制[J].管理观察,2015(23):65-67.

[26] 李欣.对互联网企业风险管理模式与内控机制探讨[J].财经界,2016(21):106-168.

[27] 韩周普.CICSC 公司组织变革中的员工关系管理探析[D].电子科技大学,2012.

[28] 曹新平.中国互联网企业风险及内控管理研究[D].北京邮电大学,2009.

[29] 丁金斌.管理控制系统影响组织变革的途径研究[D].厦门大学,2006.

[30] 方隽皎.组织变革中的人力资源管理问题研究[D].武汉大学,2004.

[31] 胡君.基于组织变革的员工关系管理研究[D].江西财经大学,2004.

[32] 胡晓靖.企业组织变革风险管理研究[D].广西大学,2014.

[33] 李源.沃尔玛组织变革下的员工关系管理研究[D].兰州大学,2011.

[34] 刘钢.创业企业组织变革过程中的人力资源管理行为策略研究[D].吉林大学,2011.

[35] 刘岚.基于流程管理的组织变革研究[D].大连理工大学,2005.

[36] 彭瑾.基于顾客价值链管理的移动互联网企业发展研究[D].中南民族大学,2013.

[37] 任伟奇.天猫顾客关系管理的经验及其对我国互联网企业的启示[D].广西师范大学,2016.

[38] 徐双.组织变革期跨国企业员工关系管理研究[D].南京大学,2016.

[39] 李卫东."工业4.0"对推进"中国制造2025"的启示[D].外交学院,2017.

[40] 张瑶.关于长安汽车公司敏捷流程再造过程中障碍和对策研究[D].东南大学,2015.

[41] 乔川川.工业互联网利好政策出台[N].证券日报,2018-05-16(A03).

[42] 马姝瑞,张紫赟,陈尚营,朱青.智能制造释放中国制造全球红利[N].经济参考报,2018-06-04(008).

[43] 周雷.智能家电有望告别"孤岛"现象[N].经济日报,2018-03-28(011).

三、英文论文

[1] Babalik-Sutcliffe, E., Urban rail operators in Turkey: Organisational reform in transit service provision and the impact on planning, operation and system performance[J]. Journal of Transport Geography, 2016, 54: pp. 464-475.

[2] Benaderette, S., Des échanges internet sécurisés pour doper la coopération médecin-biologiste[J]. Option/Bio, 2008,19(393): pp. 1-3.

[3] Boyd, M. L., Organizational reform and agricultural performance: The case of Bulgarian agriculture, 1960 - 1985[J]. Journal of Comparative Economics, 1990,14(1): pp. 70-87.

[4] Buchanan, R., Worlds in the Making: Design, Management, and the

Reform of Organizational Culture [J]. The Journal of Design, Economics, and Innovation, 2015. 1(1): pp. 5-21.

[5] Ching, H. S. and K. Huarng, Using the internet as a catalyst for Asia-Pacific regional economic cooperation: an example of new Chinese networks[J]. Technology in Society, 1998. 20(2): pp. 131-139.

[6] Chiu, R. and D. C. Yen, Application of organizational life cycle theory for port reform initiatives in Taiwan[J]. Research in Transportation Business & Management, 2015. 14: pp. 14-24.

[7] Gauld, R., New Zealand's post-2008 health system reforms: Toward re-centralization of organizational arrangements [J]. Health Policy, 2012. 106(2): pp. 110-113.

[8] Grafton, J., M. A. Abernethy and A. M. Lillis, Organisational design choices in response to public sector reforms: A case study of mandated hospital networks [J]. Management Accounting Research, 2011. 22 (4): pp. 242-268.

[9] Hale, K. and R. McNeal, Technology, politics, and e-commerce: Internet sales tax and interstate cooperation [J]. Government Information Quarterly, 2011. 28(2): pp. 262-270.

[10] Kumar, N., et al., Providing healthcare services on-the-fly using multi-player cooperation game theory in Internet of Vehicles (IOV) environment[J]. Digital Communications and Networks, 2015. 1(3): pp. 191-203.

[11] Lien, L., Financial and organisational reforms in the health sector; implications for the financing and management of mental health care services[J]. Health Policy, 2003. 63(1): pp. 73-80.

[12] Liseckiene, I., I. Miseviciene and M. Dudonis, Organizational changes in the course of the PHC reform in Lithuania from 1994 to 2010[J]. Health Policy, 2012. 106(3): pp. 276-283.

[13] Pechar, H. and A. Pellert, Managing change: Organizational reform in Austrian universities[J]. Higher Education Policy, 1998, 11(2-3):

pp. 141-151.

[14] Pieper，M. and D. Hermsdorf，BSCW for disabled teleworkers：usability evaluation and interface adaptation of an internet-based cooperation environment[J]. Computer Networks and ISDN Systems，1997,29(8-13)：pp. 1479-1487.

[15] Stange，K.，P. Olsson and H. Österblom，Managing organizational change in an international scientific network：A study of ICES reform processes[J]. Marine Policy，2012,36(3)：pp. 681-688.

[16] Wang，Q.，China's Industrial Technology：Market Reform and Organisational Change：Shulin Gu，Routledge，London[J]. Research Policy，2001,30(7)：pp. 1160-1161.

[17] Yvrande-Billon，A. and C. Ménard，Institutional constraints and organizational changes：the case of the British rail reform[J]. Journal of Economic Behavior & Organization，2005,56(4)：pp. 675-699.

[18] Zhu，D. and M. Mutka，Promoting cooperation among strangers to acccss Internet services from an ad hoc network[J]. Pervasive and Mobile Computing，2005,1(2)：pp. 213-236.

[19] Lavalle S，Lesser E，Shockley R，et al. Big data，analytics and the path from insights to value[J]. MIT Sloan Management Review，2011，52(2).

[20] Dabenport T H，Barth P，Bean R. How"Big Data"is different[J]. MIT Sloan Management Review，2012,53(5).

四、网络报告

[1] 中国互联网信息中心.第 41 次中国互联网络发展状况统计报告[R]. http://www. cac. gov. cn/2018-01/31/c_1122347026. htm.

[2] 中国互联网信息中心.第 42 次中国互联网络发展状况统计报告[R]. http://www. cac. gov. cn/2018-08/20/c_1123296882. htm.

[3] 中国电子商务研究中心.中国移动互联网行业深度报告[R]. http://www. 199it. com/archives/256419. html.

[4] 国家统计局.中华人民共和国 2017 年国民经济和社会发展统计公报[R].

http：//www. xinhuanet. com//fortune/2018-02/28/c_1122467973. htm.

[5] 中商产业研究院. 2017 年中国智能手机市场前景研究报告[R]. http：//m. askci. com/news/chanye/20170821/165952105895. shtml.